J. M. G. Le Clézio

Hasard

suivi de

Angoli Mala

Gallimard

J. M. G. Le Clézio est né à Nice le 13 avril 1940 ; il est originaire d'une famille de Bretagne émigrée à l'île Maurice au XVIIᵉ siècle. Il a poursuivi des études au collège littéraire universitaire de Nice et est docteur ès lettres.

Malgré de nombreux voyages, J. M. G. Le Clézio n'a jamais cessé d'écrire depuis l'âge de sept ou huit ans : poèmes, contes, récits, nouvelles, dont aucun n'avait été publié avant *Le procès-verbal*, son premier roman paru en septembre 1963 et qui obtint le prix Renaudot. Son œuvre compte aujourd'hui une trentaine de volumes. En 1980, il a reçu le Grand Prix Paul-Morand décerné par l'Académie française pour son roman *Désert*.

pour Pat, Amy, Anna
en souvenir de Richard (Hughes),
John (Flanders) & Senovia

HASARD

Azzar

Le *Azzar* est revenu.

Nassima se rappelle très bien la première fois qu'elle l'a vu. C'était quelques jours avant le 4 juillet. La base américaine était fermée depuis des années, mais Villefranche était pleine de marins dans leurs costumes blancs. Il avait fait très beau, exceptionnellement froid, avec un ciel clair et la mer d'un bleu sombre lissée par le vent. C'était le matin, Nadia était descendue avec elle jusqu'au chemin de ronde, et elle regardait la mer en serrant si fort la main de Nassima qu'elle lui faisait mal.

Elle l'a vu arriver. Même avant d'avoir franchi l'horizon, il était visible, sa grande voile triangulaire qui dépassait la ligne de la mer. Le soleil l'allumait comme une torche blanche.

Puis il est monté vers la terre ferme. Ses voiles immenses étaient déployées de chaque côté, on aurait dit une majestueuse oie blanche qui arrivait de l'autre monde. Il s'est avancé droit vers l'entrée du port. Nadia est restée sans pouvoir bouger. Elle

tenait toujours Nassima par la main si fort qu'elle
lui faisait mal. Enfin elles sont descendues en courant vers le port sans reprendre leur souffle.

Le navire était en panne au milieu de la rade,
ses voiles affalées. On voyait des silhouettes s'agiter
sur le pont, des gens qui bordaient la toile, on
entendait des voix qui résonnaient sur l'eau lisse
dans le silence de la baie, et le raclement de la
chaîne d'ancre dans l'écubier.

Nassima n'a pas oublié ce matin-là, c'était magique. Elle croyait que ça ne pouvait pas s'arrêter,
que ça devait durer des mois, des années, toujours.
Elle était là, immobile sur le quai d'honneur, avec
la main de Nadia qui broyait la sienne, sans penser,
presque sans respirer. Le grand bateau tournait
autour de ses amarres, lentement, au gré du courant. Il y avait des frissons sur la mer, le vent allumait des étincelles. Les mâts du bateau étaient si
hauts qu'à côté d'eux tout semblait petit, indifférent.

Nassima regardait fixement, comme si elle
appréhendait qu'il se passe quelque chose, qu'un
canot se détache de la coque, ou qu'on hisse à
nouveau les voiles et que le bateau se tourne vers
l'horizon et parte pour toujours. Son cœur battait
fort, son visage brûlait à cause du vent froid, du
soleil, de l'impatience. Longtemps après, quand
elle y repensait, elle sentait encore cette brûlure,
cette palpitation. Une électricité au bout des
doigts, une impatience. Cette main devenue étrangère, qui la serrait si fort, avec passion, avec haine.
C'était une image, juste une image. Avant l'arrivée

du *Azzar*, Nassima était enfant. Après, elle a su qu'elle devait partir, comme Kergas, pour ne jamais revenir. Quitter tout ce qu'elle connaissait, devenir une autre.

Nassima

À l'époque où elle avait rencontré Kergas, Nadia
Richard était infirmière à l'hôpital. Dans la famille,
tout le monde l'avait prévenue. On n'épouse pas un
Antillais, fût-il docteur en médecine. Un jour il se
lasse et il s'en va. Mais Nadia n'en avait fait qu'à sa
tête, et elle avait cessé de voir ses sœurs et ses parents.
Elle avait pensé que sa vraie famille était là-bas, à la
Martinique. Tout ça était parfaitement insensé.

Maintenant, elle avait dû reprendre un poste
d'infirmière. Elle partait chaque matin avec sa
petite mallette, et ne rentrait que le soir, taciturne,
fourbue. Il y avait aussi Chérif, un garçon qui avait
pris Nassima sous sa protection. Il avait dix-huit
ans quand elle n'en avait que douze ou treize, il
affirmait déjà qu'il l'épouserait un jour, quand elle
serait en âge. Il était grand, sérieux, un peu voûté
et maigre, avec des cheveux coupés court et la
peau noire, et pour cela on n'avait pas de mal à
croire qu'ils étaient frère et sœur.

Pennedepie, la maison blanche aux volets bleus,
le jardin, le chien, les poissons rouges et les lapins

gris, tout était fini. Kergas avait laissé des dettes. Il avait fallu tout vendre très vite, prendre l'argent et s'embarquer dans le train, vers l'autre bout du pays, vers une autre mer. Tout, la voiture, les meubles, les disques, les bouquins, même les plantes en pot. Comme le chien était vieux, presque aveugle, Nadia l'avait piqué. C'était imaginaire. C'était inimaginable. Les souvenirs sont des peaux mortes, les souvenirs étouffent.

L'homme avec qui elle avait vécu, le père de Nassima, n'existait plus. Il avait embarqué à bord d'un grand voilier qui partait pour le tour du monde, où on avait probablement besoin d'un médecin. Quand Nadia a compris qu'elle allait tout perdre, qu'elle ne sauverait rien de la rapacité des créanciers, elle a pris la décision de s'en aller, elle aussi. Pennedepie devait être effacé.

Un jour, Nassima est revenue de l'école, et tout était terminé. Nadia avait donné les lapins et leur cabane, elle avait versé les poissons dans la vasque d'une maison de retraite où elle avait fait des remplacements. Elle avait envoyé une bulle d'air dans l'artère poplitée du chien, les piqûres, c'était sa spécialité. La maison était vide comme un hangar, l'écho des pas qui résonnaient entre les murs faisait peur à Nassima. Elle croyait entendre marcher un fantôme. Il n'y avait même plus de rideaux aux fenêtres.

Dans sa chambre, Nadia a mis deux matelas par terre, un pour elle et un pour Nassima. Une bougie dans un verre, quand l'électricité avait été coupée. Le soir, avant de dormir, pour chasser le

froid de l'hiver qui traînait, elle allumait un feu
dans la cheminée du salon, elle brûlait des journaux, des cagettes, n'importe quoi. Nassima avait
l'impression de vivre une aventure. Elle a jeté elle
aussi toutes ses affaires, les poupées, les illustrés,
même la collection de timbres que Kergas avait
rapportée de ses voyages, d'Afrique du Sud,
d'Inde, de Trinidad et Tobago.

Un matin, elles sont parties comme des vo-
leuses. Elles ont pris l'autocar, le train, et après des
jours et des jours elles sont arrivées ici, à Villefranche, parce qu'elles ne pouvaient pas aller plus
loin. Nadia avait de quoi survivre trois mois. Elle a
trouvé une place dans un cabinet d'infirmières,
une antenne de l'hôpital américain. Nassima est
devenue quelqu'un d'autre. Elle a presque oublié.

Nassima avait passé toutes ces années à attendre.
Elle ne savait pas très bien ce qu'elle attendait, elle
avait juste ce creux au centre de son corps, un
vide. L'école, le lycée. L'ennui. Les balades sur le
chemin de ronde de la citadelle, à regarder la mer.
Nadia partait chaque matin, revenait à la nuit,
maugréait : « Si on m'avait dit que je devrais tout
recommencer à quarante ans ! » Elle ne parlait pas
beaucoup, sauf pour donner des ordres, ou pour
se plaindre. Son visage était endurci, enfermé,
rendu encore plus impénétrable par une paire de
lunettes (montures en plastique marron rembour-
sées par la Sécurité sociale) qu'elle mettait pour
lire ou pour ravauder. Elle avait autrefois de beaux
cheveux blond cendré, ondulés, profonds. Nas-

sima aimait s'y cacher, s'en envelopper, respirer leur odeur, pour rire, pour faire fondre un chagrin. Quelque temps après leur arrivée ici, Nadia avait tout coupé à grands coups de ciseaux. En rentrant de l'école, Nassima l'avait trouvée assise sur le tabouret de la cuisine, le crâne presque chauve. Sa mère avait rapetissé d'un seul coup, elle paraissait maigre et fatiguée, avec un visage transparent où ses yeux bleus paraissaient encore plus délavés. Nassima ne savait pas si elle devait rire ou pleurer, mais l'expression dans le regard de Nadia l'avait avertie : ce qui est fait est fait.

C'était sa tenue de guerrière. Nadia avait annulé toute possibilité d'être heureuse. Elle avait effacé le passé avec la grâce ondoyante de sa chevelure, elle avait aboli l'enfance de Nassima à Pennedepie, le cinéma, la table servie, les grands plats de riz au coco et les salades exotiques que Kergas aimait. Elle avait même interdit à Nassima de dire ce nom, elle disait seulement : K.

Le nom de son père. Nassima pensait à cet homme qui était parti à l'aventure, elle voyait sa haute stature, ses yeux clairs qui luisaient dans son visage sombre. Des yeux de chien, qui voyaient même dans la nuit. Son nom de Nassim, qui signifiait le vent qui l'avait emporté. Il était trop léger pour vivre avec elles. Il était trop léger pour résister au vent, et le vent l'avait emporté comme les oiseaux.

Alors cette vieille ville accrochée à flanc de montagne au-dessus de la mer, c'était l'endroit rêvé pour faire la guerre au monde. Une ville sombre et minérale, sans jardins, sans oiseaux autres que les pigeons manchots pullulant comme des puces, parfois les goélands gémissants inventorieurs d'ordures, et ces ruelles humides où il faisait nuit à quatre heures de l'après-midi. Et au bas des rues, le port avec les bars louches où les derniers Américains du monde s'accrochaient aux juke-boxes avec des filles sirupeuses.

La seule beauté ici, c'était la mer. Non pas la mer verte, ourlée de longues vagues, que K l'emmenait voir quelquefois à la plage du Touquet, ni un port industrieux, avec de grands bassins d'eau grasse comme au Havre, mais plutôt un lac noir, étincelant, tantôt dur et inaccessible, tantôt attendrissant.

Nadia Richard n'allait plus jamais au bord de la mer. Elle ne s'approchait pas des plages, surtout quand venait l'été. Elle haïssait la mer, c'était ce que Nassima avait fini par comprendre, peut-être simplement parce que K l'avait préférée à elle. Ses jours de congé, Nadia les passait enfermée chez elle, les volets tirés, assise sur son lit, à coudre ou à faire ses comptes, le nez chaussé de ses fameuses lunettes. En hiver, elle s'enveloppait dans une couverture écossaise, son regard perdu sur l'écran rougeâtre du poêle à Buta-Thermix, à regarder la flamme onduler comme une fourrure vénéneuse. Les murs de l'appartement suintaient, l'eau ruisselait sur les fenêtres. Nadia dédaignait le vieux poste de télé qu'elle avait acheté pour Nassima. Son regard ne se détournait pas de l'écran du réchaud : « C'est ça, ma télévision », disait-elle.

Parfois elle commençait à lire un bouquin que sa fille avait emprunté à la bibliothèque circulaire, un roman, qu'elle jetait très vite avec ce seul commentaire : « Je ne vois pas le point de cette histoire. » Pour elle, le monde n'était plus qu'inepties, mensonges. La seule chose à laquelle elle croyait, c'était à la douleur physique.

Nassima sortait avec Chérif. Un jour il l'a prise par la main pour marcher avec elle dans la rue. Elle a voulu retirer sa main, et comme il la serrait très fort, elle a pensé que c'était important pour lui, et elle l'a laissé faire. C'était un jeu, il faisait comme si c'était naturel. Nassima avait un peu honte, mais à partir de ce jour-là, elle a pris l'habitude de lui donner la main en marchant. Simplement, elle attendait d'être un peu loin de la rue de May. Elle ne voulait pas que la voisine raconte quelque chose à sa mère.

Chérif était doté de toute la famille que Nassima n'avait jamais eue. Il avait un vrai papa, une maman, une grand-mère comme on en voit dans les films, teinte au henné, assise sur un vaste sofa où elle régnait en impératrice, commandant à une armée de femmes et de petits-enfants. Elle s'appelait Fatima. Tout de suite elle avait pris Nassima en sympathie, bien qu'elle ne fût pas musulmane. Elle lui disait des petits noms en arabe, comme *ya kbidti*, mon foie, ou *benti laaziza*, ma fille bien-aimée. Elle lui disait aussi *sarsara*, grillon, parce qu'elle était si menue et si noire. Sur un grand plateau de cuivre, on lui servait du thé et des gâteaux

tunisiens, et les enfants et les femmes s'asseyaient
par terre le dos contre des coussins pour regarder
la télé du coin de l'œil, les films à l'eau de rose qui
mettaient Nadia hors d'elle, ou bien Fatima mettait une cassette dans le poste de radio et elle écoutait de la musique égyptienne, syrienne, tuni-
sienne, des voix de femmes qui chantaient fort, les
gémissements des violons, et les deux petites
sœurs de Chérif qui jouaient en rythme de la dar-
bouka. C'était un tourbillon de bruits, d'odeurs,
dans le petit appartement, Nassima en avait la tête
qui tournait. Elle oubliait tout, elle riait et applau-
dissait de bon cœur. La mère de Chérif lui parlait
en arabe, et Chérif lui traduisait. Elle avait appris
des bouts de phrase, du genre : *La, choukar allah
wajib*, ou bien *saha*, quand un gosse revenait de
chez le coiffeur. Elle avait même appris quelques
gros mots grâce aux petits frères, mais ça mettait
Chérif en colère.

Le père de Chérif travaillait aux chantiers navals
Saremito, et c'est pourquoi Chérif y était apprenti.
Sa mère faisait des ménages pour les riches de la
Corne d'or, des villas perchées au-dessus de la mer,
avec des piscines et des jardins suspendus. Sa sœur
aînée était fiancée, et en attendant le jour du
mariage, elle travaillait dans une fabrique de jeans
à Monaco. Celui que Nassima préférait, c'était
Mourad, le plus jeune frère de Chérif. Huit ans,
une masse de cheveux bouclés, des yeux brillants
et noirs comme des agates, Nassima l'avait surnommé Mowgli. Lui, ça le faisait rire, parce que
tout ce qu'il connaissait, c'était Michael Jackson. Il

l'imitait très bien en dansant devant la télé. Avec
Chérif, ils sortaient ensemble, Nassima lui donnait
la main gauche, la main droite dans la main de
Chérif. Ils faisaient une drôle d'équipe. Un jour ils
ont été attaqués sur le chemin de ronde, des loubards avec des casques et des chaînes. Mais Chérif
était grand et fort, il a tenu les loubards en respect
une grosse pierre à la main : « Le premier qui
avance, je lui casse la tête ! » Pendant ce temps,
Nassima a couru avec Mourad à toute vitesse vers
la darse, le cœur entre les dents. Après cela,
Mourad lui a donné solennellement son couteau
à cran d'arrêt, et il lui a montré comment s'en
servir. Ce jour-là, Nassima s'est sentie différente.
Comme s'il y avait deux personnes en elle, et
qu'un jour il faudrait choisir. Elle n'y avait jamais
songé auparavant. Ça lui faisait mal, et elle pensait
aussi à Kergas, la façon dont il était parti, en les
laissant seules au monde, Nadia et elle. Elle a commencé à le haïr sérieusement. Comme si, en partant, il avait fêlé quelque chose à l'intérieur d'elle,
peut-être qu'il avait tracé la frontière qui sépare
les morts et les vivants. Le couteau, elle l'a utilisé la
première fois contre elle-même. Allongée sur son
lit, la nuit, elle appuyait la pointe sur sa poitrine,
entre les seins, pour sentir les coups du cœur
remonter la lame. Chaque soir elle appuyait un
peu plus fort, jusqu'à ce qu'une goutte de sang
noir perle sur la peau.

Le *Azzar* était là, seul au centre de la rade, comme s'il était revenu chercher quelque chose, ou quelqu'un.

Chaque matin, dès qu'elle se réveillait, Nassima courait jusqu'au fort, le cœur battant, comme pour un rendez-vous. Le bateau était toujours là, et pourtant, il ne semblait pas le même. Tantôt il était tourné vers le large, prêt à partir. Ou bien il se mettait de travers, et on voyait clairement chaque cordage, chaque silhouette sur le pont. Le bout-dehors effilé, chaque hauban, chaque étai. Certains matins, la grand-voile était hissée, pas complètement tendue sur le mât, formant à l'extérieur une courbe, et Nassima pouvait distinguer en transparence les tendons de bois très minces qui ressemblaient aux nervures d'une grande feuille. Nassima s'était habituée à le voir. Il ne lui faisait plus peur, c'était une image amicale, familière. Un grand animal qui se reposait seul sur sa plaine, il lançait à Nassima une invitation silencieuse. C'est à cet instant que Nassima a pensé pour la première

fois à s'approcher de lui, à glisser en barque jusqu'à la grande coque blanche, pour la toucher,
pour être à l'ombre de son corps. Mais malgré tout
ce qu'elle a dit, Chérif ne voulait rien entendre.
« Tu es folle ? Mon patron me tuerait ! » Le dinghy
de Saremito se dandinait au bout de sa longe, dans
l'eau grasse de la darse. Aller doucement en ra-
mant, au crépuscule, jusqu'au navire, se glisser
sous l'étrave, comme dans un rêve.

Un matin, il y avait une bâche blanche tendue
entre les étais, comme une tente, et Nassima imaginait le capitaine allongé dans un hamac, en train
de rêver en regardant les nuages à l'horizon. En
prêtant l'oreille, elle entendit un bruit aigu et
léger qui courait à la surface de la mer. Chérif
n'entendait rien. « Si, écoute, ça fait djîî, tu n'entends pas ? » Il secouait la tête. « Je suis sûre que
c'est quelqu'un qui joue du violon à bord, tu crois
que c'est Moguer ? » Moguer, Juan Moguer, un des
hommes les plus riches du monde, jouant du
violon dans son hamac. Tout le monde parlait
de Juan Moguer, des films qu'il avait tournés, de
l'argent qu'il dépensait, de ses fantaisies. Quand
elle entendit cette musique, Nassima en ressentit
du plaisir, comme si cette découverte justifiait tout
à coup l'intérêt qu'elle portait au *Azzar.*

Chérif ne la suivait pas dans ses vaticinations.
Quand Nassima s'asseyait sur le chemin de ronde,
les yeux rivés sur le *Azzar,* il attendait un instant,
puis il s'en allait en grognant : « Je m'en fous pas
mal, de ton acteur, de son bateau de cinéma ! »

Nassima trouvait un peu drôle qu'il soit jaloux.
« D'abord, il n'est pas acteur, c'est lui qui fait les
films, tu comprends ? » Chérif haussait les épaules.
Il n'avait probablement jamais pensé que quelqu'un fabriquait les films. Mais s'il était jaloux,
cela voulait dire que Moguer pouvait vraiment
s'intéresser à elle, qu'elle n'était plus une petite
fille transparente, enfermée dans l'appartement
de la rue de May.

Moguer allait à terre de temps en temps. C'était
imprévisible. Le canot se détachait du bateau, traversait le plan d'eau jusqu'au quai d'honneur. Il
allait sans hâte, le marin malgache debout à
l'arrière, son pied posé sur la manette des gaz,
Moguer à l'avant, assis sur le bord, coiffé de son
drôle de chapeau de pêche en toile. Mais si lentement qu'ils allaient, Nassima ne parvenait pas au
port avant eux. Moguer avait des rendez-vous
d'affaires, un taxi venait le chercher et l'emmenait
à toute allure sur la route, vers Monaco. Nassima ne
savait pas pourquoi c'était si important pour elle
d'apercevoir Moguer, derrière la vitre teintée de la
Mercedes. Peut-être que c'était juste de la curiosité.
Peut-être qu'elle espérait vaguement quelque chose,
qu'il la regarderait, qu'il lui parlerait, qu'elle se
retrouverait à bord du bateau et que toute sa vie
serait changée. Elle était prisonnière, et lui pouvait
tout, il était l'homme libre, celui qui part et revient
quand il veut, qui s'élance dans son bateau comme
un corsaire, comme un oiseau de proie.

Un dimanche — c'était le 1ᵉʳ décembre — alors qu'elle ne s'y attendait pas, Nassima l'a croisé. Elle n'avait pas remarqué le canot, peut-être que Moguer n'avait pas dormi à bord, aucun taxi n'était venu le chercher. Il y avait seulement une voiture grise qui attendait au coin du café de la darse, et un ou deux pêcheurs installés sur la terrasse, à l'ombre des parasols. À un moment, un petit groupe de gens a marché sur la jetée, et quand ils sont arrivés devant le bassin, Nassima a reconnu Moguer au milieu d'eux. Il n'avait pas son chapeau de pêche, il était en costume clair, des chaussures noires cirées. Il était au milieu du groupe, et quand il est passé devant Nassima, il l'a regardée, sans écouter ce que disaient les autres, ou bien en les écoutant d'une oreille distraite, et ses yeux se sont un peu plissés, avec une expression amusée, un peu moqueuse, et un petit sourire, comme s'il disait à voix basse : « Je t'ai vue ! »

Nassima était tellement surprise qu'elle a eu juste le temps de sourire un peu, en sentant le sang chauffer ses joues et son cou, le regard de Juan Moguer était une espèce de corde tendue qui vibrait jusqu'au fond de son cœur. La seconde d'après, la portière de la voiture grise s'est ouverte, et Nassima a pu entrevoir sa femme, une grande belle femme aux cheveux roux, à la peau d'un blanc laiteux. Juan Moguer est monté à l'arrière de la voiture, il a refermé la portière à la glace teintée, et les gens qui étaient attablés ont applaudi bêtement, comme si c'était une scène de cinéma qui s'était déroulée devant eux. C'était grotesque, et Nassima avait honte, elle pensait à ce que Chérif aurait dit.

Nassima ressentait du dépit, de la colère, contre elle-même, contre Moguer. Ce qui était arrivé à Nadia, sa solitude, la perte de tout, l'exil dans l'appartement humide et sombre de la rue de May, il s'en fichait. Il était comme K, il ne voulait rien savoir, et Nassima pour cela le détesta. Rien ne pouvait donc changer, elle resterait prisonnière, transparente, juste un *sarsara*, un petit insecte noir au coin de la cheminée. Il fallait qu'elle parte, qu'elle quitte tout.

Le soir, il y a eu un feu d'artifice, et le *Azzar* brillait de toutes ses guirlandes comme un gâteau d'anniversaire, vaguement ridicule, un peu excessif, un vrai bateau de cinéma, avait pensé Nassima. Alors elle a pris sa décision. Elle n'a mis personne dans le secret. Elle a juste écrit un mot, sur une page de cahier, pour Nadia, pour lui dire qu'elle ne savait pas quand elle reviendrait. Elle est descendue jusqu'à la darse, elle a détaché l'amarre d'une barque, et elle a ramé silencieusement vers le centre de la rade. Il faisait froid, la lune était magnifique. Elle frissonnait, elle avait un sentiment de très grande irréalité. Elle n'emportait avec elle que son sac et une couverture prise sur son lit. La barque a frôlé la coque du navire, elle a trouvé la coupée descendue au-dessus de l'eau. Elle a repoussé la barque d'un coup de talon, et elle s'est glissée sur le pont, très lentement, pour ne pas faire craquer les lattes, elle a rampé jusqu'à l'avant, et elle s'est blottie contre le coffre des voiles. Elle est restée là, les yeux ouverts, à regarder la nuit, en attendant que le bateau s'en aille.

Moguer

À cinquante-huit ans, Juan Moguer était plutôt sur son déclin. Il avait vécu jusque-là sans soucis, dans un tourbillon d'argent, de dépenses, de femmes. Toujours attaqué par les magazines, joyeusement persécuté par ceux-là mêmes qui l'avaient adoré publiquement et qui avaient contribué à sa fortune.

Pour ses cinquante ans, Moguer avait fait une folie. Il avait réalisé son rêve de gosse, en faisant construire sur ses plans, dans les chantiers navals de Turku en Finlande, un voilier de quatre-vingts pieds principalement en acajou, effilé comme une aile d'albatros, auquel il avait donné le nom de *Azzar*, en souvenir de la petite fleur d'oranger qui ornait la face heureuse du dé avec lequel il se mesurait à la fortune, quand il était adolescent à Barcelone, sur les Ramblas. Il avait veillé à la réalisation du navire jusque dans les moindres détails, choisissant les essences qui lambrissaient l'intérieur, la décoration, et chaque élément qui devait contribuer à faire du *Azzar* à la fois sa résidence idéale et son bureau de production.

Il avait apporté un soin tout particulier à la cabine avant — il l'appelait pompeusement la cabine de l'armateur — dessinant un lit monumental et triangulaire qui occupait l'extrémité de la proue. Un lit où les rêves devaient pouvoir se prolonger au-delà du sommeil, dans des draps de satin noir, une sorte de radeau de luxe pour dérive amoureuse, ou simplement un oubli du monde dans le bercement soyeux des vagues contre l'étrave, quelque part entre les îles et la terre ferme. Contiguë à la chambre, il avait fait aménager une salle de bains en bois gris, d'où, depuis une immense baignoire turquoise, il pouvait deviner la ligne sombre de l'horizon. Enfin, parce qu'il ne voulait dépendre de personne, il s'était ingénié à tout ce qui pouvait simplifier la manœuvre, en reliant les treuils et les cordages à un tableau électrique qu'il pouvait commander tout seul depuis le cockpit. La grand-voile et la voile d'artimon s'enroulaient sur leurs bômes et le génois sur son étai.

C'était ce qu'il avait toujours voulu. Être libre. Se débarrasser de tous ses biens immeubles et terrestres, ses appartements à New York, à Barcelone, ses meubles, ses autos, ses bibelots accumulés au cours de vingt-cinq ans de cinéma, les décorations et les récompenses, les lettres et les coupures de presse, les cadeaux, les photos, les souvenirs. Il n'avait gardé que le nécessaire, ce dont il avait besoin pour continuer à travailler, ce qui pouvait entrer dans l'espace du navire.

Sans doute était-ce la solitude qui avait guidé son choix. Après son divorce avec Sarah, après tant de célébrité, de légèreté, Juan Moguer avait enfin compris qu'il était absolument seul. Il n'était entouré que de serviteurs et de parasites. Les grandes années, au temps du tournage du *Royaume de la demi-lune*, sur les cayes au large du Belize, c'était une vague qui se retirait, laissait la place au silence. C'était ce silence précisément qu'il avait toujours attendu. Réfugié dans son château flottant, dans le cockpit de bois sombre où brillaient les instruments de cuivre, Moguer restait parfois de longues journées à regarder tomber la pluie dans le bassin du port, à Palma de Majorque, où il revenait passer l'hiver. Ou bien il allait tout seul en ville, s'asseoir à une terrasse de café sur le Paseo, pour faire semblant de lire des scénarios, toujours les mêmes histoires stupides qu'on lui envoyait, stupides et ennuyeuses, une bouillie sentimentale écœurante. À bord de l'*Azzar*, il dictait son courrier à une secrétaire intérimaire, ou bien il recevait des visiteurs intéressés qui cherchaient un appui, de l'argent, un bout de rôle. Il lui arrivait de s'enfermer dans un mutisme obstiné et vengeur, une sorte d'asthénie mentale qui l'envahissait peu à peu, comme une drogue.

Sans qu'il pût le dire son ami, le seul homme avec qui il avait gardé une relation suivie était son pilote, un nommé Andriamena, originaire de Madagascar. C'était un homme auquel on ne pouvait pas donner d'âge, long et fin comme un adolescent, avec un visage lisse, quelque chose d'asiatique malgré sa peau très noire. Sur le *Azzar*, il était toujours parfai-

tement silencieux, discret, prompt à agir comme à
dormir. Il parlait une langue étrange mêlée de français, d'anglais, de créole ; mais la vérité était qu'il
parlait à peine. C'était à cause de son silence que
Moguer avait pu le supporter si longtemps. Et puis,
surtout, Andriamena était un extraordinaire marin, qui naviguait à l'instinct, sans lire les cartes ni
s'occuper des instruments. Capable de deviner le
temps avec un jour d'avance, rien qu'en sentant
l'air ou en regardant les nuages, capable de manœuvrer sans faute au ras des écueils, capable des
plus folles témérités comme de la plus grande pru-
dence. Moguer l'avait rencontré à Palma de Majorque, l'année qui avait précédé sa traversée de
l'Atlantique. Andriamena avait été débarqué là,
après une obscure querelle, sans papiers, sans ba-
gages, avec juste un pantalon blanc et une chemise africaine, dans l'attente d'un passage. Si le
Azzar n'était pas arrivé, il aurait probablement fini
dans une prison, en attendant que les autorités
trouvent un pays pour l'expulser. Il s'était installé à
bord du navire naturellement, exactement comme
l'aurait fait un chat. Et Moguer l'avait engagé, sans
doute parce qu'il aimait cette façon de ne rien
exiger, de ne rien demander et de prendre sa place.
Andriamena avait d'abord servi de matelot, puis il
avait remplacé à lui seul presque tout l'équipage.
Quand Moguer projetait une croisière un peu
longue, Andriamena recrutait deux marins, un cuisinier, une femme de chambre. Mais durant les
mois d'hivernage, ou quand l'escale à Palma durait,
il renvoyait ces gens et faisait le travail tout seul. Il

allait au marché, il cuisinait des plats à la fois piquants et fastidieux, de grandes marmitées de riz au safran semé de crevettes séchées, et des baquets de verdure pimentée. Cela rappelait à Moguer son enfance, cette sorte de pauvreté âpre et obstinée qui allait jusqu'à la jouissance. Cela allait si bien avec le luxe grandiloquent de son château flottant.

Quelquefois il s'en allait aussi, il partait sans préavis. Il disait seulement : « Capitaine, je pars demain. » Où allait-il ? Il retrouvait une femme, peut-être, c'est ce que Moguer avait imaginé. Moguer avait essayé de le retenir au début, mais c'était peine perdue. Il n'y avait aucune certitude qu'il reviendrait, et pour cela aussi Moguer l'appréciait. Il était imprévisible. C'était un vrai homme de la mer.

Toutes ces années, Moguer avait vécu au jour le jour, sans se soucier des autres, sans égards pour la morale, sans précautions. Il n'avait pas de patrie, donc pas de lois. Sa patrie, avait-il pensé, se limitait à la coque du *Azzar*, un étroit périmètre qui lui était aussi familier et aussi sensible que son propre corps. Sa chambre en triangle, son lit noir, dans la proue, la salle de bains, le carré vaste comme un hall de palace, où il avait organisé toutes ses rencontres, ses rendez-vous d'affaires et de plaisirs, ses fêtes, ses parties fines, les « petits ballets à quatre yeux » que son régisseur Alban montait pour lui, avec des filles de plus en plus jeunes.

Mais sa vraie patrie, ç'avait été la mer. Chaque fois qu'il avait assez d'argent pour oublier le monde et s'en aller, prévoir une destination, il s'était lancé à l'aventure vers la haute mer. Il ressentait la même ivresse que la première fois, quand à la barre du *Azzar* il avait senti le corps du géant glisser entre les vagues, roulant, tirant, faisant craquer les couples, avec la vibration caractéristique du vent dans les haubans, et cette impression de poids qui gonflait la grand-voile et le génois. Tandis que le *Azzar* quittait aux premiers jours de juin 1966 la côte de Finlande, dépassait Ahvenanmaa et les îles, et s'élançait vers Stockholm. Maintenant, il revoyait cet instant comme si c'était hier, l'étendue de la mer qui étincelait au soleil, les baies d'un bleu irréel, ourlées de plages de sable blanc, et les criaillements des goélands dans le sillage. À un moment, ils avaient été accompagnés par une joyeuse bande de dauphins gris qui caracolaient devant l'étrave. Qui était avec lui pour cette première course ? Stephen et Milena Kramer, Alban sans doute. Peut-être Angelica ? Ou bien elle l'avait rejoint à Stockholm, elle était toujours malade à bord des bateaux, même quand la mer était lisse comme un miroir. Sarah, elle, avait refusé dès le début. Elle disait qu'on lui avait prédit un jour qu'elle mourrait noyée. Elle s'était installée dans son appartement de Londres, avec Sarita. C'était la naissance du *Azzar* qui l'avait conduite à demander le divorce.

L'arrivée dans la mer natale, c'était magnifique, le bonheur des sens et le plaisir de la revanche. Il avait vogué vers la Grèce, la Sicile, d'île en île, entouré d'un halo de légende. Et comme il approchait de la Côte d'Azur, il avait reçu un télégramme du commandant du porte-avions *Enter-prise* qui l'invitait à Villefranche pour la célébration du 4 juillet.

Les nuits d'hivernage à Palma, Juan Moguer fouillait dans les cartons à chaussures où il avait conservé des photos, quelques pages de journaux anciens, du temps du *Royaume de la demi-lune*, les essais de scénario pour *Éden*. Le papier moisissait, les photos étaient couvertes de champignons, de vert-de-gris. Dix ans, vingt ans, la mémoire se transforme en fibres, en taches. Tout était devenu silencieux. Mais dans sa tête la rumeur de la vie continuait son tintamarre, sa musique, ses rengaines.

Pour sa première traversée de l'océan, Juan Moguer n'avait voulu partager avec personne. C'était la plus grande épreuve de sa vie, pour l'accomplir il voulait rester seul avec Andriamena. Après la longue attente aux îles du Cap-Vert, tout le mois de décembre, pendant que se renforçait le vent, ils étaient partis plein ouest, sur un océan magnifiquement calme dans la direction du soleil couchant. L'étrave de l'*Azzar* brisait les vagues sans effort, écartant les nuées de poissons volants. Moguer n'avait sans doute jamais vécu moment plus intense dans son existence. Sarah ne pouvait pas le comprendre. Tout le reste, les honneurs, l'argent, les films, même l'amour, tout s'effaçait. C'étaient des images, des photos moisies rangées dans leurs cartons à chaussures, les bibelots, les souvenirs, les trophées qu'il avait jetés avant de s'en aller.

Le corps de l'*Azzar* avançait au milieu de l'océan. À la crête de chaque vague qui arrivait, était accrochée une chevelure d'écume qui filait dans le vent. La coque ne gémissait pas, ne montrait aucun signe d'effort. Seulement un petit ralentissement avant de remonter la vague. Et toujours la vibration du mât et des étais tendus comme des nerfs.

La nuit, Moguer ne pouvait pas s'endormir. Il écoutait chaque bruit, chaque grincement, chaque déferlement. Puis Andriamena touchait son épaule, et il bondissait de sa couchette dans le cockpit pour prendre son tour à la roue de barre. Il n'était pas question de rêvasser dans le grand lit triangulaire. Ni dans la salle de bains avec sa belle baignoire turquoise. D'ailleurs Andriamena s'en servait pour entreposer les bouteilles d'eau minérale. Moguer ne se rasait plus. Pour se laver, il se contentait de passer un peu d'eau potable sur sa figure, sur son cou. Tout était salé, froid, poisseux. La nuit, l'océan était un démon invisible, malfaisant. Ils étaient par 22 degrés de latitude nord, presque sur la ligne du Cancer. Au premier jour de l'année, ils avaient bu une bouteille de champagne rafraîchie à l'eau de mer.

Moguer ne pourrait jamais oublier le moment où le *Azzar* était arrivé en vue de la première île. Au vingt-sixième jour de traversée (il avait tout consigné méticuleusement dans le livre de bord), à l'aube, vers six heures, par une mer belle, ils avaient vu quelque chose, ils l'avaient sentie plutôt, une présence, tout près, au-dessus de la ligne de l'horizon, au sud-sud-ouest. Les vagues maintenant portaient le navire, roulaient sous la poupe. En quelques minutes était apparue une longue bande de terre vert sombre, bordée d'une cascade de vagues qui déferlaient. Comme dans la légende, ils avaient été accueillis d'abord par un vol de mouettes qui frôlaient leurs visages, l'œil méchant dardé vers ces intrus, et dérapaient dans le vent en piaillant. Puis il y avait eu l'entrée triomphale dans la baie de Pointe-à-Pitre.

C'était cette ivresse que Moguer avait cultivée ensuite dans la solitude. Un sentiment d'une puissance infinie, quelque chose qui l'apparenterait à un roi ou à un héros. Être maître de sa propre destinée, de son avenir. Là où d'autres auraient suivi des routes habituelles, de salons en palaces, seraient venus à leurs rendez-vous dans des paquebots de croisière ou dans leurs jets personnels, lui avait franchi l'épreuve de cet océan, tout seul avec un marin taciturne. Il arrivait où personne ne l'attendait. Il pouvait changer de cap, aller vers Antigua, Puerto Rico, ou bien remonter le vent vers le sud, vers Saint Lucia, la Barbade, ou plus loin encore, jusqu'à Trinidad et Tobago. Puis vers le continent sauvage, violent, sur une mer tachée de la boue des fleuves, vers Barranquilla, vers Carthagène. Il était libre. La force des vagues était entrée en lui. Le vent, la lumière du soleil, le sel avaient mangé ses cils et brûlé son visage de l'aube au crépuscule. Ils avaient encore pour trente jours de vivres et d'eau potable, tout était possible, y compris virer vers le sud-est et retrouver la route que les corsaires suivaient jadis du Brésil jusqu'à la côte d'Afrique.

Debout à l'avant du navire, Andriamena regardait la ligne sombre de la terre où se brisaient les vagues. Il ne disait rien. Il n'exprimait aucun désir, aucune attente particulière. Ici ou là pour lui c'était pareil. Il était un homme sans attaches, sans terre, sans famille. Il ne parlait jamais d'un endroit qui serait à lui, d'une femme qui l'attendrait, d'enfants. Peut-être était-ce la première fois qu'il avait traversé l'océan, ou bien était-il déjà venu ? Il semblait tout connaître, et ne rien reconnaître. Un soir, quelques heures avant l'arrivée, le vent était si faible qu'il ne parvenait pas à gonfler la voile. Moguer l'avait surpris devant la table, en train d'examiner la carte. De la largeur de ses doigts souples, il calculait la distance qui restait à parcourir. Il s'était arrêté à l'emplacement exact de leur arrivée, la fameuse pointe des Châteaux qui s'étendait droit comme un doigt dans la mer.

Tout cela, c'était il y avait longtemps. Juan Moguer se souvenait de ce sentiment de puissance. Il disait alors avec un orgueil de Catalan : « Je peux ce que je veux. » Et il le faisait. Alors, il pouvait rester des nuits sans dormir, avec Alban et d'autres, des compagnons de rencontre, à boire dans les bars, à écouter la musique des Guadeloupéens. C'était l'époque où il bravait tout, cédait aux paris les plus stupides. Quand il laissait le bateau aux Antilles pour un rendez-vous en février à New York, il y allait en chemisette à fleurs, dans le blizzard, à Central Park, ou sur le ferry de Staten Island. Il prétendait que le froid n'était qu'une illusion. Peut-être qu'il se croyait vraiment immortel.

Quel âge avait Sarah aujourd'hui ? Et Sarita, à qui ressemblait-elle ? Il avait reçu une photo d'elle, quelque temps après le divorce. Sarita très brune, avec un sourire éclatant, de grandes incisives comme celles de son père, justement. Et la même lueur amusée, un peu insolente, dans le regard. Sarah avait toujours dit que Sarita avait les mêmes yeux que lui, la même expression, et les cils longs et recourbés, les sourcils très noirs, bien arqués. Sans un mot sur la photo, juste une date imprimée. Comme un signal, pour dire quoi ? Il l'avait regardée sans comprendre, il l'avait glissée dans son portefeuille, et depuis l'image ne l'avait jamais quitté, même lorsqu'il s'absentait du *Azzar* pour ses affaires. Maintenant, après toutes ces années, toutes ces erreurs, il devinait ce qu'elle voulait dire. Entre haine et amour. Toujours la même chose, ces sentiments qui débordaient, qui envahissaient. Qui vous rongeaient. La photo de Sarita adolescente, envoyée par qui ? Par Sarah, sans doute. C'était bien sa façon de faire. Un geste, juste un geste, sans un mot, pour résumer le mépris et la rancœur, les torrents de larmes, les accès de fureur, la tentation du suicide, l'instinct de mort.

Sarah, est-ce qu'il l'avait aimée ? Est-ce que cela voulait dire quelque chose ? Les sentiments, un jour c'est ceci, un autre jour le contraire. Un jour on vous dit qu'on se tuerait pour vous, et puis on vous déteste, on ne songe qu'à la vengeance, pire encore, on est pénétré par le mépris qui vous glace jusqu'à la moelle. Sarah était tout ce que Moguer n'était pas : prévoyante, calculatrice, exigeante.

Elle aimait les maisons blanches voilées de tulle, éclairées de candélabres et de chandeliers, peuplées de souvenirs et de bibelots. Elle était née riche, elle ne savait pas ce qu'étaient la faim, la peur du lendemain, cette impression de l'horizon qui se bouche. C'était une brave fille. Elle avait fait des efforts pour comprendre Moguer, elle avait pardonné les incartades. « Pourquoi faut-il que tu coures après toutes les jupes qui passent ? » Il était un chat de gouttière, qui ne revenait que battu, poussé par la faim, le temps de panser ses plaies. Puis il repartait avant de s'ennuyer. Mais quand elle pardonnait, Sarah ressemblait à un banquier qui coche des cases sur un dossier. Décidément l'argent avait été la grande affaire de la vie de Moguer, sa seule passion, sa seule détestation. C'était par John Danziger, le père de Sarah, que Moguer avait rencontré des producteurs, avait trouvé du travail, comme assistant de Vidor, de Capra. Elle pardonnait pour l'amour de Sarita. Elle voulait que sa fille ne se doute de rien, qu'elle croie à son père comme on croit au père Noël. Pourtant, malgré son bon vouloir, tout se défaisait peu à peu, tout s'était aigri. Elle ne pouvait pas s'empêcher de lui dire : « Quand tu es arrivé, tu ne connaissais personne en Amérique, tu n'étais rien du tout. » Juste un petit immigrant, comme Chaplin.

Et quand l'affaire de Medellín avait éclaté, elle n'avait plus supporté. C'était autre chose qu'une incartade, une starlette de Hollywood Boulevard qu'il emmenait dans un motel ou sur son bateau le temps d'un aller-retour aux Bahamas. Là c'était un

acte irréparable, odieux, sacrilège. Cette fille était
trop jeune, sans défense, elle ne méritait pas ce
que Moguer lui avait fait. C'était comme s'il s'était
attaqué à Sarita. En quelques semaines, elle avait
obtenu le divorce, sans même chercher à revoir
Moguer. Les avocats avaient tout arrangé. Ils
avaient versé des millions pour que le nom des
Danziger ne soit pas sali par le scandale, et le
procès avait été arrêté.

Mais elle, la chabine, la fille de Medellín, quel
âge aurait-elle aujourd'hui ? Moguer était étonné
de ne pas avoir pensé à elle plus souvent. À tout
prendre, n'avait-elle pas été la seule, non pas inspi-
ratrice, mais la seule instigatrice de sa vie ? À cause
d'elle, grâce à elle, il avait dû tout changer, tout
remettre en question, repartir de zéro. Et s'il n'y
pensait pas davantage, ce n'était pas par indifférence, ni parce qu'il avait oublié son nom, son vrai
nom. Il pensait : la chabine, parce que c'était ce
sentiment de la couleur qui lui restait d'elle. Maté.
María Teresa Santangen, un nom de cinéma, avait-
il pensé pour *Un cyclone à la Jamaïque*, Maté, un
petit nom pour une souris verte, si fine et si mince,
avec déjà des formes parfaites, un long corps lisse
et ondulant, un cul haut placé et la taille cambrée,
le creux des reins marqué par deux fossettes, les
vrais poinçons du désir, des jambes fuselées, inter-
minables, avec des chevilles minces et de longs
pieds bien à plat sur le sol, la plante couleur de violette pâle.

Maté, la chabine. C'était comme ça qu'il aimait l'appeler, il lui avait promis de l'emmener avec lui, partout où il irait. Il lui apprendrait à jouer la comédie, à se tenir devant deux caméras, sans baisser les yeux face à la lumière des projecteurs. À dire son texte avec sa voix douce, ourlée de créole, pour séduire le *captain* Jonsen. Il lui arrivait encore d'imaginer qu'elle était là, pour elle il louerait une grande maison blanche au-dessus de la vieille ville, à Carthagène. Il rêvait tout haut de la première de son film, *Cyclone*. Ce serait son meilleur film, son chant du cygne à la vie, à la beauté, à l'amour. Pour Maté, il y aurait une grande fête, comme pour la plus grande actrice de Hollywood, du bruit, des feux d'artifice, de la folie, de la poudre aux yeux pour les parasites, de la poussière d'étoiles pour Maté. Dans ses yeux grands ouverts il boirait la merveille de la jeunesse, l'innocence, la grâce.

Oui, juste du bruit, des feux d'artifice, la fête, c'est-à-dire beuverie et bâfrerie par lesquelles les nantis jouissent de la pauvreté du monde. Lui, Moguer, était né dans une poubelle, comme il aimait le raconter à Sarah, par provocation. Né avec le crâne ouvert au forceps si malement que tous, la sage-femme, la marraine et le père — la mère ayant trépassé dans l'opération n'avait pu donner son avis — avaient décidé qu'il valait mieux ne pas garder en vie un tel avorton. Lui avait grandi dans les vieilles rues de Palma comme un voyou, avait tout connu à Barcelone, la vie, la mort, l'envers et l'endroit, la déchéance, la came et l'alcool, le bordel, et même l'armée, quand il s'était engagé à moins de dix-huit ans, la guerre à peine finie, et qu'on l'avait employé à transférer les corps des suppliciés de 1939 dans le cimetière civil.

Tous, tant qu'ils étaient, des pique-assiettes, des profiteurs, menteurs, hypocrites, ils méprisaient ceux pour qui ils travaillaient, et d'abord, et avant tout, la masse humaine qui irait faire la queue à Broadway, aux Champs-Élysées ou à Leicester Square pour voir leurs films. Ils ne croyaient à rien d'autre qu'à l'argent et à sa puissance. Ils étaient prêts à dénoncer, à trahir pour arriver, et s'ils avaient disposé de ce bouton magique qui permet d'envoyer son rival à la trappe, leur doigt aurait été engourdi à force de l'enfoncer ! Lui, Juan Moguer, avait rêvé du *Cyclone*, un seul, un dernier film digne de l'âme du *Azzar*, un film pas pour lui, mais pour Sarita, où il pourrait lui dire qui il était, où il pourrait montrer ce qu'était vraiment le monde dans son commencement, quand il n'y avait ni profiteurs ni maquereaux, ni maîtres ni esclaves, un monde où les pirates sont les seuls gentilshommes, où le mal est lavé par l'âme simple d'une petite chabine. Il oubliait que tout cela n'était qu'une chimère, qu'on ne revient jamais en arrière.

Tout cela était passé. Maintenant, la roue avait tourné, et d'être cul par-dessus tête donnait à Moguer, d'une certaine façon, un sentiment d'accomplissement.

Pourtant, il y avait une image qui ne cessait pas de troubler sa rêverie, qu'il aurait voulu effacer, comme on efface une mauvaise réplique dans un scénario, comme on voue à la destruction du temps la plupart des soi-disant éternelles créations de l'humanité. La cour intérieure de l'hôtel, à Medellín, éclairée par la lumière des lampes à gaz, avec ces plantes vertes, ces *loterías* qui paraissaient artificielles. La vieille femme tapie comme une squaw, près de la porte. Et sur les carreaux moussus de la cour, sous la pluie, Maté étendue toute nue, la tête tournée dans un angle impossible, la nuque brisée.

Et puis il y avait eu Nassima, elle était entrée dans sa vie, et tout aurait pu être changé. Si seulement il avait su, s'il avait pu comprendre.

Comment Nassima, déguisée en garçon,
s'embarqua à bord du Azzar
et ce qui s'ensuivit

Au point du jour, en prenant son quart, Juan Moguer eut son regard attiré par ce qu'il crut d'abord être un tas de chiffons posé sur le pont, à bâbord, contre le rebord du rouf. La mer était calme, une vague lueur éclairait un nuage à l'est. La côte était déjà loin, seules les hautes montagnes enneigées étincelaient au soleil.

Moguer ouvrit la porte du cockpit et pointa sa torche sur l'objet insolite. Dans la pénombre, le tas de chiffons se défit un peu dans le vent et deux grands yeux noirs brillèrent dans un petit visage sombre qui paraissait celui d'un enfant. Les yeux n'exprimaient aucune crainte, seulement une intense fatigue. Moguer jura, et le premier instant de stupeur passé, il appela Andriamena et, en se penchant sur le bord, il entreprit de tirer vers lui les vêtements et la personne qu'ils contenaient. Mais elle était incapable de bouger. Elle essaya d'abord de résister, en s'accrochant aux poignées du rouf, puis elle se laissa aller, ses mains crispées sur sa couverture. À la fin, Moguer la souleva et la déposa à l'intérieur du carré.

Andriamena était sorti de sa couchette et regardait la scène sans rien dire. À la lumière de la lampe du carré, Moguer découvrit un jeune garçon à la peau sombre, frêle et grelottant, pareil à un animal arraché au fond d'une grotte.

« Qui es-tu ? Qu'est-ce que tu fais sur mon bateau ? »

Moguer s'aperçut qu'il continuait à braquer le rayon de sa torche dans les yeux du passager. Le garçon claquait tellement des dents qu'il ne pouvait pas parler. Andriamena lui fit chauffer du thé noir sucré, et il se mit à boire à petites gorgées avides dans le quart d'aluminium. Mais malgré tous ses efforts, il ne parvenait pas à parler. Comme Moguer répétait avec une mauvaise humeur grandissante sa question, le garçon sortit de sa couverture un sac de voyage en Nylon, et après avoir fouillé dans une des poches, il écrivit sur un bout de papier. Moguer lut son nom : Nassim Kergas ; et son âge : quinze ans. Il avait ajouté en majuscules maladroites : AMERICA.

Moguer le regarda avec étonnement : « Parce que tu crois que tu vas rester à bord ? »

Pendant ce temps, le navire abandonné à lui-même avait changé de cap et les rafales de vent faisaient claquer la grand-voile. « Bon, on reparlera tout à l'heure », dit Moguer. Il retourna à la barre. Andriamena prépara quelques coussins au fond du carré, et une couverture sèche. Le garçon s'endormit presque aussitôt. Andriamena resta un moment près de lui à le regarder dormir. Puis, comme il était fatigué d'avoir veillé une partie de la nuit, il se coucha dans sa cabine.

Quand il fit grand jour, Andriamena vint rejoindre le capitaine dans le cockpit. Le soleil éclairait violemment une mer d'un bleu profond. Le passager clandestin dormait la tête sous sa couverture, son sac de voyage posé à côté de lui.

« Qu'est-ce que nous allons faire de lui ? » demanda Moguer.

Andriamena n'exprimait rien. Il regardait tranquillement la mer, en attendant de reprendre la roue de barre.

« Peut-être qu'on devrait le jeter à la mer ? »

Andriamena ne répondit pas. Il avait son sourire imperturbable.

« Oui, peut-être qu'on devrait faire ça, se rapprocher de la côte, le remettre dans sa couverture, et par-dessus bord, avec son sac ! »

Il se frottait les mains d'un air satisfait, comme s'il était heureux d'avoir pris la bonne décision.

Vers midi, Andriamena avait fait chauffer encore du thé noir. Le jeune garçon émergeait du sommeil, les cheveux emmêlés, les yeux gonflés. Il avait un joli visage régulier, son teint cuivré tirait sur le gris à cause de la fatigue. Et puis il mourait de faim et de soif. Il but avidement la moque de thé bouillant et mangea une assiette de biscuits qu'Andriamena avait préparée. Moguer avait mis le *Azzar* sur pilotage automatique pour pouvoir reprendre l'interrogatoire.

« Alors, monsieur Nassim, qu'est-ce que tu fais sur mon bateau ? » Mais le garçon les regardait sans crainte. Il examinait le carré garni de coussins, la table des cartes en bois sombre. Sa main caressa un instant un presse-papiers en laiton posé sur des cartes marines comme à la recherche d'une réponse. Moguer s'irrita : « Et maintenant, qu'est-ce que je dois faire de toi ? Est-ce qu'il faut que je me déroute juste pour te permettre de débarquer ? »

Pourtant Moguer ne pouvait pas se mettre en colère. Ce garçon arrivait juste au moment où tout allait au plus mal dans sa vie. En une fraction de seconde il estima qu'il devait avoir à peu près le même âge que sa propre fille. Sarita soutenait son regard avec la même assurance, avec la même expression de défi. Mais Sarita avait pris le parti de sa mère. Elle refusait de venir sur le *Azzar.*

Le bateau filait vers l'ouest, remontant le vent. Moguer calcula que dans deux jours il serait à Palma. De là, d'une traite jusqu'aux Canaries. Il n'avait aucune envie de se dévier, ni de réfléchir aux explications à donner à la police des frontières. Le garçon était monté à bord sans sa permission, il ne se sentait pas responsable. Il verrait plus tard.

« Je vais t'enfermer en attendant. » Il prit Nassima par le bras et la conduisit vers l'avant comme un professeur ferait d'une mauvaise élève. « Pour l'instant, je ne veux plus te voir. »

Il ouvrit la porte. La cabine était terriblement encombrée, de provisions, de boîtes, d'outils. Le grand lit triangulaire servait de support à des cartons de conserves, et la prodigieuse baignoire turquoise était pleine de bouteilles d'eau minérale. « Voilà, dit Moguer. Débrouille-toi là-dedans comme tu voudras. Mais ne fais pas de désordre. » La remarque était surprenante vu l'état de la cabine, mais Nassima ne dit rien. À peine Moguer avait-il refermé la porte qu'elle se mit à cogner avec ses poings. Il rouvrit, et lut sur son visage une expression d'angoisse intense. Elle dit avec une petite voix qui cherchait à garder un peu d'humour : « S'il vous plaît, ne m'enfermez pas à clef !

— Et pourquoi non, s'il te plaît ? »

Elle eut un argument de bon sens :

« Si vous tombez à l'eau, ou si votre bateau fait naufrage, je mourrai noyée. »

Elle ajouta : « Je vous promets que je ne chercherai pas à me sauver. »

Moguer la regarda sévèrement :

« Ce n'est pas moi qui t'ai demandé de venir à bord. Tu as pris quelques risques. Je pourrais très bien te jeter par-dessus bord. »

Il referma la porte assez violemment et tourna deux fois la clef dans la serrure.

Après ce premier contact difficile, Nassima réussit à trouver une place à bord du *Azzar.* Malgré ses menaces, Moguer consentit à déverrouiller la porte de la cabine, peut-être simplement parce que Andriamena paraissait ne pas approuver, et qu'à chaque fois qu'il entrait pour prendre des provisions ou de l'eau minérale, il oubliait de refermer à clef.

La première journée à bord parut excessivement brève à Nassima ; elle avait passé son temps à regarder par le hublot de la cabine, à genoux sur le grand lit. Les vagues couraient vers l'étrave, et chaque fois que le bateau franchissait une de ces collines liquides, il y avait un bruit sourd dans la coque et toutes les structures du bateau. C'était une musique étrange, Nassima ne se lassait pas de l'entendre.

Puis, comme personne ne l'invitait au-dehors, elle entreprit d'arranger un peu la cabine, comme si elle devait y passer des semaines ou des mois. Elle empila les cartons dans un coin, rangea les objets les moins encombrants dans les placards construits sous le grand lit, et les autres dans le magasin en proue. Il restait une sorte de bâche et un sac à voiles qu'elle roula et dissimula entre les cartons et la cloison. Le rangement lui prit toute la journée du lendemain. C'est la salle de bains qui lui posa le plus de problèmes. De toute évidence, Andriamena tenait à ses bouteilles d'eau minérale. Mais Nassima avait besoin d'une douche, après la nuit passée sur le pont à recevoir les embruns. Elle dégagea un petit périmètre au fond de la grande baignoire turquoise, en échafaudant une pyramide avec les bouteilles, qu'elle consolida avec un bout de cordage pris dans un des placards. L'eau de la douche était froide, mais elle parut délicieuse à Nassima, il lui semblait qu'il y avait des mois qu'elle ne s'était pas baignée. Elle se lava les cheveux avec un des savons à la noix de coco entreposés dans un des placards. Une fois propre, elle entreprit de laver son jean et son T-shirt trempés d'eau de mer. Pour s'habiller, elle fouilla dans la penderie de la chambre, et elle trouva un pyjama de soie noire qui appartenait à Moguer, du temps où il se prélassait dans le luxe. Il était beaucoup trop grand pour elle, mais en roulant les manches et en retroussant les jambes du pantalon, c'était acceptable. C'est du moins ce qu'elle pensa en s'examinant dans la glace fixée à la porte de la salle de bains.

Par le hublot de la salle de bains, Nassima vit que le bateau approchait une côte sauvage, et pénétrait dans une crique solitaire. Un instant, elle ressentit de l'inquiétude, en pensant que Moguer avait mis ses menaces à exécution et qu'il allait la débarquer. Mais le paysage ne ressemblait pas à celui de la côte de Villefranche. Les montagnes étaient arides, rouges, leur sommet coiffé de nuages. Il y avait une grande forêt de pins sombres, agités par le vent.

Moguer ouvrit la porte. Il vit Nassima habillée de son pyjama trop grand, les cheveux mouillés, et il faillit éclater de rire. Elle avait l'air d'un gamin qu'on aurait repêché dans une mare.

« Nous allons passer la nuit ici, il y a un coup de vent qui s'annonce. » Il changea de ton, comme s'il regrettait d'avoir été aimable : « Et demain, tu prends le train pour retourner chez toi.

— Où sommes-nous ? demanda Nassima.

— Au Port d'Alon, dit Moguer. Il y a une gare à Saint-Cyr, à quelques kilomètres. »

Nassima ne discuta pas. Son visage n'exprimait aucune contrariété. Moguer referma la porte, assez satisfait que toute cette affaire ait été réglée si facilement. Un peu plus tard, c'est Andriamena qui apporta le dîner à Nassima, sur un plateau, un

bol de plastique rempli du fameux riz pilaf. Nassima mangea de bon appétit. Quand elle eut fini,
elle lava le bol dans le lavabo et elle rapporta tout
à la cuisine. Elle était assez contente de constater
que la porte de sa cabine n'était plus fermée à clef.

Au milieu de la nuit, la tempête annoncée
arriva. Le *Azzar* tirait sur son ancre, et le grincement des haubans et les coups de mer contre la
coque tinrent Nassima éveillée. Elle réfléchissait à
ce qui allait se passer quand on la ramènerait à Villefranche. Il faudrait subir toutes ces questions,
aller à la police, affronter le regard de Nadia. Peut-
être que le juge déciderait de l'enfermer dans une
institution pour délinquantes, à Draguignan ou à
Digne. Elle se dit qu'elle s'échapperait, qu'elle
irait ailleurs, en Italie, ou bien vers le nord, jusqu'en Belgique. Si elle arrivait à travailler et à
mettre de l'argent de côté, elle prendrait un avion,
un bateau, et elle irait jusqu'en Martinique, à la
recherche de son père.

Le matin elle était prête à tout. Quand elle entendit bouger dans le carré, elle ouvrit la porte. Moguer
était déjà vêtu de sa combinaison en ciré jaune pour
la traversée. Peut-être qu'il avait dormi tout habillé.
Il était un peu hirsute, pareil à un vieil ours gris.
Andriamena n'avait pas l'air d'avoir ressenti la tempête. Il avait préparé du thé noir et des gâteaux.

Nassima pensa que c'était son dernier repas à
bord. Elle n'arrivait pas à boire, sa gorge était ser
rée. Elle baissa la tête.

« Je ne veux pas partir. » Elle avait une drôle de voix enrouée. Elle sentit qu'elle avait vraiment l'air d'une petite fille, devant sa tasse qui fumait. Elle essaya de raffermir sa voix. « Je veux rester avec vous. »

Moguer la regarda sévèrement.

« Tu veux qu'on m'accuse de kidnapping ? »

Maintenant, il pensait à Sarita, elle aurait fait la même chose, elle aurait eu la même attitude, cet air à la fois abattu et buté, comme il l'avait vue la dernière fois, avant qu'elle n'aille vivre chez sa mère. Elle n'avait jamais accepté qu'il s'en aille.

« Personne ne saura. Je dirai que c'est moi qui suis montée sur votre bateau, personne ne vous accusera. »

Moguer restait debout devant elle. La côte était là, il y avait un môle au fond de la crique. La route en lacet qui gagnait la nationale. En quelques minutes, cet intrus pouvait disparaître de sa vie.

« Et si j'appelle la police ? »

Nassima ne répondit pas. Elle resta pliée sur elle-même, les bras croisés, le nez dans sa tasse pleine. Elle secoua la tête, elle répéta lentement, comme si c'était une évidence :

« Je voudrais rester sur le bateau avec vous. »

Il se tourna vers Andriamena. Le pilote était debout près de la porte, il n'avait rien dit, mais il avait une expression un peu inhabituelle, comme s'il était inquiet.

« Est-ce que je pourrais rester juste un peu, même un ou deux jours ? demanda Nassima. Si vous me faites descendre maintenant, c'est fini, jamais plus je ne pourrai partir. On m'enfermera pour toujours. »

Évidemment, tout ça était de la comédie.

Moguer hésitait. Bien entendu, la raison demandait qu'il se débarrasse de ce garçon au plus vite. Le *Azzar* n'était pas un lieu d'accueil pour un gosse perdu, et lui ne se sentait pas l'âme d'un missionnaire. Mais en le regardant, ramassé sur lui-même dans un coin du carré, comme au moment où il l'avait repêché tout trempé sur le pont du bateau, il ne pouvait s'empêcher de penser qu'il avait été comme lui, autrefois, prêt à tout pour s'échapper, pour fuir un monde sans issue, où tout était donné d'avance. Un garçon inconscient et entêté, tout ce qu'il avait toujours aimé, un grain de folie, un caprice, la chance, l'imprévu. Il avait en lui le désir du nouveau, d'essayer quelque chose d'interdit, quelque chose que Sarah aurait condamné, de jouer un jeu, en souvenir de Sarita peut-être. Il feignit la colère, la contrariété.

« La météo annonce que le coup de vent dans le golfe va durer toute la journée. Ça te laisse jusqu'à demain matin pour te préparer, inventer une histoire. Tu as l'air de t'y connaître en histoires. »

Nassima employa la journée à arranger au mieux son coin de cabine. Elle continua à ranger tous les objets qui traînaient. Puis elle nettoya la salle de bains et confectionna un rideau de douche avec de la toile à voile qu'elle avait trouvée dans les sacs. Elle rangea un peu la cuisine aussi et prépara un ragoût avec les quelques pommes de terre un peu vertes qu'elle trouva sous l'évier et des tomates en conserve. Juan Moguer revint de sa promenade à terre vers la fin de la journée, avec Andriamena. Quand il entra dans le carré, il sentit l'odeur de cuisine et fronça les sourcils.

« Andriamena ne te fait pas bien à manger ? »

Nassima ne savait pas quoi répondre, elle secoua la tête, l'air dépité. Moguer la regardait ironiquement :

« À partir de demain, tu pourras faire la cuisine à tes parents.

— Je n'ai pas de parents », dit Nassima. Elle se reprit : « Je veux dire, mon père est parti, et ma mère travaille tout le temps, elle n'a pas besoin que je lui fasse à manger. »

Moguer avait l'air dur et ironique, ses yeux bleus brillaient d'une lueur froide. Il ne disait rien, peut-être qu'il était touché, après tout. Nassima mangea à toute vitesse, elle alla rincer son assiette dans l'évier, puis elle retourna dans sa cabine. Avant de refermer la porte, elle souhaita une bonne nuit, d'une petite voix étranglée. Seul Andriamena lui donna une réponse.

Nassima se réveilla avec le sentiment de flotter. C'était un mouvement lent et doux, un balancement. Un instant, elle avait eu l'impression qu'elle tombait en arrière dans un puits sans fond, puis elle s'était réveillée, et elle avait réalisé qu'elle était sur un bateau en marche.

Hormis le froissement de l'eau le long de la coque et les craquements des membrures, tout était silencieux. Elle se précipita vers les hublots, de chaque côté du grand lit. Il n'y avait aucun doute, le *Azzar* était en pleine mer.

Le ciel était nuageux, avec un horizon brouillé par les averses, mais aussi loin qu'elle pouvait voir, il n'y avait que la mer, les courbes douces des vagues.

Nassima enfila à la hâte ses habits, et elle sortit de la cabine. Le carré était vide. Dans le cockpit, Andriamena était à la roue de barre. Il la regarda sans rien dire, ses yeux rétrécis à cause de la bruine. Il avait de petites gouttes qui s'accrochaient à ses cheveux, à son pull de laine. Nassima voulut se faufiler derrière lui pour aller sur le pont, mais il la retint par le bras. Il lui montra le coffre aux gilets de survie. « Le capitaine a dit, tu dois mettre ça. » Il aida Nassima à attacher la veste orange autour de sa taille.

Quand elle passa la tête au-dehors, elle ne put retenir un cri. Au-dessus d'elle, et jusqu'à la proue du navire, les voiles étaient déployées, immenses, blanches, gonflées par le vent. Sous la poussée, le *Azzar* s'était incliné, et les vagues glissaient au ras du bord, lavaient l'avant du pont avec un grand bruit de cascade. Nassima aperçut Juan Moguer assis devant le grand mât, les pieds calés contre les rebords du rouf. Il était vêtu d'un ciré jaune, le dos tourné contre les rafales de pluie.

Nassima n'avait jamais marché sur un pont incliné. Elle se mit à ramper vers la proue, en se tenant à la lisse du rouf et aux étais, sans oser se relever. Le bruit de la mer était violent, effrayant. Chaque vague glissait contre la coque, et le vent sifflait dans les haubans, faisait claquer les voiles qui se tendaient. Il y avait surtout le fracas général de la haute mer, surgi de tous les côtés à la fois, qui l'enveloppait et lui donnait le vertige.

Elle n'arriva pas jusqu'à Moguer. La fatigue et l'émotion la submergeaient. Elle resta là, à mi-chemin sur le pont, à quatre pattes, agrippée à un taquet, assourdie par le vent, fascinée par le mouvement des vagues qui montaient vers elle, qui jetaient des nuages d'embruns dans ses yeux. Le soleil avait déchiré les nuages, ouvrant une grande embellie droit devant le *Azzar.* Au bout de quelques minutes, elle sentit une poigne qui la tirait en arrière et lui faisait mal. C'était Andriamena. Il était pieds nus sur le pont, sans gilet. Il avait une expression violente, coléreuse, mais il ne dit rien quand il aida Nassima à descendre à l'intérieur du rouf. Moguer arriva à son tour. Son visage était trempé d'eau de mer.

« Si tu recommences à sortir sans ma permission, je t'enferme dans ta cabine. »

Nassima restait assise sur les coussins, sans comprendre. Elle tremblait de tous ses membres.

Moguer alla chercher une fiasque de gin dans l'armoire de la cuisine, et il lui tendit un godet. « Bois, c'est bon pour le mal de mer. » Nassima sentit l'alcool brûler sa gorge. Elle voulut protester, dire qu'elle n'avait *jamais* le mal de mer, quand son père l'emmenait sur son bateau, autrefois. Moguer était déjà reparti sur le pont. Dans le creux du cockpit, Andriamena continuait à barrer, toujours imperturbable. Son air de colère avait disparu, ses yeux étroits avaient une expression un peu moqueuse, et Nassima pensa qu'il avait deviné tout de suite qu'elle était une fille, ce qui était vexant.

Vers le soir, la houle se calma. Comme Nassima passait timidement la tête dans le carré, Moguer lui fit signe de venir. Elle enfila son gilet de survie et suivit le capitaine sur le pont. Moguer la prit par la main et la conduisit jusqu'à la proue. Le vent était tombé, les voiles étaient moins tendues. Seul le génois formait un grand ventre au-dessus de l'étrave.

« Regarde », dit Moguer.

Elle ne comprit pas tout de suite ce qu'il y avait à voir. La mer était grise, confondue avec le ciel. Il faisait doux, les lentes ondulations étaient parcourues de rides, les derniers frissons de la tempête. Le navire avançait vent arrière, sans heurt, sans bruit, un peu incliné à bâbord. Soudain, la mer s'ouvrit et des profondeurs jaillit une troupe de dauphins juste sous le nez de l'*Azzar*, à quelques mètres à peine, si près que Nassima entendit nettement le sifflement de leurs respirations tandis qu'ils bondissaient dans l'air.

Elle restait pétrifiée, serrant de toutes ses forces la main de Moguer. Les dauphins glissaient à fleur d'eau le long du navire, repartaient en arrière, revenaient, comme s'ils voulaient montrer leur dextérité, mesurer leur vitesse. Puis ils plongeaient sous la proue et l'instant d'après, d'un seul mouvement, ils rejaillissaient sur l'autre bord.

Nassima s'était assise sur le pont, à l'avant, à côté de Moguer, sous la toile tendue du génois. Elle regardait les dauphins, sans lâcher la main de Moguer. C'était un instant magique, d'une beauté surnaturelle. Jamais elle n'avait imaginé rien de tel. Avec le silence, la mer lisse et grise, le ciel teinté de rose au crépuscule et le mouvement lent du *Azzar* qui planait sur ses immenses voiles, elle avait l'impression que plus rien n'existait au monde, seulement la mer et les dauphins, leur force joyeuse, leur liberté, le gris de leur peau pareil au velours quand ils jaillissaient dans l'air, puis le bruit profond quand ils retombaient et disparaissaient sous l'eau dans une gerbe d'écume.

Les dauphins ont accompagné le bateau jusqu'à la nuit. Moguer ne bougeait pas, ne parlait pas, il tenait la main de Nassima serrée jusqu'à lui faire mal. Il y avait quelque chose d'étrange en lui, sa silhouette penchée en avant, sa bouche entrouverte sur un sourire ou une grimace. Ce n'était plus le vieil homme au rire amer, au regard endurci. Il était redevenu pareil à un enfant merveilleux, le gamin insolent et drôle prêt à conquérir le monde. C'était comme si elle le connaissait de toujours, comme s'ils avaient grandi ensemble dans la rue de May, dans le dédale obscur de Villefranche. Elle sentit son cœur déborder de reconnaissance, d'admiration. C'était un moment exceptionnel, elle pensait qu'elle ne connaîtrait jamais rien de plus fort et de plus beau. Elle fut sur le point de lui dire la vérité, qu'elle n'était pas un garçon, mais elle eut peur de tout gâcher.

En un instant tout fut terminé. Les dauphins plongèrent une dernière fois sous la proue et repartirent vers le sud. La mer se referma sur eux et la nuit tomba presque aussitôt, comme s'ils l'avaient apportée sur leur dos.

Moguer s'est levé et, sans lâcher sa main, il a conduit Nassima jusqu'au cockpit. Devant la roue de barre, Andriamena était prêt à passer la nuit, dans sa position favorite, debout sur une jambe, un pied posé sur le côté de son mollet, comme une cigogne, ou un de ces oiseaux d'Afrique qui mangent les serpents, pensa Nassima. C'est elle qui a réchauffé la marmite de riz, et les deux hommes l'ont laissée faire sans objection. À partir de ce soir-là, Nassima a compris qu'elle avait sa place à bord, qu'elle était en quelque sorte le mousse du *Azzar*. Elle a remercié tout bas les dauphins, comme s'ils étaient venus spécialement pour l'aider.

Palma était la ville de Moguer. C'est là qu'il aimait s'arrêter toujours, avant de repartir vers d'autres horizons, pour revoir les vieux quartiers, entre la calle de Quint et le Paseo. Il voulait voir tout le monde, et que tout le monde le voie. C'était sa revanche sur le mauvais sort, lui qui n'avait eu ni père ni mère, et qui avait grandi dans le besoin, il avait réussi, il était devenu un cinéaste de Hollywood, il valait mieux que tous ceux qui l'avaient souf: fleté et rebuté quand il circulait

entre les tables des cafés du Paseo du Généralis-
sime pour grappiller du sucre et des morceaux de
pain dans les assiettes.

Avant d'entrer au port, il a envoyé le pavillon
rouge et or de Majorque, et Andriamena a sorti les
guirlandes d'ampoules blanches.

Nassima a participé aux préparatifs de la fête,
c'est elle qui est montée comme un vrai mousse
jusqu'en haut du mât d'artimon pour accrocher la
guirlande. Ici, à Palma, la jeune fille n'avait pas
besoin d'être enfermée dans la cabine. Moguer
était chez lui, il se moquait du qu'en-dira-t-on. Personne n'aurait songé à lui demander les papiers
des gens qui voyageaient à bord du *Azzar*.

Durant l'après-midi, Moguer a parcouru la ville
avec Nassima. Palma était une ville bruyante,
désordonnée, avec des ruelles étroites et sombres,
et une grande avenue de palmiers envahie par les
terrasses des cafés. Cela débordait de touristes alle-
mands ou américains, trafiquants de Barcelone ou
de Melilla, religieux en soutanes, filles voyantes,
jeunes garçons aux yeux moqueurs accompagnés
de vieux louches en costumes blancs.

Pour aller en ville, Moguer avait mis précisément son costume clair, un panama et des souliers
noirs, et les gens ne manquaient pas de se retourner sur ce couple bizarre, cet homme élégant
auprès de qui trottinait un petit garçon noir aux
cheveux ébouriffés et au regard curieux.

Moguer montra à Nassima l'endroit où il avait
vécu enfant avant de partir pour Barcelone, le
vieux café Centrico où il avait travaillé comme

garçon de courses, les recoins où il s'était caché, les escaliers où il avait couru pour fuir une bagarre.

Sur le Paseo, ils se sont assis à l'ombre des palmiers pour boire, un Coca pour Nassima, un café très noir pour lui. De temps à autre des gens venaient le saluer à sa table, mais c'était pour regarder Nassima du coin de l'œil. C'étaient des hommes d'un certain âge, importants ou qui feignaient de l'être. Moguer devait avoir leur âge, mais il semblait appartenir à une autre espèce. Nassima le regardait parler à ces messieurs. Sur son visage tanné par le soleil, les rides avaient dessiné des traits autour de la bouche et au coin des paupières, qui lui donnaient l'air de sourire.

De jeunes garçons circulaient entre les tables, pour vendre des chewing-gums, des cigarettes, du chocolat *Carlos Quinto*. L'un d'eux, très sombre, l'air d'un Gitan, avec des cheveux bouclés presque blonds, s'accroupit aux pieds de Moguer avec sa boîte à cirage. Il regardait Nassima sans sourire, dans ses pupilles noires brillait une flamme cruelle. Sans rien demander il commença son travail.

Moguer s'était un peu calé en arrière dans son fauteuil, il avait enlevé son chapeau, il fumait un cigarillo en fermant les yeux, l'air heureux, et Nassima imaginait qu'il avait été comme ce garçon, courant fébrilement les rues à la recherche d'un boulot, d'une occasion, d'un mauvais coup peut-être. Alors il avait fait comme ces gamins qui plon-

geaient dans l'eau sale du port, devant les bateaux
de croisière, pour repêcher quelques piécettes.

C'est ici que Nassima a vu Alban pour la première fois, et elle l'a détesté au premier regard.
Alban était le régisseur de Moguer, chargé de
l'intendance et du recrutement des acteurs.
C'était un homme d'une quarantaine d'années,
plutôt nerveux que grand, le visage anguleux
barré par d'épais sourcils noirs, les cheveux courts.
Il était élégant, vêtu d'un complet gris impeccable,
de longues mains fines et soignées. Il était accompagné d'une jeune Candie américaine aux cheveux décolorés et au regard absent. Elle s'est assise
sans un coup d'œil pour l'assistance, mais Alban,
en revanche, posa sur Nassima un long regard
scrutateur et hostile qui fit battre son cœur. Elle
s'efforça de ne pas montrer qu'elle avait peur.

Moguer et lui discutèrent un instant en espagnol, puis ils décidèrent d'aller manger à la Cala-
mayor. Un taxi les conduisit par une route étroite
jusqu'à la baie. Le restaurant dominait une plage
de sable jaune où les parasols bleus étaient dis-
posés en rangs serrés. La mer scintillait, le vent
chaud soufflait par intermittence. Nassima laissa
Moguer et Alban discuter au sujet du film, et elle
descendit avec Candie jusqu'à la plage. Nassima
s'assit sur le bord du mur de soutènement. La
jeune femme s'adressa à elle en français, sans
aucun accent. « Comment tu t'appelles ?

— Nassim, dit Nassima.

— Tu ne vas pas te baigner ?

— Je n'ai pas de maillot.

« — Si tu veux, Alban peut t'en prêter un. »

Nassima hésita.

« Non, merci, je peux me baigner avec mes habits. »

Candie se mit à rire. « Tu es un marrant. »

La mer était froide, mais c'était bon après la chaleur de la route. Nassima plongea du haut d'un rocher dans l'eau claire, et elle s'ébroua bruyamment, comme devait faire un garçon. Sur la plage, Candie ne lui prêtait aucune attention. Elle s'était allongée sur le sable, tout enduite de crème à bronzer. Elle avait un long corps très blanc, sur sa poitrine le soleil avait mis des marques rouges. Nassima s'est assise à côté d'elle pour la regarder. Ses habits mouillés collés à sa peau la faisaient grelotter.

« J'ai faim, dit Nassima. On va manger ? » Elles remontèrent les escaliers en courant jusqu'au bar-restaurant.

Les deux hommes étaient assis à l'ombre d'un parasol. Ils avaient fini de manger, ils fumaient en sirotant un café. L'Américaine s'est allongée à l'écart dans un transat, avec deux pastilles de coton sur les yeux.

Moguer interrompit la conversation et s'occupa de Nassima avec gentillesse. Comme elle avait très faim, il lui fit apporter un grand plat de fruits de mer et un panier d'oranges. Nassima se gava de coquillages et de crevettes, de pain et puis d'oranges. Moguer la regardait avec amusement, il n'écoutait plus ce que disait le régisseur. Il aimait voir ce garçon si jeune, plein de vie, si instinctif et

sans méfiance. Son regard n'échappa pas à Alban.
Il commenta à mi-voix :

« Eh bien, voilà une proie ? »

Moguer le considéra avec colère :

« Quoi ? Qu'est-ce que vous voulez dire, vous
êtes fou ! »

Alban regardait Nassima avec insistance. Quand
il avait vu sa silhouette contre le soleil, avec les
vêtements mouillés qui la rendaient encore plus
gracile, il ne s'était pas trompé.

« À mon avis, dit-il, vous devriez vous débarrasser de ce problème au plus vite, ou vous ris-
quez d'avoir encore plus d'ennuis. Ce garçon est
mineur. »

Moguer s'irrita :

« Eh, dites-moi ce que je dois faire : le débarquer ici, le confier à la police, aux douanes ? Est-ce
que je sais ce qui va se retourner contre moi, il y a
tellement de gens à l'affût. Ou bien peut-être que
je devrais le chasser à coups de pied et le laisser
dans la nature ? »

Alban souffla une bouffée de fumée.

« À votre place, je me méfierais, ce petit garçon
est capable de raconter les pires horreurs sur vous.
Peut-être que si vous lui donnez de l'argent, il vous
lâchera sans rien dire. » Il ajouta : « Mais il est vrai
qu'à votre place, je ne l'aurais jamais pris sur mon
bateau pour commencer. »

Vers six heures trente, alors que le soleil couchant enflammait la mer, l'orchestre est arrivé sur
le quai. C'était une tradition. En dépit de tout ce

qui s'était passé, le divorce avec Sarah, les ennuis financiers, la difficulté de trouver de l'argent pour commencer le tournage de son film, Moguer n'avait pas voulu y renoncer. Chaque fois qu'il revenait à son île d'enfance, il faisait la fête, ou plutôt, c'étaient ses amis d'autrefois qui lui faisaient la fête.

L'orchestre était composé en tout et pour tout de trois musiciens, des jeunes qui jouaient aux terrasses des cafés, une guitare, un saxophone et une contrebasse qui pouvaient jouer n'importe quoi à la demande. Alban avait dû les prévenir que Moguer n'aimait que le jazz, et ils s'essayaient à une libre interprétation de *Lady Be Good*.

Très vite le quai d'honneur se remplit de monde. Il y avait toutes sortes de gens, des soi-disant notables habillés en noir, des avocats mondains, des médecins improbables, des hommes d'argent et des femmes vénales, des aventuriers, des pique-assiettes, des traîne-savates, des curieux qui n'avaient rien à faire là, des touristes en hiver, et même des policiers en civil qu'on reconnaissait tout de suite au fait qu'ils allaient par deux. Moguer ne put s'empêcher d'admettre que la plupart de ces gens lui étaient inconnus. Autrefois, quand tout allait bien, que l'argent coulait à flots et que ses films se vendaient dans tous les pays du monde, au temps du *Royaume de la demi-lune*, au temps de *L'Île inaccessible*, il aurait reconnu tout le monde, il y aurait eu les hommes les plus puissants, les femmes au sourire le plus éclatant. Maintenant, il devait se contenter de cette nuée de

parasites. Il faisait chaud, les musiciens lui donnaient mal à la tête, ils jouaient faux. Moguer
chercha des yeux Andriamena. Il se demanda où
Nassim avait pu se cacher. Il pensait à ce que lui
avait dit Alban. Peut-être que le garçon était un
nouveau piège tendu par ses ennemis pour
l'enfoncer davantage. Il s'enferma dans sa cabine,
pour fumer, boire et réfléchir tranquillement.

Nassima s'était faufilée dehors quand les gens
commençaient à arriver. Elle s'était installée sur le
quai, à l'abri d'une cargaison de sacs de ciment, et
elle contemplait les ampoules électriques qui brin-
quebalaient sur les mâts du *Azzar*. Elle écoutait les
relents de la musique. Elle se souvenait de ce
qu'elle avait vu autrefois à Villefranche, pour la
fête du 4 juillet, quand les flèches du navire dessi-
naient une pluie de lumières au centre de la rade.
Il y avait quelque chose de triste et d'abandonné
sur le *Azzar*, malgré la musique et les bruits de la
fête. Elle pensa à la rue de May, à Nadia qui devait
l'attendre, c'était un vide qui lui faisait mal au
ventre, qui lui serrait la gorge. Peut-être que la
police était à sa recherche, qu'on avait placardé
des affichettes avec sa photo, pour la retrouver.
Elle aurait bien voulu téléphoner, parler à Chérif,
avoir des nouvelles, mais elle n'avait pas d'argent,
et elle n'osait pas en demander à Moguer. Elle
avait peur qu'il ne la renvoie chez elle.

Elle se sentait fatiguée. Elle finit par s'asseoir
par terre, le dos contre un sac de ciment. De là,
elle ne voyait plus les mâts du bateau, juste
l'auréole de lumière dans le ciel sombre, et de

temps à autre la brise froide lui apportait le rythme de la contrebasse, un éclat nasillard du saxo, des voix, des rires stridents.

Elle se réveilla transie. Sur le quai d'honneur, les réverbères faisaient une tache jaune, désagréable. Nassima sortit des sacs de ciment. Le *Azzar* avait éteint toutes ses lampes, les gens étaient partis. Il n'y avait aucun bruit, sauf le clapotis de l'eau dans les bassins du port. Le vent soufflait de la mer, glacé, humide. Nassima marcha vers le navire. Elle était partie si précipitamment, avant la fête, qu'elle n'avait pas eu le temps de mettre ses sandales. Les graviers pointus piquaient ses pieds nus, et elle avait si froid que ses jambes étaient raidies par une crampe.

Au moment où elle arrivait sur le pont, une ombre se dressa devant elle, et elle cria de frayeur. C'était seulement Andriamena qui couchait devant la porte du rouf. Il reconnut Nassima et la laissa passer.

Le capitaine n'était plus là. La grande salle du rouf était jonchée des restes de la fête, de bouteilles vides, de gobelets de punch. Les coussins étaient pêle-mêle, à travers toute la salle, il y avait une insupportable odeur de cigare froid. Machinalement, Nassima commença à ranger les coussins, sous l'œil indifférent du pilote. Mais elle était tellement fatiguée qu'elle finit par se coucher dans la cabine avant, au milieu du désordre. Ici aussi, les gens avaient bu et fumé, et fait Dieu sait quoi dans le lit, en laissant des traces sur le matelas. Nassima jeta rageusement les couvertures et les oreillers, et elle s'affala sur le grand lit, après avoir enlevé son jean poussiéreux.

Moguer est rentré au matin. Il avait passé la nuit à l'hôtel avec une fille, il était de mauvais poil. Quand il vit que le carré avait été rangé, les coussins entassés et les bouteilles vides en rang contre la cuisine, il laissa éclater sa mauvaise humeur devant Andriamena.

« Enfin, qu'est-ce que c'est que cette comédie ? Est-ce que mon bateau est devenu une foutue maison de poupées ? » Il donnait de grands coups de pied dans les coussins pour les remettre tels que les gens les avaient laissés en partant. « Voilà ce que c'est, je n'aurais jamais dû le laisser s'installer. Il va falloir trouver quelque chose pour qu'il parte. »

Il marcha furieux vers la cabine, ouvrit la porte brusquement. Sur le grand lit, Nassima dormait profondément. La lumière du soleil passait par le hublot avant, éclairait son visage et le haut de son corps avec un cône très chaud où brillaient les poussières. Pendant qu'elle dormait, son pull s'était retroussé et laissait voir un ventre rond troué d'un nombril oblique qui n'avait rien de celui d'un garçon, et ses jambes nues repliées paraissaient des cuisses de grenouille. Moguer fut tellement interloqué par cette image de naïve indécence qu'il resta sur le seuil, sans pouvoir aller plus loin, ayant même oublié pourquoi il avait ouvert la porte de la cabine. Puis il referma doucement la porte, toute sa colère retombée.

« J'aurais dû m'en douter, j'aurais dû m'en rendre compte plus tôt. » Andriamena était debout devant la porte du rouf, comme s'il attendait une décision. « Il faudra vraiment trouver quelque chose », répéta machinalement Moguer. Tout à coup le comique de la situation le frappa, et il se mit à rire. « La petite garce nous a bien eus. »

Il s'essuya le front avec le torchon de la cuisine et se mit à ramasser des gobelets qui traînaient. « Il fait trop chaud ici, nous partons tout de suite. »

Le moteur démarra avec un petit bruit doux. Moguer détacha toutes les amarres et repoussa le quai du pied. Il n'y avait rien de mieux, oublier la terre et tous ses problèmes, la faire disparaître d'un simple coup de talon.

Andriamena était déjà dans sa position naturelle, en équilibre sur une jambe, une main sur la roue de barre.

Le mouvement avait réveillé la jeune fille. Elle arriva sur le pont au moment où le *Azzar* longeait la digue poussiéreuse et entrait dans la haute mer. À la façon dont Andriamena et Moguer la regardèrent, elle comprit qu'elle ne pouvait plus mentir.

« Mon nom est Nassima », dit-elle.

Chaque jour de la traversée a brillé comme un soleil. Pour la première fois, Nassima avait le senti-ment de vivre. C'était si extraordinaire que le pré-sent lui semblait résonner jusque dans le passé, et au même instant se mêlait à ses rêves. C'était beau, enivrant, et pourtant cela lui faisait mal au fond d'elle-même, parce qu'elle pensait que tout serait bientôt fini, que ce ne serait plus que ces choses horribles qu'on appelle des souvenirs.

Le *Azzar* a quitté Malaga au début de décembre, après une tempête qui avait endommagé la grand-voile. Passé le rocher de Gibraltar vers cinq heures de l'après-midi, dans la compagnie d'une bande de dauphins, et deux nuits à Tanger, sans sortir du bateau, par une pluie fine. Enfin, le 10 décembre au matin, le *Azzar* s'est lancé vers le sud-ouest, pour commencer la traversée sur une mer presque sans houle, d'un bleu profond.

La première nuit dans l'océan, Nassima n'a pas pu dormir, tout était chargé d'électricité. Elle est restée sur le pont à côté du pilote, à regarder le sillage phosphorescent. Des millions d'étincelles coulaient le long de la coque comme un lait d'étoiles. Moguer est venu barrer, pendant qu'Andriamena se reposait, accroupi, le dos contre la porte. Personne ne pouvait dormir cette nuit-là.

« Du plancton », a expliqué Moguer. Il était debout à côté d'elle dans le cockpit, mais elle ne pouvait pas le voir, la nuit était trop opaque. Il n'y avait rien d'autre de visible que cette rivière de lumière qui s'écoulait, et de temps à autre, dans le ciel, par des déchirures, les étoiles qui tanguaient. Andriamena était resté à sa place, silencieux comme à son habitude. Par à-coups, Nassima entendait Moguer lui parler, et elle voyait briller la braise de leurs cigarettes. Andriamena ne fumait qu'à la nuit, pour « se rafraîchir », c'était ce qu'il disait.

Nassima sentait son cœur palpiter, elle avait l'impression d'être à l'intérieur d'un grand animal, un poisson, un oiseau, une bête puissante qui glissait presque sans toucher les vagues, à travers la nuit, vers l'autre extrémité du monde. C'était ça qui lui faisait battre le cœur, elle avait attendu ce moment depuis si longtemps, depuis qu'avec Nadia elle était allée sur le chemin de pierre de la citadelle, pour regarder l'endroit où Kergas avait disparu, traverser l'horizon comme on remonte une cascade, voir apparaître le navire qui l'emmènerait. Maintenant, dans le corps de l'animal, elle était en route, elle s'approchait de cet endroit à chaque seconde. Elle s'est couchée sur le plat-bord, si près de l'eau qu'elle semblait couler dans son oreille.

Le vent soufflait par l'arrière, mais c'était un vent doux et facile comme une respiration, qui faisait à peine un léger bruit dans les voiles. Cette nuit, pour parer à toute éventualité, Moguer avait réduit la grand-voile des deux tiers et cargué complètement la voile d'artimon. Mais il avait laissé le génois pour tirer le *Azzar* sans effort, appuyer sur les rouleaux de la houle qui fuyaient dans la même direction. Les écoutes tendues vibraient avec un son grave, un bourdonnement qui montait et descendait. Allongée sur le bord, Nassima s'accrochait au pont de toutes ses forces, elle était sur un aéronef volant très haut dans l'espace, elle écoutait chaque bruit, elle ressentait chaque passage de la vague de l'étrave à la poupe comme si c'était sur son propre corps. Par instants, le vent appuyait si fort que le navire semblait prêt à chavirer, et la vague froide léchait le bout de ses doigts, la faisant frissonner. Puis Moguer tournait un peu la roue de barre et le *Azzar* reprenait sa route après une hésitation, et l'étrave plongeait brièvement, ouvrant un triangle d'étincelles dans la mer invisible.

À un moment, Moguer est venu. Très doucement, il l'a prise par la main et l'a fait descendre dans le cockpit. Il l'a conduite jusqu'au poste de pilotage, et il lui a fait poser les mains de chaque côté de la grande roue de bois. Il est resté un instant derrière elle, pour accompagner ses mouvements, et elle frissonnait un peu en sentant son souffle dans ses cheveux. Puis il s'est écarté, et il l'a laissée seule aux commandes du navire. Il a rejoint Andriamena à l'abri du rouf, il s'est assis pour fumer ou boire. La roue était douce, polie par la paume des mains. Nassima sentait les petites pulsations des vagues sur le safran, comme s'il y avait une multitude de poissons qui se pressaient, qui bougeaient. Hormis la laitance phosphorescente qui s'écartait de chaque côté de la coque, elle ne voyait rien. La nuit, rien que la nuit, le vent, l'odeur et le bruit de la mer. Nassima pensa qu'elle était pareille à une aveugle conduisant un bus dans une très grande ville inconnue. Elle corrigeait d'instinct les mouvements du navire, tout était puissant et léger, lourd comme la masse liquide, léger comme les nuages. C'était effrayant aussi, et elle sentait la sueur de ses paumes mouiller le bois de la roue, à chaque instant le grand animal tiré par le vent pouvait plonger et sombrer, casser ses étais et abattre ses mâts, déchirer ses voiles.

Elle est restée à la roue de barre si longtemps qu'elle avait mal aux jointures des doigts et que ses jambes tremblaient de fatigue. Moguer ne disait rien, il n'y avait même plus la petite lueur de la braise de sa cigarette. Andriamena avait dû aller se coucher. Elle sentit la force de l'océan qui glissait sous le ventre du navire, cette lenteur qui freinait de plus en plus, cette solitude. La roue qu'elle tenait entre ses mains était devenue si lourde, si dure. C'était une peur qu'elle n'avait jamais ressentie auparavant. Elle s'efforça de lutter, de résister, pour ne pas lâcher la roue, elle dit à haute voix : « Je dois tenir, je dois rester debout. » Alors elle sentit la présence de Moguer à côté d'elle. Il détacha doucement ses mains de la roue de barre

et l'aida à descendre vers le rouf. Elle était glacée
par la nuit, la lumière du fanal posé sur la table à
cartes l'éblouissait.

Elle titubait. Moguer l'aida à franchir la porte
du rouf. Il avait enfilé son ciré jaune pour passer la
moitié de la nuit à la barre. Il dit à Nassima :
« C'est bien, tu peux aller dormir maintenant. » Sa
voix avait changé, il y avait comme de la douceur,
de la complicité. Nassima ressentit un élan de ten-
dresse, elle se blottit dans ses bras, sa tête appuyée
contre le plastique froid de son ciré. Lui resta un
instant sans bouger, puis il s'écarta d'elle et retourna vers le cockpit. À la lueur de la lampe du
rouf il se versa du café dans le gobelet d'une
Thermos. Peut-être qu'il n'avait pas entendu Nassima lui murmurer merci.

Les jours suivants, Nassima prit son tour à la
roue de barre. Elle faisait partie de l'équipage
maintenant, c'est Andriamena qui avait tout arrangé. Quand il en avait assez de piloter, et qu'il
voulait manger un biscuit, ou simplement som-
noler, il passait la tête dans le rouf et il faisait signe
à Nassima : « Viens ! » La jeune fille accourait. Le
cœur plein d'enthousiasme, elle bondissait dans le
cockpit, sans même enfiler son gilet, pieds nus,
avec juste un pull marin emprunté à Moguer. Elle
avait gardé dans la poche de son jean un bandana
rouge que Kergas lui avait ramené autrefois du
Mexique, elle le nouait sur ses cheveux, les pointes
formant deux petites cornes de chaque côté du
front, comme il lui avait montré. Moguer s'était
moqué d'elle . « Un vrai pirate ! » disait-il. Mais il

la trouvait belle, l'air sauvage, avec sa peau sombre et cette petite ride entre les sourcils à cause de la lumière.

C'était autour de midi que Nassima préférait piloter. C'était éblouissant, magnifique. Le *Azzar* glissait, penché par le vent constant, la bôme de la grand-voile au ras de l'eau traçant un sillage léger comme une coupure. L'eau était d'un bleu sombre, tantôt transparent, tantôt impénétrable. Les longues lames frissonnantes paraissaient courir contre l'étrave du navire, jetant des nuages d'embruns. Nassima ne se lassait pas de les suivre du regard, une après l'autre, jusqu'à ce qu'elles arrivent et passent sous la coque, puis s'enfuient derrière la poupe, lissées par le sillage. Elle se souvenait quand autrefois, du haut de la citadelle, elle les voyait venir vers le rivage et qu'elle s'amusait à trouver un nom pour chacune d'elles. Elle s'efforçait de retrouver ces noms, elle les disait à voix haute pour Andriamena, Léonie, Noémie, Alia, Mahalia. Lui écoutait sans rien dire, sans ennui. Elle essayait d'imiter son attitude, les mains agrippées à la roue de barre, les jambes un peu écartées pour laisser glisser le mouvement du roulis. Les vagues effleuraient le navire comme de grands animaux familiers, le poussaient un peu de côté, et il fallait corriger pour maintenir le cap. Nassima imaginait leur route jusqu'à la côte d'Afrique, jusqu'aux grandes plages de sable blanc bordées de palmes.

« Qu'est-ce qu'il y a, là-bas ? » a-t-elle demandé plus tard à Moguer. Il a regardé vers l'horizon. « Si

on marchait droit dans cette direction, on touche-
rait le Sahara. » Il a déplié une carte et il l'a posée
sur le pont. Nassima a lu les noms : « Cap Ghir,
Ifni, Marsa Tarfaya. » C'étaient des noms qui faisaient rêver. « On ne va pas aller là-bas ? » Moguer
avait l'air rêveur, mais il a dit : « Trop dangereux
pour nous, c'est la côte des naufrages. Peut-être un
jour, je t'emmènerai voir le banc d'Alguin, un
endroit où il y a beaucoup d'oiseaux. »

Un peu avant la nuit, Nassima a aperçu des
terres, à l'ouest, un chapelet d'îles noires découpé
sur le ciel pâle. Les premiers oiseaux sont venus
planer au-dessus de la poupe en gémissant, des
sternes, des goélands pleurnichards, des fulmars.
Moguer a regardé les îles avec ses jumelles. « Ce
sont les Selvages. » La mer était sombre, il y avait
quelque chose de dur et de violent, et Nassima a
pensé que le nom était bien trouvé. Le *Azzar* a fait
route vers le sud, pour éviter les écueils. La nuit est
tombée assez vite, des bandes noires ont caché
bientôt les îles. Un long moment, les cris des
oiseaux de mer ont retenti dans l'obscurité derrière le bateau, une plainte comme pour attirer les
voyageurs vers les îles perdues, puis la mer s'est
refermée sur le *Azzar.*

Cette nuit, Nassima s'est levée pour prendre son
quart, autour de minuit. Andriamena lui a laissé la
barre sans rien dire, mais par précaution il n'est pas
descendu se coucher. Il s'est seulement accroupi
dans le cockpit, le dos contre les hiloires. C'était
une nuit froide, constellée, la mer toujours phosphorescente. Il n'y avait pas de lune, et pourtant on

y voyait à vingt milles. Tout à coup, il y a eu une pluie d'étoiles, droit au zénith. À la lueur vague du ciel, Nassima regardait Andriamena. Il était redressé, son visage aux larges pommettes renversé en arrière, il buvait le spectacle des bolides. Il restait immobile, dans une pose hiératique et mystérieuse, il paraissait réciter une prière, et Nassima sentit un long frisson parcourir son corps. Sans lâcher des mains la roue de barre, tandis que le *Azzar* continuait sa route contre les longues vagues invisibles, elle s'est adressée à Nadia, comme si elle pouvait l'entendre à travers cette immensité, elle a dit à voix basse, presque sans bouger les lèvres : « Si tu voyais, si seulement tu étais avec moi pour voir... »

La pluie d'étoiles a duré une grande partie de la nuit, presque jusqu'au jour. Pourtant, Nassima avait l'impression que seulement quelques minutes s'étaient écoulées. Lorsque Moguer est venu prendre son tour à la barre, elle s'est traînée jusqu'au rouf, elle a eu juste le courage d'enlever son gilet de survie et le pull trempé par les embruns, et elle s'est couchée sur les coussins, à même le sol. Andriamena est resté dehors avec Moguer tandis que le soleil se levait.

Le *Azzar* est resté trois jours entiers à Ténériffe. D'abord, Moguer avait consigné Nassima à l'intérieur de la cabine, avec interdiction de sortir. À travers la vitre du hublot, elle regardait la forêt de mâts des voiliers, et la masse sombre de la haute montagne perdue dans un nuage. Il faisait chaud et humide, elle étouffait.

Le deuxième jour, elle a profité de l'absence de Moguer pour sortir du rouf. Il y avait un soleil magnifique, le ciel très bleu. Santa Cruz était une petite ville assez semblable à celles de la Côte d'Azur, avec de grands buildings et, sur la montagne, des étages de maisons de poupée avec des toits rouges et des jardins fleuris, des palmes, des yuccas.

Andriamena n'a rien dit quand elle est descendue. Elle a marché le long des quais, au milieu de la foule de faux marins et de filles en maillot, de vieux bronzés qui étaient au rendez-vous des alizés. C'était vaguement ridicule.

Après ces journées et ces nuits en mer, ça faisait tourner la tête de marcher dans cette ville bruyante, de grimper les escaliers, d'être bousculée par les bandes de gosses, d'entendre les klaxons des voitures aux carrefours. Puis le nuage a versé tout d'un coup au-dessus de la ville une ondée douce et fraîche, que Nassima léchait avec délice aux coins de ses lèvres. La brûlure du sel et du soleil sur son visage se calmait, la tension de ses bras et de ses mains se dénouait.

Elle a choisi un musée, pour s'abriter. Le gardien l'a laissée entrer sans payer. Il regardait avec étonnement cette fille sombre, aux cheveux décolorés par la mer, pieds nus dans ses sandales, vêtue d'habits d'homme raidis par le sel. Il l'a suivie dans la salle, au milieu des vitrines. Il parlait une langue douce et chantante, mêlée de mots en anglais estropié. Il lui a montré les pierres taillées, les tessons, les perles, les coquilles, puis les crânes des Guanches auxquels étaient encore attachées des mèches de cheveux blonds. Dans une vitrine, on avait reconstitué une grotte de lave dans laquelle était assise une momie aux dents limées en pointe. Un écriteau racontait la vie de ce peuple chasseur de baleines, qui n'avait comme seule arme que des harpons de bois durci au feu, qui pratiquait le théâtre et la poésie, et qui se réfugia en haut du volcan avant d'être réduit en esclavage par les conquérants venus d'Espagne. Nassima marchait au milieu de ces reliques, et elle rêvait qu'Andriamena était pareil à ces gens, comme eux venu d'une île, comme eux si doux et mystérieux, et mélancolique. Cela lui donnait envie de pleurer.

La pluie avait cessé. Nassima quitta le musée et monta jusqu'au plus haut de la ville, à une petite place occupée par une chapelle, d'où on voyait l'étendue de la mer et les plages sombres.

Quand elle est redescendue, elle mourait de faim. L'odeur des cuisines flottait dans les ruelles, et elle a réalisé qu'elle n'avait rien mangé depuis le matin. Elle s'est arrêtée devant une fenêtre ouverte, pour humer l'odeur du poisson grillé. Elle regardait avec de tels yeux qu'une femme lui a tendu une assiette remplie d'un plat épicé comme ceux que faisait Nadia. Elle s'est assise sur les marches pour manger, tandis que la femme la regardait sans rien dire. Nassima aurait voulu entrer, s'arrêter peut-être, dormir. Elle a senti le doute en elle, le besoin d'arrêter, d'oublier, de revenir chez elle. Peut-être qu'elle pourrait demander de l'aide, téléphoner à Chérif pour qu'on vienne la chercher. Elle est retournée vers le musée pour parler au guide, mais lorsqu'elle est arrivée, la porte était fermée.

Sur le quai, Moguer l'attendait. Il est venu à grands pas vers elle, il l'a prise par le bras et, sans un mot, il l'a ramenée jusqu'au *Azzar*. Il serrait son bras à lui faire mal, il avait l'air vraiment en colère. Nassima ne l'avait jamais vu comme cela. Elle a réussi à se dégager, elle a couru jusqu'à sa cabine et elle s'est enfermée. Elle se sentait prisonnière, mais en même temps elle était soulagée d'être de retour sur le bateau. Ses yeux se remplirent de larmes.

Un peu plus tard, vers le soir, Andriamena a frappé à la porte. Il apportait sur un plateau une assiette de riz aux crevettes. Il était très doux, il avait une drôle d'expression sur son visage, comme s'il était fatigué de l'avoir attendue. Nassima n'avait pas faim, mais elle n'osa pas refuser. Plus tard, elle a jeté le riz par le hublot, et elle est allée laver son assiette à la cuisine.

Avant de s'endormir, Nassima a essayé de réfléchir à tout ce qui était arrivé depuis qu'elle s'était embarquée sur le *Azzar.* La nuit où elle était montée à bord lui paraissait très lointaine. Elle essaya d'imaginer ce que faisait Nadia à cet instant, mais la fatigue lui embrouillait les idées. Elle ne se souvenait même plus très bien comment elle était arrivée sur le *Azzar,* comme si Moguer et Andriamena étaient de sa famille, et qu'elle avait décidé de partir avec eux pour de longues vacances. Elle se sentit envahie par le sommeil, et dans son lit, elle secoua les épaules en disant à voix basse : « On verra bien. » Il y avait longtemps que c'était sa devise.

Le *Azzar* a commencé la traversée sans que Nassima s'en rende compte. Il n'y avait plus rien entre lui et l'autre côté du monde, rien que l'océan.

Tout était devenu lent, long, silencieux. Même Moguer était devenu semblable à Andriamena, immobile sans parler devant la roue de barre, ou bien assis sur le bord, du côté au vent, et le soleil tournait autour de son visage, et il gardait un sourire étrange, un regard perdu. Quand c'était au tour de Nassima de barrer, il s'écartait simplement, sans rien dire, il s'asseyait à l'entrée du rouf et il fumait en regardant le sillage.

On ne parlait pas. Personne ne parlait à personne. Seule Nassima parlait quelquefois, pour échapper à la force de la mer et du vent. Jour après jour, c'était toujours l'étendue sombre, solitaire. Parfois le vent forcissait, il fallait décharger la toile, enrouler le génois et hisser le tourmentin. À présent Nassima connaissait tous les mouvements de la manœuvre. C'était elle la plus agile

pour courir jusqu'au grand mât, défaire les aussières, surveiller l'enroulement de la voile, refaire
les clefs sur les taquets.

Ses pieds s'agrippaient parfaitement au bois du
pont, les orteils bien écartés. Elle était capable de
grimper en un instant jusqu'en haut du grand
mât, sans harnais, la plante des pieds appuyée sur
le bois lisse, sans vertige. Au contraire, lorsqu'elle
était tout en haut, près de la girouette du pilote
automatique, c'était là qu'elle se sentait le mieux,
avec le vent qui sifflait dans ses oreilles, et l'océan
pareil à un disque dont elle tenait l'axe entre ses
bras. Elle restait de longs moments, balancée lentement au-dessus du navire, elle se sentait libre
comme un oiseau, avec le soleil qui brûlait son
visage et faisait pleurer ses yeux.

Quand elle redescendait, elle était si fatiguée
qu'elle s'allongeait sur le pont, à l'ombre de la
voile.

C'était elle qui faisait à manger aux deux
hommes. Moguer avait fini par l'accepter, parce
que Nassima se contentait de recopier la recette
d'Andriamena, riz et crevettes séchées. De toute
façon, il n'y avait rien d'autre dans les provisions.
Elle leur faisait de grands jus d'orange qu'elle leur
apportait sur le pont, rafraîchis avec quelques glaçons passés au moulin électrique. Mais elle ne leur
permettait pas de fumer. Moguer lui-même s'était
résolu à diminuer ses cigarillos, et Andriamena
n'allumait plus que sa cigarette du soleil couchant.

Elle leur posait des questions, sur l'aspect de la
mer, sur les nuages, ou bien sur les étoiles, des

questions auxquelles Moguer ne savait pas répondre. Andriamena, lui, connaissait peut-être les réponses, mais ne les disait pas. Juste une fois, au crépuscule, il a montré à Nassima une étoile brillante au ras de l'horizon : « Suhail, a-t-il dit. Il est au-dessus de La Mecque. »

Nassima était dans un état d'exaltation permanente. Dès l'aube elle était à la poupe pour regarder le ciel qui pâlissait loin derrière, là d'où ils venaient, et la mer encore noire. Elle guettait l'arrivée du soleil. Moguer et Andriamena s'étaient couchés après une nuit de veille, et la barre était sur le pilote automatique. Nassima était la seule maîtresse du navire, celle sur qui reposait la destinée. Jamais rien de semblable n'était arrivé dans sa courte vie.

Quand le disque du soleil jaillissait, un éclair aveuglant entrait dans ses yeux et emplissait tout son corps, c'était magique, douloureux. Alors la mer devenait transparente, couleur de topaze, un champ d'étincelles. Tout de suite la chaleur commençait, non pas une douce tiédeur comme celle qu'on sentait à terre, à la plage, mais une vague brûlante, qui soufflait avec le vent et passait sur son visage, et les grandes voiles semblaient se gonfler de cette lumière qui les poussait vers l'autre extrémité du monde.

Chaque jour brûlait. Nassima n'avait pas pu se laver depuis le commencement de la traversée, parce que l'eau était réservée pour boire. Il n'y avait que le peu d'eau saumâtre qui sortait d'un tuyau sur le pont, et Nassima se frottait le visage et

le cou, et passait rapidement sa main mouillée
sous ses vêtements. Andriamena était imberbe, ou
plutôt il s'épilait avec soin, à l'aide d'une petite
pince en or qu'il portait toujours accrochée à son
cou au bout d'une chaîne. Mais Moguer avait le
visage mangé par une barbe grise qui lui donnait
l'air d'un vieux pirate de cinéma, et ses cheveux
longs étaient collés par le sel. Andriamena était
d'un rouge presque noir, ses yeux réduits à deux
fentes, comme ceux des Esquimaux. Quand il souriait, ses dents éclataient de blancheur. Tous les
trois, ils devaient ressembler à des sauvages, pensait Nassima. Des animaux amphibies, prêts à disparaître dans la mer.

Au sixième jour de traversée, un peu avant midi,
Nassima a aperçu quelque chose, et elle n'a pu
retenir un cri. À bâbord, montant lentement au-
dessus de l'horizon, une ville, un château, avec de
hautes tours et des donjons, des mâts portant des
oriflammes, comme un mirage de métal flottant
au-dessus des vagues. Le cri de Nassima avait alerté
Moguer. Il regarda avec ses jumelles. « Ce n'est
rien, juste une plate-forme de forage pour le
pétrole. »

Le *Azzar* passa au large. À un moment, le château d'acier fut tout proche, solitaire, abandonné.
Nassima voyait distinctement les vagues qui s'écra-
saient sur ses piliers. Puis la plate-forme a disparu
en arrière, cachée par les vagues. C'était le premier objet humain que Nassima voyait depuis des
jours, les questions se bousculaient sur ses lèvres.
Elle voulait savoir s'il y avait des gens à bord, à qui

cet objet appartenait, où il allait. Moguer haussait les épaules. Il n'en savait rien. Il s'en foutait.

Les journées étaient longues, on ne savait pas bien comment ni quand elles avaient commencé. La mer, le ciel, sans cesse en mouvement, et les mâts du *Azzar* immobile. L'horizon à peine visible à l'aube, et puis l'instant d'après la mer de lumière, puis encore un instant et la brume recouvrait tout de sa taie, ou bien les longs nuages naissaient à l'ouest, se gonflaient en formant des animaux fantastiques, se déchiraient entre eux. L'océan était extraordinairement vide. Nassima voyageait la tête à l'envers, allongée sur le pont le long des hiloires du rouf, pour mieux regarder le ciel. Ou bien elle se penchait sur le plat-bord, pour guetter chaque vague, essayer de lire dans la profondeur. Un matin le *Azzar* a croisé la route des bonites, filant au ras de l'eau, leurs corps brillant comme du métal. « Elles chassent les daurades », expliqua Moguer. L'une d'elles tout à coup bondit dans l'air à une hauteur prodigieuse et frappa la corne d'artimon, puis retomba sur le pont. En un instant, Andriamena était sur elle, lui avait enfoncé son couteau dans le front. Puis il entreprit de vider la bonite pour le déjeuner. Il utilisa les entrailles pour appâter sa ligne, et il ramena une daurade qui connut le même sort. « Il était temps, commenta Moguer. Je n'aurais pas supporté un jour de plus ces maudites crevettes séchées. »

Le reste des entrailles fut jeté à la mer, et Nassima vit bouillonner le sillage. De longues formes

sombres glissaient comme des serpents. « Ce sont
des requins, dit Moguer. Ils nous suivent depuis
des jours. » Nassima regardait la surface de la mer
redevenue lisse. Elle sentit un léger frisson. Elle
ne pouvait plus voir la mer de la même façon.
Le *Azzar* glissait au-dessus d'abîmes peuplés de
monstres, elle n'en était séparée que par la mince
paroi des bordages.

À présent, le ciel était sans un nuage, et la mer
d'un bleu violent. Chaque détail, chaque crête
d'écume, chaque étincelle était visible, enfermée
dans le cercle coupant de l'horizon. Moguer a
montré à Nassima la route que suivait le *Azzar,*
sur une grande carte qui représentait l'Atlantique.
« Nous sommes juste sous le tropique, entre le 20^e
et le 15e parallèle. Nous sommes portés à la fois
par les courants et par les alizés. C'est une route
assez étroite, un peu au-dessus on perd le courant,
un peu au-dessous on est sur la route des cargos.
Ils ne font attention à personne, tant pis si tu es sur
leur chemin. Ils sont en pilotage automatique, et
l'équipage dort ou joue aux cartes. »
Nassima regardait attentivement la carte où
étaient griffonnés les relevés des précédents voyages. Moguer aussi semblait rêver devant l'étendue
de l'océan : « Il n'y a rien de mieux que cette route,
dit-il. On avance entre deux mondes, on n'appartient ni à l'un ni à l'autre, on n'est même pas sûr
qu'on ira jusqu'au bout. C'est comme un désert,
pas de nom, pas de signe, ça n'appartient à personne, ça n'a pas d'histoire, c'est toujours neuf.

— Il y a longtemps que vous avez traversé pour la première fois ? »

Il fit comme s'il réfléchissait.

« Trop longtemps, dit-il. La première fois, tu n'étais pas née. J'avais ton âge, un peu plus, un peu moins, j'ai pris le premier cargo, je me suis engagé comme mousse, un bateau qui s'appelait *Amerigo Vespucci*. J'ai débarqué à New York, j'ai été parmi les derniers immigrants à Ellis Island.

— Vous n'aviez pas peur ?

— J'avais peur, oui, je pensais que je ne reviendrais jamais. »

Nassima essayait d'imaginer Moguer, alors, quand il regardait l'océan, chaque vague qui le séparait de ce qu'il connaissait, qui l'éloignait. C'étaient les mêmes vagues, le même océan, le temps n'était pas passé.

Moguer replia la carte et retourna au poste de pilotage. Un instant, il s'était attendri, et maintenant, son visage s'était fermé de nouveau.

Nassima aimait aller à l'avant du navire, là où la solitude était la plus grande. Elle restait des heures, presque sans bouger, à regarder l'horizon vide. Le sel l'avait brûlée, jusqu'à faire saigner ses lèvres. Ses paupières étaient irritées, elle avait l'impression que ses vêtements contenaient du sable. Elle graissait ses lèvres avec un bâton de vaseline que Moguer lui avait donné. Ses yeux étaient plissés comme ceux d'Andriamena, deux fentes étroites qui filtraient la lumière. Maintenant, elle fuyait le soleil. Elle restait à l'ombre des voiles, ou bien elle s'abritait à l'intérieur du rouf. Quand elle était à la roue de barre, elle mettait une chemise à manches longues trouvée dans la penderie de Moguer et elle nouait le bandana sur ses cheveux. Elle avait envie d'une bonne douche, ou bien de plonger dans une rivière d'eau froide, comme le ruisseau de Pennedepie en été. Elle rêvait de pluie douce.

Mais c'était le silence qui la tourmentait le plus. Elle avait essayé de ressembler à ces hommes, à Andriamena surtout, avec son visage couleur de cuir, son regard transparent qui ne se fixait sur rien. Comme s'il appartenait à une autre espèce.

Quand personne ne voulait plus l'entendre, elle allait à sa place, à l'avant du navire. Là, de temps en temps, il lui semblait entendre un cri d'oiseau, ou bien comme un souffle, le vent dans des feuilles peut-être, ou une voix d'enfant, une voix de femme qui aurait chanté dans la mer, et elle se redressait, effrayée, les nerfs tendus. Elle guettait. Mais la proue du *Azzar* s'enfonçait dans la mer, jetait de l'écume. Les haubans sifflaient, la voile vibrait. C'était tout.

La nuit, le silence l'empêchait de dormir. Elle écoutait chaque grincement, craquement, chaque froissement de la vague contre l'étrave, tout près de son oreille. Elle essayait de compter les vagues, comme autrefois, leur donner leurs noms. Mais c'était la volonté du *Azzar*, il fallait qu'elle se plie et se conforme, qu'elle reste à sa place, la tête appuyée tout contre la coque, sur une membrure, comme dans le ventre d'un très grand animal.

Un après-midi, elle ne savait plus quel jour, le douzième ou le dix-huitième, elle aperçut un bateau, droit devant.

À moins de cent mètres, la vague venait de le faire apparaître, un petit voilier qui allait presque sans toile. Nassima cria pour prévenir, mais personne ne répondit : Andriamena faisait la sieste dans le rouf, et Moguer était assis dans le cockpit, ayant mis la barre en pilotage automatique. Nassima courut jusqu'à l'arrière. L'émotion l'essoufflait. Elle fit lever Moguer pour lui montrer le voilier. Un peu à tribord, caché par le génois du *Azzar,* le bateau était tout près. Un cotre avec un seul mât et une voile triangulaire, de ceux qui font des promenades le dimanche, au large du cap Ferrat. À son bord, Nassima pouvait voir deux silhouettes, mais à cause du soleil, elle ne les distinguait pas bien. Moguer les regarda avec ses jumelles :

« Qu'est-ce qu'ils font ? Est-ce qu'ils ont besoin d'aide ? » Nassima était tellement émue qu'elle en tremblait. « Est-ce qu'ils vont bien ? »

Moguer lui tendit les jumelles.

« Tout va bien, ils suivent la même route que nous, nous allons les doubler. »

Dans le cercle des jumelles, Nassima vit l'image tremblotante du voilier penché sur le côté. Deux cirés jaunes, une femme peut-être. Nassima cria et agita la main, mais Moguer la gronda :

« Qu'est-ce qui te prend ? Ils vont croire que c'est nous qui avons besoin d'aide. »

Du bateau, personne ne répondit. Moguer tourna légèrement la roue de barre, le *Azzar* prit le

vent arrière et s'élança plus vite sur les vagues.
Quand Nassima regarda à nouveau, le petit voilier
était loin derrière, chaque vague qui montait le
cachait un peu plus. Une demi-heure plus tard, il
avait disparu complètement.

Longtemps, Nassima resta dans le cockpit à
regarder la mer qui s'assombrissait avec la nuit.
Elle ressentait tout d'un coup une sorte d'inquiétude, une impression de tristesse et de vide. Ces
gens, sur leur bateau si petit et si léger sur l'immensité de l'océan, étaient une image de l'*Azzar*,
emporté sans raison, sans but, sans certitude. Sa
gorge était nouée, elle ne parvenait pas à les
oublier. Elle avait grand besoin d'entendre des
voix humaines, de sentir la chaleur d'un regard.
La mer était si froide, et Andriamena debout à son
poste, pour entrer dans la nuit, pareil à un guer-
rier d'un autre âge, et Moguer assis dans le rouf
à la table des cartes, éclairé par la petite lampe,
en train de marquer des chiffres de repère sur sa
carte, ou bien de remplir de sa patte de mouche la
page du log-book. Pourquoi étaient-ils si différents
des autres ? Pourquoi si âpres, si endurcis, si sûrs
d'eux ?

Nassima avait besoin de savoir. Elle se tint debout devant Moguer, elle osa demander : « Quand
arrivons-nous ? » Moguer eut un éclair ironique :
« Quand arrivons-nous *où* ? »

C'était évident. Nassima resta devant lui, les
mains serrées sur son estomac. Elle ne savait pas
quoi dire. C'était de sa faute, c'était elle qui avait

voulu monter à bord du *Azzar*, tout laisser, tout oublier, perdre l'amour de Nadia.

Moguer continuait à reporter ses chiffres sur la carte, il mesurait la distance parcourue au compas. Pour écrire, il portait des demi-verres qui lui donnaient l'air d'un vieux cordonnier.

Quand il releva la tête, il vit l'expression de Nassima, et quelque chose bougea au fond de lui. Il lui prit la main, la fit asseoir à côté de lui sur le banc. « Eh bien, qu'est-ce qu'il y a ? »

Nassima s'efforça de sourire, mais elle avait du mal à respirer. À l'intérieur du rouf, avec le lent balancement de la mer, la nuit qui tombait, elle se sentait un peu soulagée. Elle commença : « C'est ce bateau... c'est terrible. » Mais elle ne savait pas elle-même ce qu'elle voulait dire. Seulement une impression étrange, quelque chose qui se séparait d'elle, tandis qu'elle voyait le voilier disparaître au loin comme un bateau fantôme.

Moguer la regarda avec attention. Depuis des semaines qu'elle était à bord du *Azzar*, il n'avait pas vraiment eu le temps de s'intéresser à elle. Elle était un petit animal, une sorte de chat, d'écureuil, qui se serait glissé à bord sans rien demander, puis aurait fait sa place dans un coin. Hormis Alban, personne n'avait fait de commentaires sur sa présence. C'était comme si elle avait toujours été là.

« Est-ce que je t'ai déjà parlé de ma fille ? Sarita. Je voudrais te parler de Sarita », dit Moguer. Elle le regardait sans répondre. « Elle doit avoir ton âge. Je ne la vois jamais. »

Nassima écoutait attentivement. Moguer n'avait plus sa voix habituelle, railleuse, méchante. Il cherchait dans ses souvenirs, il parlait du temps où il vivait avec sa femme, où sa fille était bébé. Sarah était amoureuse, ils avaient toute la vie devant eux, ils habitaient une maison en Californie, sur l'île Coronado, ils allaient tous les jours marcher sur la plage, Sarita dans un panier qu'ils tenaient chacun par une anse. C'était étrange de l'écouter, dans la pénombre du rouf, avec juste la petite lampe qui faisait une tache de lumière jaune sur la carte, et le balancement de la houle, le vent très doux et puissant, comme une grande fatigue. Maintenant Nassima ne ressentait plus d'angoisse. Elle se blottit contre l'épaule de Moguer, elle écoutait sa voix résonner dans sa poitrine, la musique de la mer, le glissement du vent, tout se mélangeait. Ça lui donnait envie de dormir, ça calmait la brûlure de ses yeux, ça refermait le trou creusé au centre de son corps. Elle écoutait Moguer parler de Sarita, et elle rêvait qu'elle était revenue au temps ancien, quand tout était si simple, et les jours de tempête à Pennedepie dans le grand lit entre son père et sa mère, pour entendre la pluie qui faisait grincer les gouttières et le vent qui pliait les grands arbres.

En mer, aucun jour ne ressemble à un autre. Un matin, le *Azzar* est entré dans une bonace où régnait un calme de mort. Nassima s'est réveillée en sursaut, trempée de sueur. Dans la cabine, il fai-

sait une chaleur étouffante, pourtant le soleil
n'était pas encore vraiment apparu. Le bateau
n'avançait plus.

Moguer dormait, allongé sur les coussins du
rouf, mais Andriamena était à son poste dans le
cockpit, assis sur le banc latéral, tenant la roue de
barre avec les orteils du pied gauche. C'était par
habitude, parce que le navire n'avait pas besoin
d'être dirigé. Il dérivait en roulant lentement, sa
grand-voile vide pendant sur la bôme.

Nassima est montée sur le pont. Le bois était
déjà chaud. Autour du navire, la mer était lisse,
sombre, creusée par des vagues lentes qui glissaient sans heurt, couvertes d'un léger frisson.
Chaque vague passait sous la coque en faisant un
ouf, un profond soupir, et le navire craquait
comme s'il souffrait.

C'était inquiétant, ce calme interrompu par ces
coups graves. Andriamena avait une expression
rêveuse, la torpeur de la mer était entrée en lui.
Nassima essaya de lui parler, juste quelques mots
pour le réveiller, « je trouve qu'il fait bien chaud »,
quelque chose de ce genre, mais il ne répondait
pas. Le soleil s'est levé à travers la brume. Le ciel
était alors d'un gris plombé, et le *Azzar* immobile
sur un lac de lie de vin.

Nassima s'est assise à la proue, les deux jambes
pendant dans le vide, elle regardait la mer inerte
quand tout d'un coup elle fut envahie par une évidence. Elle n'y avait pas pensé jusque-là, mais en
faisant mentalement le compte des jours, elle
n'avait plus de doute : ce jour était le jour de Noël.

Elle en fut tellement étonnée qu'elle resta un moment sans bouger. De toute façon, pensa-t-elle, que pouvait-elle faire d'autre ? Le *Azzar* dérivait sur l'eau sombre, sans un souffle. Et c'était Noël.

Elle n'avait jamais vécu un Noël comme celui-ci. Ce jour ne ressemblait pas à un jour de fête. C'était aux confins du monde, il n'y avait rien plus loin, rien ailleurs. En même temps, elle ressentait une sorte d'ivresse à penser que c'était Noël après tout. Elle retrouvait des images, des souvenirs de sa vie normale, l'appartement de la rue de May, la maison de Chérif, l'école, le chemin de ronde d'où elle regardait la rade.

Nadia n'avait jamais manqué Noël. Elle qui ne croyait en rien, c'était le seul jour où elle s'arrêtait de faire la guerre. Elle mettait son tablier bleu, et dès le matin elle commençait à préparer le repas, comme si de nombreux parents et amis devaient venir, mais c'était seulement pour elle et pour Nassima. Du riz, du poulet coupé en morceaux dans une sauce piquante, des lentilles. Dès qu'elle se levait, Nassima sentait l'odeur des bonnes choses, l'ail, le safran, le curcuma. Elle allait dans la cuisine, pour puiser dans le plat où Nadia avait mis les gâteaux-piments. Chez elle, il n'y avait pas de sapin, ni de guirlandes, ni rien de tout cela, seulement cette odeur qui parlait d'une île où ni elle ni Nassima n'étaient jamais allées.

Cela lui revenait devant l'étendue vide de la mer, dans le silence, avec une force telle qu'elle croyait sentir l'odeur du manger, qu'elle avait dans l'oreille le froissement doux de la friture, et ça lui faisait mal au ventre. Pendant un moment, elle se sentit triste à pleurer, assise à la proue du bateau comme une sorte de naufragée sur son récif.

De tous les côtés, le *Azzar* était entouré par une étendue d'algues brunes et rouges. C'étaient elles qui avaient ralenti la mer et qui empêchaient le vent. Un nuage bas cachait l'horizon. Il faisait chaud, le rayonnement se reflétait à la surface de l'eau, le soleil nageait au centre de ses cercles pareil à un astre inconnu.

Nassima sentit une main toucher son épaule. Elle se retourna, croyant que Moguer venait lui parler. C'était Andriamena. Il se tenait assis sur ses talons, derrière elle, il regardait la mer. Ses yeux n'étaient plus vides, ils brillaient avec un éclat chaleureux. Il souriait. Il montra les algues : « Sargasses. »

Nassima dit : « C'est Noël aujourd'hui. »

Andriamena hocha la tête. Peut-être que lui aussi s'en était aperçu. Il n'y avait que Moguer qui s'en fichait. Il dormait lourdement sur les coussins du carré, écrasé de chaleur. Il avait dû boire plus que de raison la veille, la bouteille de gin et le gobelet étaient encore à côté de lui.

Nassima n'avait pas peur de se montrer puérile devant Andriamena : « Venez, oncle Andriamena, on va préparer quelque chose pour Noël, vous allez bien m'aider ? De toute façon, il n'y a rien d'autre à faire, puisque le bateau ne bouge pas. » C'était la première fois qu'elle l'appelait « oncle », c'était venu comme ça, sans qu'elle s'en rende compte. Elle trouvait que ça lui allait bien.

Ensemble, à l'aide des gaffes, ils pêchèrent des sargasses. Ils trièrent les plus longues, les plus belles, et les accrochèrent en guirlandes aux étais des mâts. Les longues bandes rouges et brunes aux baies gonflées pouvaient faire de très bonnes couronnes de houx pour Noël. Il y avait aussi de petites algues en touffes, presque rouges, que Nassima attacha au-dessus de la porte du rouf.

Quand Moguer émergea de son sommeil, il regarda toutes ces algues qui pendaient au-dessus du pont d'un air tellement bête que Nassima ne put s'empêcher d'éclater de rire. Elle était assez satisfaite de son travail. Jamais elle n'avait vécu un Noël comme celui-ci.

Toute la journée, le *Azzar* a continué à dériver, tantôt tanguant, tantôt roulant sur la houle, la grand-voile inerte comme une peau. À cause des algues, Moguer ne voulait pas mettre en marche le moteur.

Il restait dans le carré, assis sur le banc devant la table, les yeux fixés sur la carte. Il ne comprenait pas comment il avait pu se perdre dans ces parages.

Andriamena s'est endormi à l'heure la plus chaude, sur le pont, abrité de la chaleur diffuse par une serviette mouillée qu'il avait mise sur sa figure. Plus personne n'attendait l'arrivée du vent.

Pour Nassima, c'était la journée la plus longue qu'elle eût jamais vécue, ce Noël décoré de sargasses, sur un navire à la dérive comme un fantôme, avec seulement la respiration lente de la mer, et les soupirs venus des profondeurs, le crépitement des algues en train de fermenter. Elle attendait le passage de chaque seconde, elle regardait bouger la lumière, elle respirait l'odeur âcre comme l'odeur de la mort, elle se glissait dans l'océan, elle était devenue mi-femme, mi-poisson, hésitant entre deux mondes.

Enfin le soir est venu, très rouge, la nuit naissait au même moment du ciel et de la mer. La brume s'effilochait, par instants on voyait l'horizon. C'était si beau que Nassima sentait un vertige, être sur ce monde couleur de sang, suspendu au-dessus du réel.

« C'est une chose unique », murmura Moguer. Nassima l'entendit si nettement qu'elle crut qu'il avait approché sa bouche de son oreille. Mais il était à l'autre bout du pont, près de la porte du rouf, le silence était tel que le moindre bruit s'amplifiait. Nassima croyait entendre son souffle.

« Il faudrait partager cela avec ceux qu'on aime. » Sa voix était douce et grave, il n'avait jamais parlé ainsi. Nassima n'était pas sûre de ce qu'il avait dit. Peut-être qu'elle avait inventé, deviné ses paroles. À côté de lui, Andriamena était assis, le visage empourpré par le coucher de soleil. Ses yeux buvaient la couleur surnaturelle.

Cette nuit, ils dînèrent du repas que Nassima avait préparé, du riz au safran (sans crevettes), des boulettes qu'elle avait confectionnées avec du corned-beef, et les fameux gâteaux-piments qu'elle avait fabriqués avec la sauce Tabasco de Moguer. Nassima avait même réussi une sorte de pudding au chocolat saupoudré de cacahuètes brisées et de lait condensé. Ils ont mangé cérémonieusement, puis ils se sont installés dans le cockpit pour respirer un peu de fraîcheur. La brume cachait les étoiles. La nuit était si noire et calme que Nassima put allumer deux bougies sur le pont, et leur flamme vacillait à peine. Le navire était immobile au milieu des algues, avec ces deux petites flammes qui trouaient l'obscurité comme deux étoiles.

Un peu plus tard cette nuit-là, Moguer mit de la musique sur sa chaîne, non pas le jazz qu'il aimait écouter d'habitude, mais une musique d'Afrique douce et lente, qui coulait comme de l'eau. Et c'était encore plus étrange, la musique qui résonnait au centre de la mer, si loin de tout, si perdue, comme si c'était la seule chose vivante au monde. Plus de terre, plus d'hommes, juste le navire à la dérive au milieu des algues mortes.

Moguer avait bu du whisky et du vin rouge. Andriamena, lui, ne buvait jamais, rien que son eau minérale, et Nassima avait seulement trempé ses lèvres dans un gobelet de vin, et pourtant ils étaient tous ivres de la même manière, ivres de solitude, de silence. À un moment, Nassima a dansé avec Moguer, dans le cockpit, au rythme de la harpe africaine, lentement, une danse sensuelle, serrée contre lui, jusqu'au vertige. Il faisait si chaud, l'intérieur du bateau était invivable. Pour la nuit, Nassima a mis les coussins dehors, et elle s'est endormie, la tête appuyée contre l'épaule de Moguer, sentant ses bras autour d'elle. Andriamena s'est couché lui aussi, contre la porte du rouf, pour dormir en rond comme un chat. Les bougies se sont éteintes toutes seules dans leurs gobelets qui avaient un peu fondu. La nuit était opaque, sans étoiles. Il n'y avait que le bruit du clapot, chaque fois qu'une vague passait lourdement. Moguer n'a pas dormi cette nuit. Il est resté assis à sa place, sans bouger, le poids léger de Nassima entre ses bras, les yeux ouverts, attendant le vent.

Avant l'aube, le vent s'est levé. Il tombait une pluie fine, tiède. Nassima s'est à peine réveillée, quand Moguer l'a portée dans ses bras jusqu'au grand lit de la cabine avant. Elle sentait le balancement de la houle, elle entendait les claquements de la voile et la vibration des aussières qui se tendaient, c'étaient des bruits rassurants qui l'emportaient dans le sommeil. Sur le pont, il y avait un trottinement de pieds nus. Andriamena et Moguer s'affairaient, carguaient les voiles. Les moteurs des winches sifflaient. C'était une douce musique. Le *Azzar* avait repris sa route, il franchissait légèrement la vague, en craquant de plaisir, il se dandinait et plongeait dans les creux, plus rien ne l'arrêterait jusqu'en Amérique.

Trois jours plus tard, par une mer bleu sombre agitée, ciel de cumulus blancs, le *Azzar* est arrivé. Nassima était à sa place, tout à l'avant, à l'ombre du génois. Depuis le matin elle était là pour guetter. Andriamena lui avait dit, dès son réveil : « On arrive. » Comment le savait-il ? Il ne lisait jamais les cartes, il ne s'occupait pas des instruments. Il le savait d'instinct, comme les oiseaux savent qu'ils approchent de la rivière, de l'arbre où s'achève leur voyage.

Moguer avait mis toute la toile, pour que le *Azzar* marche à pleine vitesse, et c'était ce qu'il faisait !

Un peu incliné sur le côté, le pont au ras de l'eau, il filait droit à travers les vagues, sans effort, ouvrant un sillage lisse, toutes les voiles gonflées par le vent et la lumière. Moguer était debout à côté d'Andriamena, ils tenaient chacun la barre d'une main, leurs yeux éblouis pleuraient de grosses larmes.

À midi, Nassima a aperçu quelque chose. Quand vous êtes en mer depuis des jours et des jours, que vous ne voyez que l'étendue liquide et toutes les variétés de vagues et de creux, les courants, l'horizon pareil à un fil, vous êtes capable de discerner la moindre nouveauté : un banc de bonites à fleur d'eau, ou bien l'envol des exocets devant l'étrave, un déchet qui dérive, un vieux bidon de plastique, parfois le dos d'un squale au loin. Ce que voyait Nassima était différent. C'était une frange d'écume, droit devant le *Azzar*, comme la trace d'une grande cascade. L'instant d'après, au-dessus de l'écume est apparue une longue bande vert sombre, et Nassima a senti son cœur bondir. Andriamena a couru jusqu'à l'avant. Lui d'habitude flegmatique semblait ému, il tendait la main vers l'horizon : « Regarde, Nassima : on arrive ! On arrive ! »

Moguer est venu à son tour. Il a dit : « C'est la pointe des Châteaux, en effet, on est arrivés. » Il a montré à Nassima sur la carte le dessin du long doigt de terre pointé vers eux.

Nassima est restée à la proue. Le vent était toujours puissant, mais la mer avait changé. Maintenant, les vagues couraient vers la pointe de terre, comme un fleuve attiré par un rapide. Le *Azzar* avançait à la vitesse des vagues, et c'était magnifique de descendre sans heurt, sans bruit, vers la terre.

Les premiers oiseaux sont venus les saluer, penchés dans le vent, glapissant, mais il y avait si longtemps qu'ils n'avaient pas entendu les bruits de la vie qu'ils trouvaient ces cris merveilleux.

Il y a eu la rumeur de la côte. Le *Azzar* marchait droit vers la pointe, et déjà Nassima distinguait des arbres, des buissons secoués par le vent, des toits de tôle rouge, un phare. Elle entendait le fracas de chaque vague sur les récifs, et jamais un tel bruit ne lui avait causé tant de plaisir. En même temps, c'était un bruit qui annonçait la fin du voyage.

Qu'allait-il se passer maintenant ? Nassima pensait qu'il faudrait débarquer, parler aux gens, raconter une histoire à la police. Moguer l'avait prévenue, un jour, après Noël : « Quand nous serons arrivés, il ne faudra pas dire que tu étais avec nous. Sinon, Andriamena et moi, nous aurions des ennuis. » Nassima ne répondait pas, il avait ajouté : « Ce sera notre secret, tu comprends ? »

Elle avait réfléchi, et elle avait dit gravement : « Jamais je ne dirai rien qui puisse vous faire du tort, à vous et à oncle Andriamena. »

Maintenant, la côte était si proche qu'elle voyait distinctement chaque rocher. Il y avait des silhouettes de pêcheurs à la ligne, leur bicyclette jetée

dans les broussailles. Sur une route, des autos circulaient.

Moguer tourna la barre à tribord et le *Azzar* vira
d'un seul coup, sa grand-voile fasseyante. Puis il
reprit le vent sur l'autre bord et entra dans la passe,
devant un îlot. La baie de Pointe-à-Pitre apparut,
piquetée de maisons blanches, devant une mer
d'émeraude. C'était la première fois que Nassima
restait sur le pont à l'arrivée du bateau, une gaffe à
la main pour la manœuvre, comme si elle était vraiment un membre de l'équipage.

Le *Azzar* avait abattu toute sa toile, il est entré
dans le port avec le moteur, passant le long d'un
immense cargo sur lequel était écrit : CYPRIA.

Nassima fut la première à sauter à terre, c'est
elle qui a passé la boucle de l'amarre autour de la
bitte. Sur le quai, il y avait des curieux, des enfants
noirs en maillot de bain qui se sont approchés
d'elle en riant. Dans l'eau du port, Nassima a vu
encore une fois les formes ondulantes des requins
qui les avaient suivis jusque-là, puis ils sont
retournés vers le large. Le voyage était bien fini.
Mais quand elle a voulu marcher sur le quai, elle a
senti le sol qui bougeait sous ses jambes, et elle a
dû retourner sur le bateau pour ne pas tomber.

Une tempête à Nargana

Les nuages ont commencé à s'accumuler dans le ciel chaque fin d'après-midi. Moguer avait passé les derniers mois, dans l'attente du début du tournage, dans un état d'insouciance qu'il n'avait pas connu depuis sa jeunesse.

Le *Azzar* voguait d'île en île. Chaque soir il mouillait dans un nouveau port, une rade, quelquefois une simple crique coupée dans la lave à l'abri du vent et des touristes, un croissant de sable blanc sur l'eau transparente, et les cocos ébouriffés. Sainte-Croix, Saint Kitts, Montserrat, Barbuda, Antigua, Anguilla, Roseau de la Dominique, Saint Lucia, Saint-Vincent, Saint-Thomas, Turks et Caicos, Inagua, et jusqu'à Kingston de la Jamaïque. Le *Azzar* parcourait la mer, dans les alizés, pavillon de Majorque flottant à la poupe. Moguer était libre. Il n'avait ni obligations, ni rendez-vous, ni convenances. Son équipage était réduit, Andriamena debout sur le pont comme un pirate malais, Nassima à la proue, vêtue d'un maillot noir qui se confondait avec la couleur de sa peau, pareille à une créature surgie de la mer.

C'était ainsi que Moguer la voyait, à présent. Après la longue traversée, il ne l'avait plus considérée comme une intruse, il avait même complètement oublié qu'elle devait quitter le navire. C'était comme s'il la découvrait pour la première fois. Elle n'était plus la fillette effarouchée, timide, déguisée en garçon qui s'était tapie dans un coin du pont le jour du départ, et qui restait enfermée comme si on allait réellement la jeter à la mer.

Elle s'était transformée en une jeune fille, au visage encore enfantin, mais au corps musclé, élancé. À vivre sans cesse sur le pont, plongeant à chaque occasion et nageant les yeux ouverts dans l'océan, elle avait acquis une force et une audace nouvelles. Ses crises d'angoisse avaient complètement disparu, elle pouvait faire sans difficultés tous les exercices du marin chevronné, ses mains s'étaient endurcies à force de manier les écoutes. Elle avait oublié les règles de la pudeur que lui avait inculquées Nadia : elle se montrait devant les deux hommes presque nue, et quelquefois nue, sans la moindre honte. Moguer était étonné de voir les formes de son corps, ses jeunes seins aux bouts à peine marqués, l'arrondi de ses hanches, surtout l'élégance de ses mouvements, les muscles longs des cuisses, le sillon profond de sa colonne vertébrale. Nassima était comme Sarita, la seule fois que sa mère l'avait laissée monter à bord du *Azzar.* Drôle, violente, insolente. Il lui arrivait d'oublier que Nassima n'était pas sa fille.

Nassima n'était pas sérieuse. La jeune fille mystérieuse au visage hiératique se transformait en un instant en gamine turbulente, elle éclatait de rire, se moquait de Moguer, s'enfuyait quand il voulait l'attraper et se perchait en haut des mâts.

Pour échapper aux ouragans de juillet, Moguer avait décidé de se réfugier sur le continent. Dans la Comarca de San Blas, sur la côte panaméenne, il avait engagé un jeune Indien Cuna pour lui servir de marin dans l'archipel. C'était un garçon de quinze ou seize ans, nommé Ifigenio, petit et trapu, avec une tête toute ronde, le crâne rasé. Nassima trouva qu'il ressemblait à un Esquimau.

C'est lui qui pilotait le *Azzar* sur des eaux peu profondes barrées par des bancs de sable. Le bateau allait d'île en île, en suivant la côte couverte d'une forêt sombre. Ifigenio connaissait le dédale des chenaux et les écueils, il savait dans quels endroits on pouvait faire de l'eau, et dans quelles îles les voyageurs étaient autorisés à débarquer. C'est lui qui avait obtenu l'autorisation de mouiller dans le lagon, au large de Nargana.

Nassima était contente de ce nouveau compagnon qui avait son âge. Elle lui parlait par gestes et par grimaces, il répondait de même, et tous deux éclataient de rire.

Puis il y a eu l'arrivée de Zoé. Sur l'île de Mulatupo, des Indiens ont vendu à Moguer un boa émeraude long de six pieds, qu'il a enfermé dans une caisse à l'entrée du rouf. Ils l'ont ramené à Nargana.

« Ce sera mon chien de garde », a-t-il plaisanté.

C'est Nassima qui s'en occupait. Pour le nourrir, Moguer achetait des poulets et des œufs, que le serpent écrasait très proprement et engloutissait une fois par semaine, passant le reste de son temps à dormir dans sa caisse.

« Comment s'appelle-t-elle ? » a demandé Nassima. Moguer haussait les épaules, alors elle a décidé : « On l'appellera Zoé. » Elle a déterminé, sans aucune raison, que le serpent était du sexe féminin. Pour couper court à toute discussion, elle a ajouté : « Les gens qui l'ont vendue ont dit : *la boa.* »

La boa était devenue l'amie de Nassima. Quand le bateau était au mouillage, la jeune fille passait des après-midi entiers dans la touffeur de l'habitacle, allongée à regarder le long corps immobile sur les coussins, son visage tout contre la tête carrée du serpent. Elle lui parlait doucement, elle lui chantonnait tout bas. Elle prétendait que la boa aimait la musique. Pour Zoé, Nassima mettait la cassette africaine de Moguer, cette musique de harpes et de tambours qu'ils avaient écoutée la nuit de Noël. Moguer plaisantait : « Tu ne sais pas que les serpents sont sourds ? » Mais Nassima n'en croyait rien, elle voyait bien que Zoé l'écoutait, à la façon qu'elle avait de balancer doucement la tête, comme si elle marquait la mesure.

Nassima s'amusait avec elle. Elle la faisait s'enrouler autour de son corps, jusqu'à ce que le serpent pose sa tête sur la sienne, la coiffant comme un diadème, et Moguer disait qu'elle ressemblait alors à une prêtresse africaine. Quand la chaleur déclinait, Nassima portait la boa au-dehors, elle la laissait se dérouler sur le pont chauffé par le soleil.

L'après-midi, ils allaient se baigner à l'estuaire de la rivière, en face de Nargana. Nassima a demandé à emmener Zoé, et à deux, elle tenant le serpent par la tête et Ifigenio par le milieu du corps, ils l'ont porté dans le dinghy. Moguer a ramé jusqu'à une plage de bout au milieu des palétuviers, en amont de la rivière, et là, Nassima a plongé dans l'eau opaque, saumâtre. La forêt était au-dessus d'eux, sonore, menaçante, mais sur un tertre entouré de bananiers, il y avait quelques huttes de branchages sur pilotis que les Indiens occupaient quand ils allaient pêcher ou travailler.

L'eau de la rivière était fraîche, et Nassima a nagé avec plaisir. Des enfants sont venus sur la plage, d'abord intimidés, puis ils se sont mis à l'eau eux aussi. C'était vers le soir, l'ombre commençait à gagner sous les arbres, les nuages de l'orage s'accumulaient à l'horizon, de temps en temps brillaient les éclairs.

Moguer s'est plongé dans la rivière, puis il est remonté sur le dinghy pour se sécher, et il regardait les deux jeunes gens nager et s'amuser. Leurs cris et leurs rires résonnaient autour de la plage, provoquaient les réponses des oiseaux. C'était violent, presque sauvage, une scène du commencement du monde. Moguer regardait, assis sur le bord de l'embarcation, et il en ressentait un dépit, il se sentait exclu, simplement écarté à cause de son âge, de son expérience, de ses tristesses. Et en

même temps il éprouvait une impression de bonheur, qui effaçait tous ses échecs et ses amertumes.
Nassima n'avait pas besoin de mots. D'instinct elle
était entrée dans ce monde, elle avait rejoint la vie
de la forêt et du fleuve. Ainsi avait-elle pu s'approcher de la boa, lui parler, devenir son alliée, se lier
à elle jusqu'à ce qu'elles ne forment plus qu'une
seule personne, corps enlacés et tête contre tête.
Et maintenant, elle nageait avec Ifigenio et les
enfants, comme si elle avait fait cela depuis toujours. En comparaison de cette joie, les honneurs,
l'argent, le succès, est-ce que cela existait ?

Quand ils ont eu fini de s'amuser, Ifigenio et
Nassima sont revenus vers l'embarcation. Ils ont
soulevé la boa et l'ont immergée dans l'eau de la
rivière, ils ont nagé avec elle. Puis ils l'ont posée
sur la plage, et à la grande surprise de Moguer
l'animal n'a pas cherché à s'échapper. La boa s'est
seulement déroulée paresseusement, sa petite tête
carrée soulevée, tâtant du bout de sa langue noire
la terre mouillée. Puis elle s'est arrêtée sous une
branche pour se sécher, elle ressemblait à une
liane d'émeraude.

Au crépuscule, Moguer a donné le signal du
départ. Nassima et Ifigenio étaient fatigués, heureux. Ils luisaient d'eau et de boue, ils avaient fait
tellement d'efforts qu'ils étaient à bout de souffle.
Ensemble ils ont chargé le serpent dans le dinghy
et Moguer a ramé vers le *Azzar* qui tournait autour
de son ancre sur la mer grise. Avant leur arrivée, la
pluie a commencé à tomber à grosses gouttes, une
pluie froide et dure qui les lavait de la boue de la

rivière. Andriamena les attendait à la porte du rouf, avec un grand plat de riz au coco.

La boa était devenue une personnalité à bord du *Azzar.* Moguer consentait à ce qu'elle ne reste plus enfermée tout le temps dans sa caisse. Elle passait de longs moments dans le carré, vautrée sur les coussins, à côté de Nassima qui lui parlait. Elle l'enroulait autour de sa taille, la tête posée sur son épaule, elle la portait jusque sur le pont, en titubant à cause du poids. Les mouvements lents du bateau semblaient influer sur l'humeur de la boa, la plonger dans une sorte de somnolence heureuse. Mais elle était capable de réveils brutaux. Un jour, à Colón, Moguer recevait un homme important, un militaire de l'USIS de la zone du canal, un grand Américain qui portait des lunettes de soleil à monture dorée, et l'homme est entré brusquement dans le carré du *Azzar* et s'est affalé sur les coussins sans avoir vu Zoé. En une fraction de seconde la boa l'avait attaqué, sifflant de colère, lui donnant des coups de bélier avec son nez, si violemment que l'homme était tombé à la renverse. L'homme était parti, d'autant plus en colère qu'il avait eu peur, en jurant que l'inspection sanitaire allait s'occuper d'eux, et Moguer avait dû lever l'ancre précipitamment.

« Tu vois, a dit Nassima. Avec Zoé, personne ne pourra rien te voler. — Sauf un voleur de serpents », avait répondu Moguer.

Mais il avait du mal quelquefois à accepter que le reptile passe ses journées dans ses coussins. Il trouvait que Zoé puait le cadavre, et d'autre part il redoutait qu'elle fasse ses excréments sur le pont verni. Aussi c'était Nassima qui devait se charger de tout, de la laver, d'éliminer ses déjections et de la remettre dans sa boîte chaque nuit. « Tu vois comme elle est gentille, disait encore Nassima. Si elle voulait, elle n'aurait qu'à donner un coup de tête pour sortir de sa caisse. »

Un jour, une pirogue a abordé le *Azzar*. C'étaient des enfants de Nargana. Ils sont montés à bord pour parler avec Ifigenio, mais c'était surtout Nassima qu'ils venaient voir. Il y avait parmi eux une fille de l'âge de Nassima, vêtue de sa jupe rouge et portant la chemise brodée traditionnelle. Elle s'appelait Zenaïda. Elle avait des cheveux courts, un joli visage avec une longue ligne bleue tatouée sur l'arête de son nez. Ses poignets et ses chevilles étaient serrés par des bracelets de perles de couleur, mais sous les bracelets sa peau était ulcérée et gonflée à cause des piqûres d'insectes. Elle était accompagnée de son frère, un garçon de dix ans environ, presque nu, la peau très sombre, avec des yeux vifs. Il s'appelait Marcelino. Avec eux, il y avait Chabela, une fille étrange, hirsute et maigre, la peau très noire, l'air d'une sorcière, vêtue d'une robe blanche à dentelles dont les boutons avaient sauté. Dans un sac de toile elle portait un drôle d'animal sombre, au museau pointu, qui avait deux griffes en forme de couteau à chaque main. « Comment s'appelle-t-il ? » a demandé Nassima. Ifigenio est venu : « *Trueno* », a-t-il expliqué, et Moguer a servi d'interprète : « Son nom est Tonnerre, la fille dit que c'est un sorcier. Quand il entend le tonnerre, il s'échappe de là où il est enfermé. Même si c'est une boîte bien fermée, il s'en va. » Nassima en avait peur, mais Moguer a décidé d'acheter l'animal pour faire l'expérience. Il a enfermé Tonnerre dans une boîte de bois et sur le couvercle il a empilé tous les poids qu'il a trouvés, principalement des boîtes de conserve. Ifigenio a dit : « C'est inutile, quand il y aura du tonnerre, il s'en ira quand même. » Moguer a haussé les épaules : « Racontars de bonne femme. »

Moguer a décidé de passer quelques jours à Colón pour faire des provisions, et pour communiquer avec Alban et les producteurs. Il est revenu avec deux filles, pour lui et pour Andriamena. C'étaient des filles de bar, très noires, fardées, de drôles d'écervelées qui sont montées sur le bateau en se moquant d'Andriamena.

Nassima ne pouvait pas les supporter. Pour se venger, elle leur a fait subir l'épreuve de Zoé. Elle a sorti la boa de sa caisse et l'a apportée sur le pont, où elle s'est mise à ramper doucement, ses petits yeux luisant au soleil comme des boutons de vieux cuir, sa langue tâtant devant elle. Les filles ont poussé des cris d'horreur, elles ont redescendu la coupée en courant, comme si elles étaient tombées sur des fous furieux. Comme l'une d'elles insultait Nassima, Moguer l'a attrapée à bras-le-corps et l'a jetée à la mer.

Moguer avait grogné, puis ça l'avait fait rire. Maintenant, c'était un rituel. Quiconque entrait sur le *Azzar* devait affronter le verdict de Zoé. Elle était une sorte de déesse lente et inutile, mais qui servait à écarter les fâcheux et les quémandeurs, et qui marquait de sa langue noire le territoire où ils n'avaient pas le droit de s'attarder.

Certains soirs, à la lumière vacillante de la génératrice, tandis que le bateau tournait lentement sur son ancre au milieu de la rade, Moguer regardait Nassima qui s'était endormie, la tête appuyée sur le corps musculeux de Zoé dont les yeux restaient ouverts, et Andriamena assis dans le cockpit, en train de fumer en silence, et il se demandait si ce n'étaient pas elles les véritables maîtresses du *Azzar*, pareilles au navire, sans but ni attache, sans mémoire ni regrets.

Le temps avait passé. On allait vers le rendez-vous de Carthagène. Alban s'impatientait, il envoyait message sur message. Avec la saison des pluies, le tournage du *Cyclone* pouvait commencer. En août, il ne restait plus que deux mois d'orages, il fallait se hâter.

À présent il pleuvait chaque après-midi, non pas une pluie douce et bienfaisante comme au début, mais des orages violents qui balayaient la côte et faisaient danser les éclairs sur les mâts des bateaux de pêche. Le *Azzar* était toujours dans la rade de Colón, avec les cargos qui attendaient leur tour de passer le canal, donnant de temps en temps un coup de sirène impatient.

Moguer avait rendez-vous au téléphone à l'hôtel Washington, une grande bâtisse en bois qui surplombait la rade. Il est descendu avec Ifigenio dans le dinghy. Il a tendu la main à Nassima : « Tu viens ? » Nassima hésitait. Moguer a plaisanté : « Rien à craindre pour Zoé, elle ne partira pas à la nage. »

Nassima a détaché l'amarre et elle a sauté à bord. Ifigenio a démarré le moteur et le dinghy a traversé lentement la rade, passant devant les cargos. L'hôtel était à l'entrée du canal, sur un promontoire. Le dinghy a accosté au débarcadère en bois où étaient amarrées des pirogues.

Peut-être que Moguer savait que c'était la dernière fois qu'il emmenait Nassima à terre. Il voulait lui montrer un de ces endroits de luxe où il aimait aller de temps en temps, résidences, palaces, grands restaurants que fréquentent les gens les plus riches du monde. C'était sa lubie, il voulait lire dans les yeux de la jeune fille le sentiment qu'il avait éprouvé il y avait très longtemps, quand il avait fait son entrée dans ce monde : les réceptions dans la maison Danziger, le hall de l'hôtel Mondrian à Los Angeles, les bateaux faramineux de San Diego. L'ébahissement devant le luxe, l'ivresse qui fait tourner la tête. Il n'y avait que lui, Juan Moguer, cinéaste, aventurier, qui pouvait se permettre cela, entrer dans un des plus beaux hôtels du monde vêtu d'un short kaki et d'une vieille chemise, pieds nus dans des mocassins tachés d'eau de mer, en compagnie d'un jeune Indien au crâne rasé et d'une fille à la peau noire, vêtue d'un jean et d'un polo trop grand pour elle.

Ifigenio a refusé de les suivre. Nassima a eu beau le tirer par la main, il ne s'est pas laissé faire. Il s'est assis sur les marches du débarcadère, coiffé de son chapeau de cow-boy, comme pour surveiller de loin le *Azzar*, en attendant la pluie.

Moguer a pénétré avec Nassima dans la grande salle. Pour elle il a choisi une table d'où on pouvait voir toute la rade, la porte du canal, les cargos rouillés et les paquebots de croisière dont les guirlandes étaient déjà allumées. Les tables étaient couvertes de nappes bien blanches, décorées de bouquets d'orchidées.

C'était impressionnant, mais Nassima n'était pas intimidée. Elle regardait le ballet des serveurs qui poussaient des chariots et apportaient les plats de poissons, de langoustes, plaçaient chaque mets dans l'assiette, versaient l'eau et le vin dans de grands verres en cristal. Elle a mangé de bon appétit. Depuis des semaines, ils ne vivaient que de riz aux crevettes, agrémenté de quelques biscuits Graham rassis et de fruits en conserve, et tout à coup, il y avait tellement de mets, de saveurs, de couleurs ! Nassima riait, parlait un peu, mangeait beaucoup, et regardait autour d'elle en ouvrant de grands yeux. « C'est si beau, on dirait un décor de cinéma ! — Mais c'est du cinéma, justement. »

Moguer savourait le vin d'Espagne, il s'amusait de la lumière qui brillait dans les yeux de Nassima. Il prenait des morceaux avec ses doigts et les posait dans son assiette, pour qu'elle mange encore plus.

« C'est ici que s'arrêtent les riches avant leurs croisières sur le canal. C'est le premier hôtel que la compagnie a créé, tout est en bois et en fer boulonné, comme sur un bateau.

— Dommage qu'oncle Andriamena ne soit pas venu », a dit Nassima. À l'idée du pilote entrant avec eux pieds nus dans la salle du restaurant, Moguer a éclaté de rire.

Ils sont retournés au bateau dans l'après-midi, juste avant l'orage. La mer sur la rade était houleuse, blanche d'écume. Les bateaux de pêche revenaient déjà, entourés de pélicans. À l'entrée du canal, il y avait un grand paquebot de croisière tout blanc, illuminé comme un gâteau d'anniversaire. Le dinghy a longé lentement la coque blanche. Sur le pont, les gens étaient assemblés, on entendait de la musique, peut-être qu'ils dansaient. Nassima a lu le nom à l'avant, écrit en grandes lettres d'or : SABA, et le port d'attache : NASSAU. Un peu à l'écart, loin des cargos, la coque du *Azzar* paraissait abandonnée, sans lumière, comme après un naufrage.

Le lendemain, alors que Nassima dormait encore, Moguer a mis en route pour Nargana.

La tempête est arrivée sur Nargana avec une rapidité et une violence auxquelles personne ne s'attendait. Aux environs de trois heures après midi, Nassima était au bord de la rivière avec les enfants quand le vent s'est mis à souffler.

À cet instant, le ciel était encore bleu à l'ouest, le soleil brûlait sur la plage de boue. Nassima venait de se laver les cheveux dans le fleuve, en compagnie de Zenaïda, puis la jeune Indienne était retournée avec Ifigenio vers les huttes de branches en haut du tertre. Nassima était restée assise à l'arrière de la pirogue pour se sécher. Un peu en aval, sur la plage, elle vit Marcelino, le frère de Zenaïda, qui jouait à pêcher avec un autre garçon de son âge, inconscient du danger.

Elle regardait la tempête arriver avec une sorte de fascination, sans pouvoir bouger. Un nuage, plutôt une nuée grise remontait de la mer vers le fleuve, pareille à une main géante aux doigts ouverts qui effaçait tout sur son passage. L'eau, les arbres, les rives, glissaient à l'intérieur du nuage comme si un tourbillon les aspirait.

Le nuage maintenant avait avalé tout l'estuaire, cachant les îles, les mangliers. Le *Azzar* devait déjà être dans la tempête. Tout à coup, son cœur s'est mis à battre plus fort, et elle a sauté dans la rivière pour tenter de tirer la pirogue sur la plage, mais le courant de la marée était déjà trop puissant, il arrachait des pans de boue à la rive.

En amont, le fleuve coulait paisiblement, les grands arbres étaient encore éclairés par le soleil. Mais les oiseaux et les insectes s'étaient tus. Il y avait un autre bruit qui envahissait le silence, comme des milliers de papillons volant ensemble, un froissement léger et puissant. La rivière paraissait bouillir du côté de l'estuaire. L'eau tressautait, jetait de petits panaches de vapeur qui s'unissaient au nuage, et la lumière qui venait de la forêt allumait des étincelles grises. C'est de là que venait le grondement de chaudière.

Nassima a commencé à courir dans la direction des huttes. Avant d'avoir pu atteindre les arbres, elle a senti le souffle froid qui cognait sur elle, et la pluie a commencé à tomber en larges gouttes aveuglantes. En un instant l'ouragan était sur elle. Le vent soufflait avec une telle force qu'elle n'arrivait plus à avancer. Partout autour d'elle la forêt semblait se briser. Des branches et des feuilles volaient à travers le brouillard d'eau. Le fleuve lui-même s'était soulevé sous la poussée de la mer, il rugissait comme une cataracte, il remontait vers les rives en roulant une vague.

C'était comme la nuit, zébrée d'éclairs, et Nassima pensait aux deux enfants qui jouaient tout à l'heure sur la plage. Elle ne pouvait rien voir, et dans le bruit de l'ouragan des voix hurlaient, mais cela faisait penser plutôt à des cris de chats sauvages. La plage, le fleuve, la forêt avaient disparu, il n'y avait plus que ce chaos de pluie et de vent, la terre qui glissait sous ses pieds, une masse visqueuse, lente, qui s'infiltrait dans ses vêtements, qui cherchait à l'entraîner. Nassima est tombée contre un talus planté d'arbustes, elle s'est recroquevillée sur elle-même.

Elle a résisté longtemps, jusqu'à ce que la vague soit passée. Le bruit de chaudière a décru progressivement, et le nuage de vapeur s'est déchiré, laissant apparaître la forêt. Alors elle a recommencé à marcher vers la hutte. Une partie du toit avait été

arrachée, et Ifigenio et Zenaïda s'étaient réfugiés
au bout du plancher, enveloppés dans une bâche
en plastique. Nassima a escaladé le tronc entaillé,
elle s'est assise près de Zenaïda. La jeune fille était
inquiète. Elle cherchait à voir du côté de la plage,
là où se trouvait Marcelino. Le fleuve avait recou-
vert toute la rive presque jusqu'à la forêt. L'eau
rouge charriait des troncs, des branches, descendait vers la mer en faisant de lents tourbillons, et le
silence de la crue était encore plus effrayant que
les grondements de la tempête. La pirogue avait
été emportée.

Puis ont commencé les appels, une voix de
femme angoissée, qui faisait aboyer les chiens.
C'était la mère de Zenaïda qui appelait Marcelino.
Le garçon n'était pas revenu, seul son camarade
avait regagné les huttes. À un moment, à la lueur
du crépuscule, Nassima a aperçu la silhouette fan-
tastique de Chabela qui passait près de la maison.
Elle marmonnait des incantations, en marchant à
grands pas comme si elle arpentait la rive.

La nuit est tombée d'un coup, et Nassima a compris que ni Moguer ni Andriamena ne viendraient
la chercher. Le *Azzar* n'avait pas pu affronter la
tempête, peut-être qu'il s'était échoué sur un
banc, devant Nargana. Ou peut-être qu'il était
parti se réfugier à Colón.

Avec la bâche en plastique et quelques branches
pourries, Ifigenio a fabriqué un abri pour la nuit.
L'eau dégoulinait de la toiture, les rafales de vent
faisaient trembler la maison. Nassima s'est cou-

chée en chien de fusil, la tête sous la bâche, et elle s'est endormie, malgré la peur, la faim. Elle grelottait, et Zenaïda s'est serrée contre elle pour la réchauffer.

Un peu avant l'aube, Nassima a été réveillée par des cris. La nuit était encore noire, il pleuvait doucement. La hutte était vide, et en sortant la tête de la bâche, Nassima a vu des rayons de torches électriques danser du côté du fleuve. La mère de Zenaïda criait d'une voix suraiguë, en détachant la dernière syllabe comme une plainte : « Marceli-noo !... » Ifigenio et Zenaïda devaient être avec elle, au bord du fleuve, à scruter les ténèbres. Mais Nassima n'avait pas le courage de bouger. Elle s'est recroquevillée dans sa coque en plastique, le corps secoué par les frissons, la nausée au bord des lèvres. Cette fois, elle aurait tout donné pour être de retour chez elle, dans l'appartement de la rue de May, avec Nadia à côté d'elle. Elle écoutait en grelottant la voix qui criait, et ses yeux se remplirent de larmes.

Enfin le jour est apparu, un matin gris et froid. Nassima était toujours seule sous sa bâche. La tempête avait cessé, il y avait les bruits ordinaires de la vie, des cris d'enfants, les coqs qui s'éraillaient, des chiens faméliques, des gorets. Dans les autres huttes, les femmes avaient allumé le feu pour cuire le repas. Nassima a descendu l'échelle, et elle a marché vers le fleuve. La terre était encore détrempée, jonchée de débris, glissante sous ses pieds nus, et elle devait écarter les orteils pour s'agripper. Quand elle est arrivée à la berge, elle a constaté que l'eau avait retrouvé son niveau normal. La marée découvrait les racines des mangliers, les bancs de sable au loin. Le courant était toujours violent, il dessinait à la surface de grandes plaques lisses bordées d'écume. De là où elle était, elle ne pouvait pas voir le *Azzar*, mais elle était sûre que Moguer était en train de démarrer le moteur du dinghy pour venir la chercher. Nassima a cherché un coin à l'abri des regards pour uriner difficilement, puis elle s'est lavée et a passé sa main sur son visage gonflé. Elle titubait, le sang battait dans ses tempes.

Un peu en aval, à l'extrémité de ce qui avait été la plage la veille, et qui n'était plus qu'une plaque de boue encombrée de branches cassées, Nassima a aperçu un groupe d'enfants, et elle a reconnu la silhouette de Zenaïda. Ifigenio était là aussi, mais un peu en retrait, assis sur ses talons, le chapeau sur la tête. En s'approchant, Nassima a entendu la plainte scandée, tantôt gémissante, tantôt aiguë comme un sanglot. La femme était assise par terre, sa longue robe tachée de boue, les mains de chaque côté de sa tête, elle se balançait lentement. À côté d'elle, Chabela était encore plus hirsute, sa robe blanche de communiante débraillée relevée sur ses cuisses maigres, elle avait vraiment l'air d'une sorcière. Nassima s'est approchée, elle n'avait pas encore vu l'enfant, mais elle savait qu'il était là. Quand elle est arrivée, les enfants se sont écartés. Marcelino était allongé sur le dos, à l'endroit où le fleuve l'avait rejeté. Son corps nu avait déjà la couleur de la mort, ses yeux et ses lèvres étaient gonflés. Ce qui était terrible, surtout, c'était que les poissons avaient déjà commencé à le manger par petits bouts, la pointe de son nez, ses doigts et ses orteils, et l'extrémité de son sexe.

Moguer est arrivé à cet instant. Sans un regard pour l'enfant étendu sur la plage, il a marché jusqu'à Nassima, il l'a prise par le bras et l'a emmenée vers le dinghy. Comme Ifigenio tardait à venir, Moguer lui a parlé durement, l'a insulté. Son visage avait une expression brutale, autoritaire, que Nassima ne pouvait pas supporter. Elle s'est dégagée, comme si elle devait rester avec Zenaïda, elle a dit : « Il n'est pas votre esclave. » Mais la fatigue l'a obligée à rester dans le dinghy, et bientôt la plage a disparu au milieu des mangliers.

Le *Azzar* est retourné dans la rade de Colón, à l'entrée du canal. Moguer a pris cette décision en voyant l'état de Nassima. Quand elle est revenue à bord, son premier souci a été pour sa boa. Andriamena avait dû enfermer Zoé dans sa caisse, parce que l'ouragan l'avait rendue nerveuse. Elle rampait à travers le carré, elle avait commencé à tout casser. Dans l'obscurité de sa boîte, elle s'était calmée. C'était sans doute futile après des heures aussi terribles, mais Nassima a pensé tout de suite à Tonnerre. Elle a enlevé les poids et soulevé le couvercle, et elle s'est penchée pour voir. Elle a ressenti une déception : Tonnerre n'avait pas pu se sauver. Il s'était mis en boule dans un coin, il ressemblait à un hérisson malade.

Nassima est allée se coucher dans sa cabine. Elle brûlait de fièvre. Moguer a mis la main sur son front, il a dit : « Malaria. » Mais Nassima savait bien que c'était autre chose, quelque chose comme un envoûtement. Comme si tout ce qui était arrivé était de la faute de Moguer. Elle ne pouvait pas

oublier la brutalité avec laquelle il avait traité Ifi
genio. Il était égoïste et suffisant, le monde entier
était à son service. Elle le détestait.

Elle a refusé d'avaler les médicaments qu'il
lui donnait. Elle gardait la bouche fermée, elle
repoussait le verre d'eau. Elle se sentait très lasse
tout à coup, après tous ces jours et ces nuits, la brûlure du soleil et de la mer. Tout ce qu'elle avait vu
de magnifique, d'effrayant et de nouveau s'était
accumulé et ressortait dans les frissons qui couraient sur sa peau, dans le froid qui l'envahissait.
Moguer n'a pas insisté. Il a dit, et sa voix avait
un ton d'indifférence plus insupportable que sa
colère : « Comme tu veux. Demain tu iras à bord
du *Saba*, il part pour les Antilles. » Il avait déjà tout
prévu, tout arrangé.

Nassima sentait ses yeux déborder de larmes.
Elle ne savait pas très bien ce qu'elle disait. Elle
avait le vertige. Elle a murmuré, comme une vengeance : « Il ne faudra dire à personne que j'étais
avec vous, c'est un secret. » Moguer la regardait
d'un air ennuyé. Peut-être qu'il ne croyait pas
qu'elle allait mourir.

Toute la nuit, il y a eu des éclairs. Le grondement roulait au loin, sur la mer, puis se rapprochait. Nassima ne dormait pas. Elle regardait la
lueur qui vacillait à l'intérieur du navire, elle
comptait les secondes, comme elle faisait autrefois
à Pennedepie, quand elle était petite. Le vent claquait les agrès, le bruit de la pluie arrivait par
rafales, des milliers de pas qui couraient ensemble.
L'eau ruisselait sur le pont, sur les écoutilles, tout

était anéanti, même les éclats de la foudre. Elle a pensé encore à Tonnerre, elle a dit à voix haute : « Maintenant il va s'échapper. » Elle délirait un peu.

Moguer n'a pas dormi non plus cette nuit. À travers les vitres du rouf, il cherchait à voir les lumières de l'hôtel Washington, les guirlandes du *Saba*. Le rideau de pluie était si épais qu'on ne voyait rien, c'était aussi perdu et solitaire que si le *Azzar* était encore au milieu de l'océan.

Il était temps d'aller à Carthagène. Alban était déjà sur place, il repérait les lieux du tournage. Il avait loué une maison avec piscine, sur une colline non loin de la citadelle. Il s'impatientait. Au téléphone, il avait une voix inquisitrice, railleuse : « Vous êtes toujours avec votre... protégé ? » Et comme Moguer ne répondait pas, il avait ajouté : « Je vous emmènerai à Medellín pour un petit ballet interdit. »

Moguer a décidé de partir le lendemain matin, dès que Nassima serait à bord du *Saba*. Il était si impatient qu'il ne pouvait pas dormir.

À l'aube, il est allé frapper à la porte de la cabine. Nassima était tout habillée, couchée en chien de fusil sur le grand lit, au milieu d'un désordre indescriptible. Elle avait les mêmes vêtements que lorsqu'elle était montée à bord, le jean trop grand et le T-shirt rayé bleu et blanc très abîmé par la mer. Elle était brûlante de fièvre.

En la voyant, Moguer a réalisé tout d'un coup l'existence qu'il lui avait fait mener depuis des mois. Elle aurait pu se rompre les os en tombant

du grand mât ou être emportée par une vague.
Elle aurait pu disparaître sur la plage dans la tempête. Dans la lueur grise de l'aube, Nassima ressemblait à la silhouette maigre et grelottante du
petit garçon qu'il avait délogé du coffre à voiles.
Sous le hâle du soleil et du vent, sa peau était usée
et ridée, son visage tiré où les pommettes saillaient
trop, ses lèvres violettes marquées par des coupures. Comment avait-il pu se laisser aller à un tel
caprice ? Il avait été aussi oublieux que si elle avait
été un animal, un petit être familier et drôle qui
lui rappelait vaguement Sarita. Il détestait la culpabilité, cela le rendait méchant. Il a pris Nassima
par les bras sans façons et l'a obligée à se lever.

Elle ne tenait pas bien sur ses jambes, ses
genoux pliaient. Pendant qu'elle faisait un brin de
toilette, Moguer a préparé son sac. Il a mis dans
une poche l'argent pour acheter son billet
d'avion, et quelques biscuits Graham de la réserve,
plutôt comme souvenir que pour lui servir de provisions.

Le médecin du *Saba* avait été prévenu par téléphone, il avait préparé une couchette dans une
cabine à côté de l'infirmerie. Moguer avait dit que
la jeune fille était une Française rescapée d'un
naufrage, qu'il l'avait recueillie la veille sur une île
de la Comarca.

Nassima n'a pas posé de questions. Son visage
avait pris une couleur un peu terne. La lumière du
jour lui faisait mal, elle avait la tête qui tournait.
Moguer lui a donné ses lunettes noires, plutôt
pour qu'on ne voie pas tout de suite l'état de ses

cornées injectées. Sur le pont, il crachinait, la mer et le ciel étaient de la même couleur uniforme. Il y avait déjà des bateaux de pêche qui revenaient, leurs filets relevés, entourés de lourds pélicans.

Nassima s'est retournée vers le rouf. Elle avait une voix faiblarde :

« Je n'ai pas dit au revoir à Zoé. »

Elle a couru en boitant jusqu'à la caisse, elle a soulevé le couvercle, mais la boa était repliée sur elle-même, la tête cachée dans ses anneaux, plongée dans une léthargie profonde. « Il ne faudra pas oublier de lui donner son bain », dit-elle à Ifigenio, comme s'il pouvait comprendre. Elle l'a embrassé, et le jeune Indien restait figé. C'était la première fois qu'une étrangère lui faisait cela. Moguer lui avait donné congé, mais ça n'avait pas d'importance. Il chercherait un autre travail, il irait à Panamá, peut-être qu'il essayerait de se faire engager dans la Guardia nacional.

Nassima est passée devant Moguer sans le regarder. Quand elle est descendue dans le dinghy, Andriamena a lancé le moteur, et elle a réalisé que Moguer restait debout dans le cockpit. Elle a eu un mouvement, comme si elle voulait remonter à bord, pour se serrer contre lui, comme quand ils étaient au milieu de l'océan et qu'ils regardaient le troupeau de dauphins. Mais déjà l'embarcation s'éloignait du bord, et Moguer, après l'avoir repoussée du pied, s'était reculé, il avait juste fait un petit sourire, comme la première fois qu'elle l'avait croisé, il y avait si longtemps, sur le quai d'honneur de Villefranche. Elle n'en était pas sûre, elle ne distinguait plus les traits de son visage. Un instant après, elle a aperçu un nuage de fumée, il avait allumé son premier cigarillo. Il avait mis les mains dans ses poches pour fumer, comme il faisait toujours.

Sur la coupée descendue au-dessus de l'eau, les marins du *Saba* vêtus de blanc attendaient. Le dinghy a touché légèrement le paquebot. Andriamena a aidé Nassima à monter sur la plate-forme, et les marins l'ont prise chacun par un bras, l'ont hissée avec son sac.

« Au revoir, oncle Andriamena ! » Sa voix s'étranglait, elle se sentait envahie par les frissons, elle n'avait rien mangé depuis la veille et pourtant elle avait la nausée au bord des lèvres. Le dinghy a tourné sur place, avec le moteur hors bord qui jetait des grognements. Andriamena avait toujours le même air impassible, ses yeux étroits comme des fentes.

Du haut du pont, des touristes matinaux ont pris quelques photos, comme si elle était vraiment une naufragée ramassée sur son île déserte. Nassima est entrée dans le paquebot par une petite porte sur le côté.

Le médecin l'attendait. C'était un homme assez jeune, vêtu d'un impeccable uniforme blanc, un peu gros, un peu chauve au sommet de la tête, avec de beaux yeux bruns et un gentil sourire. Il parlait avec un accent, comme un Libanais. « Je suis le docteur Kamal. » Une femme plus âgée l'accompagnait, grande et forte, avec des cheveux blonds et des yeux clairs. « Je suis mademoiselle Herald, l'assistante du docteur. » Elle regardait la nouvelle venue avec curiosité, mais il y avait si longtemps que Nassima n'avait pas été près d'une infirmière qu'elle eut un élan de reconnaissance, et elle se blottit contre elle, juste pour sentir la chaleur de sa poitrine. L'infirmière eut un geste de recul. « Bon, bon, nous allons à l'infirmerie, vous avez besoin d'être soignée, lavée, et on va vous donner des habits propres. »

Le docteur Kamal l'a aidée à porter son sac. Il était étonné par l'aspect de la jeune fille, ses cheveux emmêlés, sa maigreur, son air sauvage. Quand elle a enlevé son T-shirt pour l'auscultation, il a remarqué les abcès d'eau de mer infectés sur son dos, les griffures et les traces de coups sur ses bras. Aux aisselles et sur la ligne de la ceinture, elle était littéralement envahie de piqûres de moucherons, d'aoûtats. Ses épaules et son visage étaient brûlés par le soleil, le sel. À la base du cou, une marque l'intrigua, comme la trace d'une corde puissante qui aurait écrasé la peau. Il la montra à l'infirmière, et celle-ci se pencha vers la jeune fille : « Qu'est-ce qui vous a fait ça ? »

Nassima toucha la marque du bout des doigts, comme si elle cherchait à se souvenir. « Oh, ça ? C'est sûrement Zoé. » Elle a ajouté, pour qu'il n'y ait pas de malentendu : « Zoé, c'est ma boa. Au début, elle ne connaissait pas sa force, mais après, elle a fait attention. » Le docteur la regardait sans comprendre. Il a pris quelques notes dans son cahier de bord.

L'infirmière a emmené Nassima à la douche, puis elle a désinfecté ses plaies à l'alcool, et elle lui a donné un survêtement blanc sur lequel était écrit le nom du bateau. Ensuite le docteur Kamal a fait à Nassima une injection de chloroquine. « Il faut dormir, et boire beaucoup, dit-il. Les gens qui vous ont recueillie sur leur bateau ont dit que vous avez de la fièvre depuis plusieurs jours. Vous allez vous reposer à bord, et ensuite on vous débarquera à Pointe-à-Pitre. Là-bas, vous serez prise en charge par la Croix-Rouge qui vous rapatriera chez vous. »

Mlle Herald ajouta : « Vous avez dû beaucoup souffrir, mais maintenant c'est fini. On va vous rendre à votre famille. »

Nassima fut anxieuse tout à coup : « Est-ce que je vais aller en prison ? »

Mlle Herald la regarda avec étonnement : « Mais non, voyons, pourquoi est-ce que vous iriez en prison ? Si vous allez tout à fait bien en arrivant, vous ne serez même pas hospitalisée, vous pourrez retourner chez vous tout de suite. »

Toute la journée, Nassima resta prostrée sur le lit, la lumière allumée. Les injections de chloroquine se succédaient toutes les quatre heures, et elle semblait plongée dans une sorte de rêve éveillé. À un moment, vers la fin de l'après-midi, elle appela Mlle Herald. « C'est l'heure du bain de Zoé. Si on ne la baigne pas, elle va encore s'énerver et tout casser à bord. » L'infirmière lui caressa la figure. « Mais c'est fini, mon petit. Vous n'êtes plus sur ce bateau, vous êtes avec nous. Dans deux ou trois jours, vous pourrez prendre l'avion, retourner en France. » Elle posa la question qui la tourmentait depuis qu'elle avait vu Nassima arriver à bord du *Saba* : « Depuis combien de temps étiez-vous sur ce bateau ? » C'était encore un peu tôt pour un interrogatoire, et le docteur Kamal l'avait défendu, mais elle savait qu'elle allait apprendre quelque chose. Nassima la regardait avec des yeux brillants, elle était dans une sorte de demi-rêve. « C'est un secret, dit-elle. J'ai promis au capitaine et à l'oncle Andriamena de ne rien dire. » Mlle Herald se pencha vers la jeune fille, et son odeur parut délicieuse à Nassima, une odeur suave et un peu piquante à la fois, une odeur de savon et de Cologne. « Qu'est-ce qui est un secret ? » demanda l'infirmière doucement. Nassima plongeait dans ses yeux gris-bleu, c'était une sensation lointaine, étrangère, comme si elle était revenue avec Nadia au temps de Pennedepie, quand tout était facile, quand tout existait encore.

« Dites-moi, de quel secret parlez-vous ? » demanda la voix. C'était le soir, il y avait des bruits de pas sur les ponts, des grincements, le ronronnement tranquille des turbines. Le *Saba* était en train d'appareiller. Nassima pensait au corps de Marcelino, étendu sur la plage de boue après le déluge, tel que le fleuve l'avait rejeté, le nez et le bout des doigts mangés par les poissons. Alors Tonnerre avait voulu s'échapper mais sa boîte était trop bien fermée, de toute façon où aurait-il pu aller en plein milieu de la mer ? Elle parlait à mi-voix, dans l'oreille de Mlle Herald, elle racontait tout, la fête de Noël et la danse au milieu des sargasses, les lagons dans les îles, la fille saoule que Moguer avait jetée à la mer, et la colère de Moguer contre Ifigenio, quand il l'avait emmenée se baigner. L'infirmière était penchée, elle avait mis son oreille tout près de la bouche de Nassima, pour capter chaque détail. Son visage était légèrement emperlé de sueur, à cause de la température qui montait dans l'étroite cabine. Et ses yeux avaient une curieuse expression, mêlée de colère et de dédain, tandis qu'elle répétait de temps à autre, comme un refrain qui ponctuait le silence de l'infirmerie : « Ah, le forban, le vieux salopard, il s'est bien moqué de nous ! »

Cette nuit-là, Nassima a dormi lourdement sur la couchette étroite, dans la petite pièce où la lumière était restée allumée. Elle a dormi comme s'il y avait des nuits et des mois qu'elle n'avait pas dormi. Le ronron des turbines du *Saba* tissait un cocon qui l'enveloppait, et la bouche de l'aération diffusait un peu de fraîcheur climatisée comme une douce brise nocturne.

Au matin, elle s'est réveillée avec une faim violente. Dans la salle à côté des cuisines, elle a mangé un petit déjeuner copieux, œufs, céréales dans un grand bol de lait, des petits pains chauds et des fruits. Elle avait l'impression qu'elle pourrait manger sans s'arrêter pendant des heures. Le docteur Kamal était assis devant elle, il sirotait son café noir en la regardant. Il était perplexe, après tout ce que lui avait rapporté Mlle Herald. Il y aurait un interrogatoire de police à Pointe-à-Pitre, il faudrait sûrement témoigner. Il observait la jeune fille avec curiosité. Après une nuit de sommeil et les injections de chloroquine, il ne restait presque rien de la fatigue et de la fièvre. Elle s'était lavé les cheveux, elle avait mis un T-shirt propre sur lequel figurait un coucher de soleil sur la mer avec, écrit en lettres dorées, *Saba*. Elle avait l'air de n'importe quelle adolescente en vacances.

Nassima est sortie. Le pont était déjà plein de touristes, des couples, des gens âgés. Certains sont venus la voir, son histoire avait déjà fait le tour du bateau. Ils lui parlaient gentiment, des dames lui tenaient la main. « Mon Dieu, comme vous avez vécu des moments terribles ! » Il y avait quelques enfants qui s'amusaient autour de la piscine. Le *Saba* avançait sur une mer uniformément turquoise. Loin en arrière, on voyait l'entrée du canal, la silhouette blanche de l'hôtel Washington, et toujours les barques de pêche en forme de caravelles du temps jadis, entourées de leurs pélicans. Mais le *Azzar* avait disparu.

Un commissariat sous les tropiques

Un poste de police est un endroit bien curieux. Depuis une heure de l'après-midi, heure à laquelle elle avait été amenée de l'hôpital, Nassima avait eu tout le loisir d'examiner en détail le hall où elle se trouvait. C'était un bâtiment moderne, mais déjà abîmé par l'usage, ou par les cyclones, avec des murs éraflés, écaillés, des taches d'humidité autour des fenêtres, et une table abandonnée où reposait un bout de crayon à peine plus grand et guère plus sympathique qu'un vieux mégot. La seule décoration était une double carte épinglée au mur, qui montrait d'un côté la France, de l'autre la Guadeloupe, à des échelles différentes, parcourues par un réseau de routes et de chemins que Nassima compara au réseau veineux dans ses anciens livres de cours. Et de fait, il lui semblait qu'il y avait un cœur qui battait, quelque part au-dehors, dont les pulsations résonnaient jusque dans le plancher du commissariat. C'était un peu effrayant, et pour cela Nassima essayait de se concentrer sur autre chose.

Par les fenêtres ouvertes, à travers les grilles, c'était un véritable tableau : des palmes se balançaient mollement dans la brise de mer, et sur les toits de tôle rouge noyés dans la verdure marchaient des oiseaux dans un doux jacassement qui contrastait avec le silence ennuyé du commissariat. Venue d'un des angles de la fenêtre ouverte, une colonne de fourmis minuscules traçait son chemin sinueux sur la paroi du mur et disparaissait dans une crevasse au ras du sol.

Nassima avait passé son temps entre l'observation de la colonne de fourmis et les allées et venues des gens dans le hall, comme s'il y avait vraiment un rapport. C'étaient pour la plupart des gens ordinaires, âgés, essoufflés, qui parlaient en créole. Ils étaient venus faire inscrire une réclamation sur la main courante ou témoigner. Ils entraient, inscrivaient leur nom sur le registre et s'asseyaient sur les chaises alignées contre le mur, en attendant qu'on les appelle. La secrétaire était une femme corpulente, avec une masse de cheveux bouclés. Elle semblait faire peur à tous ceux qui se présentaient, mais avec Nassima elle s'était montrée aimable, elle l'avait appelée « ma belle ».

Puis le commissaire Bernard est arrivé, et Nassima est entrée dans son bureau, une petite pièce surchauffée par le soleil. Derrière le bureau, il y avait une femme d'une trentaine d'années, petite, la peau claire, les cheveux châtains coupés court, une certaine ressemblance avec Nadia, que Nassima supposa être une sorte d'assistante sociale.

Le commissaire Bernard regardait attentivement l'étrange jeune fille qui s'était assise devant
lui. Elle soutint son regard, sans forfanterie, avec
un air de distance polie qui le mettait mal à l'aise.
Elle portait encore les vêtements donnés par
Mlle Herald sur le *Saba*, le T-shirt blanc et le corsaire noir, mais il restait la trace évidente des mois
de vagabondages sur le *Azzar* : la maigreur, le
visage noirci par le soleil et les cheveux desséchés
et décolorés par la mer, et surtout, cette impression de résistance nerveuse de quelqu'un qui a
vécu tout le temps dehors.

Le commissaire Bernard était perplexe. Il
n'éprouvait aucun plaisir à faire passer cet interrogatoire en présence d'une psychologue de l'hôpital, de surcroît venue de France. Maintenant que
Nassima était assise devant lui, il ne savait pas par
quoi commencer. Il lui a fait décliner son identité,
bien que tous ces éléments lui aient déjà été com-
muniqués par l'officier du *Saba*, avec la carte
d'identité trouvée dans le sac de Nassima. Le commissaire était un Antillais d'une trentaine d'années, grand, déjà presque chauve, avec une petite
moustache et des yeux jaunes. L'air de s'ennuyer,
pas l'air d'être dangereux, avait pensé Nassima.
Elle lui trouvait le regard d'un bon chien. En
revanche, la femme, Mme Anton, dégageait une
certaine antipathie. Nassima n'aimait pas bien les
assistantes sociales, mais si elle avait su que cette
petite femme au nez pointu était un médecin, elle
l'aurait détestée encore davantage.

Mme Anton avait décidé qu'il était temps de prendre en main l'interrogatoire. Elle s'impatientait, elle trouvait tous ces gens des îles insupportablement mous, fantaisistes. Elle a commencé à poser ses questions à Nassima, en mêlant les anodines à celles qui avaient une réelle importance pour l'enquête, selon une méthode éprouvée.

« Quelles sont les maladies que vous avez eues ? Votre sport préféré, vos études ?

Est-ce la première fois que vous partez de chez votre mère ?

Et est-ce que vous avez déjà consommé de la drogue ?

Est-ce que quelqu'un vous a poussée à le faire ?

Comment est-ce que vous avez rencontré M. Moguer ?

Que savez-vous de lui ?

Est-ce que vous avez confiance, ou est-ce que vous vous méfiez ?

Quelle a été son attitude avec vous ? Vous diriez qu'elle a été normale, ou criminelle ?

Est-ce que vous avez vu ou senti quelque chose de suspect ? »

Nassima écoutait sans comprendre. La petite femme était penchée sur la table, ses jugulaires saillaient un peu. Il n'y avait rien de commun à ces questions. Nassima répondait par bribes. « Euh, oui, non... » « C'est-à-dire que... » « Je ne sais pas, je ne crois pas, je... » À la fin elle ne disait plus rien. Elle regardait par la fenêtre, le mouvement des palmes dans le vent, le bleu du ciel. Il y avait une odeur de plantes délicieuse, une odeur ambrée, suave, qui montait de la terre. Le rectangle de lumière l'absorbait, elle eut une sorte de vertige.

Le commissaire Bernard sentit que Nassima perdait pied, il essaya de pactiser : « Et si vous nous racontiez tout depuis le commencement ? »

Il était appuyé sur le dossier de sa chaise, le soleil brillait sur son front en sueur, comme une auréole. Il avait vraiment l'air d'un chien, pensa Nassima, et elle découvrit que c'était à cause de ses yeux, la même couleur que ceux de Kergas, et aussi les iris transparents comme ceux de son chien aveugle, avant que Nadia l'exécute.

« C'est la tempête, dit Nassima. Elle est arrivée si vite, je n'ai pas eu le temps de regagner le bateau.

— Mais avant cela, où étiez-vous ? » La psychologue la regardait avec des yeux méchants. « Comment vous êtes-vous retrouvée si loin de chez vous ? »

Nassima faisait des efforts pour se souvenir de ce qui s'était passé. Ce n'était pas qu'elle avait oublié, mais tout ça était si loin. Tout ce qui avait précédé le voyage à travers l'océan était perdu dans un nuage, aussi loin que le temps de Pennedepie.

« Il s'est passé des choses », dit-elle. Elle entendait sa voix pâteuse, elle n'arrivait pas à la corriger. « C'est le *Azzar*. » Elle voulait parler de la première fois où elle l'avait vu, quand elle était encore petite, elle le regardait comme si c'était celui qui avait emmené Kergas. Elle rêvait tout haut. Elle disait des bribes.

« Je ne sais pas, je n'y arriverai jamais.

— Si, si, il le faut, dit la psychologue. Essayez de retrouver tous les détails, même s'ils vous semblent sans importance. »

Le commissaire la regardait avec un demi-sourire qui montrait ses dents.

Elle s'interrompit pour essayer de lire dans les yeux du commissaire ce qu'il pensait. Lui restait impassible, ses yeux jaunes brillant dans sa figure sombre. Il écoutait comme si Nassima allait vraiment raconter une histoire. La psychologue écrivait dans un cahier bleu d'écolière à spirale. Nassima parlait, lançait des phrases, juste pour voir son crayon courir sur les pages du cahier.

C'était comme un jeu. Nassima inventait des détails, une histoire. Elle parlait lentement, pour savourer l'effet de ses mots :

« Mais je suis déjà venue aux Antilles, dit-elle. C'est vrai, j'y suis venue. Il pleuvait le soir où on a débarqué, il n'y avait presque personne sur le quai, juste des enfants, pas de douaniers, pas de police. On a pris un taxi, on est allé loin, de l'autre côté de l'île, à Port-Louis. Il y a un restaurant sur la plage, une vieille qui s'appelle Ravine, Domitille, elle nous a fait à manger, un blaff de poisson rouge, avec des bananes vertes, une soupe avec une grosse racine violette. J'avais très faim, j'ai mangé ! » Elle eut un petit rire de gorge, elle en fut étonnée elle-même, c'était comme si quelqu'un d'autre parlait par sa bouche. « Quand j'ai faim, je mange comme un vautour ! » La psychologue s'était arrêtée d'écrire, le crayon en l'air. Nassima était assez contente de l'avoir ainsi contrée, d'avoir révélé sa vraie nature en disant le nom de vautour. C'était à cet animal qu'elle ressemblait.

« Vous étiez ici il y a combien de temps alors ? » C'était M. Bernard qui posait la question. Mme Anton lui jeta un coup d'œil maussade. Comment pouvait-il gober cette histoire ? Est-ce que ce n'était pas lui, le policier ? De toute évidence, la jeune fille inventait tout cela pour mieux cacher la vérité.

« Dites-nous plutôt comment cet homme vous a fait monter à bord ? »

Nassima essayait d'imaginer le commissaire à tête de bouledogue sur le bateau. Peut-être que Kergas lui ressemblait, maintenant, peut-être qu'il était chauve, avec ce même regard attendrissant. Tout cela n'avait aucun sens, mais elle ne pouvait s'empêcher d'y penser, et les images se bousculaient dans sa tête à une vitesse incroyable. La voix de M. Bernard était lente, grave :

« Parlez, mademoiselle, n'ayez pas peur, on ne vous reproche rien, on est là pour vous aider. »

La psychologue avait bougé. La lumière l'éclairait bizarrement, et tout d'un coup Nassima vit son visage s'allonger, le nez rejoignant le menton. Un rostre de vautour, ou peut-être de rat. Elle frissonna, elle crut que la crise de fièvre était en train de revenir. Cela venait comme une eau qui monte, il n'y avait pas moyen de l'arrêter. Elle chercha à lutter contre cette angoisse.

En parlant, peut-être. Elle continuait son histoire, elle parlait de la Dominique, la forêt où elle avait marché avec le capitaine et un guide zambo. Ils suivaient un sentier, il faisait chaud, lourd, il y avait une odeur forte d'urine. Et tout à coup, ils avaient débusqué un troupeau de cochons sauvages, et l'un d'eux avait chargé, ses canines brillant dans sa face noire, comme un rictus.

« Est-ce qu'il vous a enlevée ? Vous devez nous dire la vérité, cria la psychologue. Vous ne devez pas le défendre !

— Non, non, le *capitaine* est très gentil, au contraire, il voulait me renvoyer chez moi, il a dit qu'il y avait un train, que je devais rentrer chez moi. »

Elle avait prononcé le mot *capitaine* en détachant bien chaque syllabe, comme si personne ne pouvait douter de la réalité de ce titre. Elle avait les yeux pleins de larmes, parce qu'elle se souvenait de sa promesse qu'elle n'avait pas pu tenir. Maintenant, à cause de ce qu'elle avait dit, peut-être qu'elle ne pourrait plus jamais retourner sur le *Azzar.*

« S'il n'y avait pas eu l'oncle Andriamena, je n'aurais pas pu rester. Mais c'est lui qui a laissé la porte ouverte, il ne voulait pas que le capitaine ferme à clef. »

La psychologue prenait des notes, elle dit froidement : « Il vous retenait prisonnière sur ce bateau. » Nassima avait l'air si effrayée que M. Bernard détourna la conversation.

« De quel oncle parlez-vous ? Votre mère dit que vous avez de la famille aux Antilles. »

Elle se rendait de plus en plus compte qu'il n'y avait aucune logique dans tout cela. Son cœur s'était mis à battre très vite, et elle avait beau s'appliquer à garder son air d'indifférence, au fond d'elle-même elle était toute tremblante.

« Où est-ce que vous l'avez rencontré la première fois ? Quand est-ce qu'il vous a invitée sur son bateau, est-ce que vous pouvez vous en souvenir ? » La psychologue insistait. Elle avait une petite voix flûtée qui ne lui allait pas du tout, pensa Nassima. Elle n'osait plus trop la regarder, à cause de cette déformation de son visage. Le commissaire paraissait vraiment un gros chien, ses yeux humides un peu saillants. Elle se souvenait de l'éclat lointain des yeux de son père, des yeux jaunes, lumineux, qui nageaient dans la pénombre. Les yeux vairons de son chien aveugle, quelques jours avant que Nadia le tue.

« Est-ce qu'il vous a retenue de force sur son bateau ? » demanda la psychologue. Elle insista en se penchant un peu au-dessus de la table : « Nassima, c'est très important que vous essayiez de vous souvenir exactement de ce qui s'est passé, il ne faut rien laisser au-dehors, vous comprenez, vous ne devez avoir honte de rien. »

Nassima secoua la tête : « Mais bien sûr que non. Au contraire, puisque lui ne voulait pas, au début Il voulait partir seul, comme il fait toujours. » Elle sentait qu'elle devait dire quelque chose contre le capitaine, n'importe quoi de méchant, pour qu'on la laisse partir. Elle ne pouvait pas parler de la fille qu'il avait jetée à la mer.

« Il a crié après Ifigenio, il l'a bousculé, et il disait qu'il fallait traiter les Indiens à la chicote. Je ne savais pas ce que ça voulait dire, je croyais que c'était un mot espagnol, et il m'a montré ce que c'était. » Le commissaire et la psychologue la regardaient sans comprendre : « À la chicote ? » Et Nassima pensa que le capitaine était peut-être comme ça, vraiment, un méchant, un vicieux.

Tout à coup, un détail lui revint en mémoire, et elle pensa que ça devait être important pour cette femme inquisitrice : « J'étais un garçon, enfin, je faisais croire que j'étais un garçon, sinon il ne m'aurait jamais acceptée, je crois. »

La psychologue écrivait quelque chose dans son cahier bleu.

Et voilà que l'illusion la reprenait. Elle était à un bout de la table, tassée sur sa chaise, et devant elle il y avait des animaux, ce grand homme à tête de bouledogue avec ses yeux très doux, et cette femme au visage de vautour-rat, et tous les deux étaient à discuter à voix basse, comme s'ils étaient en train de décider de sa vie.

« Nous avons téléphoné en France à votre mère.

— Mais elle ne sait rien. » Nassima avait le cœur qui battait toujours trop vite. « Vous n'avez pas le droit de, vous ne pouvez pas !

— Vous n'avez rien à craindre, elle nous a chargés de vous dire qu'il ne vous sera fait aucun reproche. » Le commissaire Bernard avait utilisé une formule commode, qui n'avait aucun sens. Qui pouvait faire des reproches, et sur quoi ? se demandait Nassima.

La psychologue essaya de reprendre le fil de l'interrogatoire :

« Pourquoi vouliez-vous partir de chez vous ? Est-ce que vous avez eu une dispute avec votre mère ? » Nassima secoua la tête.

« C'est pour vous aider, pour que vous puissiez reprendre le cours de votre vie, comme avant. » Elle posa la question qu'elle avait préparée sur son cahier : « Vous ne voulez pas parler de votre père ? Est-ce que c'est pour le chercher que vous avez entrepris ce long voyage ? »

Malgré son cœur qui défaillait, Nassima la regardait avec des yeux toujours aussi lisses, elle dit simplement :

« Est-ce que je pourrais avoir une cigarette ? »

Le commissaire hésitait. Mais Mme Anton sortit un paquet d'américaines de son sac et lui tendit du feu.

« Vous êtes fatiguée, dit le commissaire. Nous reprendrons tout ça un peu plus tard. Il y a un lit pliant, à côté. »

La psychologue a fait une grimace nerveuse. « Est-ce que je peux vous dire de venir chez moi, vous serez mieux, il y a une chambre, vous pourrez dormir en attendant la visite médicale. »

Nassima la regarda avec étonnement. Comment ne sentait-elle pas la haine dont elle était l'objet en cet instant ? Mais sans doute cela n'avait-il aucune importance. Elle secoua la tête. « Non, je voudrais simplement marcher un peu dehors, prendre l'air. »

Le jardin du commissariat, c'était juste une bande de terre rouge qui entourait le bâtiment, plantée de bananiers et de caoutchoucs. Près de l'entrée, un vieux Noir coupait l'herbe au moyen de grands ciseaux, avec un bruit d'insecte. Il y avait de petits enfants presque tout nus qui jouaient un peu plus loin, sur le trottoir. Un brouhaha de radios, de voix, de moteurs qui montaient de la ville.

Nassima s'est assise au soleil pour fumer. Elle ressentait un très grand vide, moins à cause de l'interrogatoire qu'à cause de tout ça, le soleil, les bruits de la vie, la fumée de la cigarette en cette fin de journée. Il y avait si longtemps qu'elle n'avait pas participé à une véritable conversation, et pourtant, il lui était impossible de se souvenir d'une seule chose qu'elle avait dite. Elle attendait le résultat de l'entretien. Quand la cigarette fut terminée, elle enfouit le bout à côté d'elle, dans la terre rouge. C'était comme passer un examen, pour devenir adulte, pour être quelqu'un. Elle ne voulait pas retourner dans cette salle, voir cette table, et ces gens, qui montraient leur tête d'animaux, comme leur vraie nature.

Un très bref instant, Nassima pensa qu'elle pourrait s'échapper, courir à travers les rues de la ville somnolente, jusqu'au port, trouver une cachette pour attendre qu'un bateau l'emmène. Mais elle était si faible, elle n'aurait pas fait trois pas qu'ils la rattraperaient, ils étaient des animaux cachés sous l'apparence d'êtres humains, ils ne la laisseraient pas s'enfuir.

Alors elle se laissa aller à son destin, elle se mit un peu en boule sur la marche de l'escalier, elle se

sentit lourde et lente comme le navire dans les sargasses.

Un peu plus tard, le commissaire Bernard est
venu la chercher. Il l'a aidée à revenir jusqu'à la
salle. Il est resté debout, pendant que Mme Anton
était assise à la table, elle lisait ses notes. Nassima a
relevé la tête, elle a vu le visage de la femme se
former en pointe vers le rostre de l'oiseau-ron-
geur. Elle a fermé les yeux pour chasser l'image.
Elle attendait le verdict.

« Je crois que ça ira, a dit la psychologue. Maintenant, vous allez pouvoir rentrer chez vous. Vous
avez une place dans l'avion demain soir. »

Le commissaire avait l'air à la fois soulagé et perplexe. Il raccompagna Nassima jusqu'à la porte.
La voiture de l'hôpital attendait.

« Vous nous avez parlé franchement, n'est-ce
pas ? »

Nassima eut un sourire. « Bien sûr, dit-elle. Je
vous ai dit tout ce que je savais.

— J'espère vous revoir ici dans d'autres circonstances. »

Il regarda la jeune fille monter dans la voiture
de la Croix-Rouge. Il se tourna vers Mme Anton.

« Vous n'y croyez pas, n'est-ce pas ? »

La psychologue haussa les épaules. « Elle ne sait
pas elle-même où elle a dit vrai et où elle a menti.
C'est courant chez les victimes d'un rapt. » Elle
rangea son cahier bleu dans son sac et elle mit ses
lunettes de soleil avant de partir. Ainsi, pensa le

commissaire, elle ressemblait à n'importe quelle touriste sous les tropiques.

Un instant, le souvenir de l'entretien resta autour de lui, comme si tout d'un coup le vent avait soufflé plus fort, et que le bruit de la mer qui rongeait l'île était devenu perceptible, même à travers les murs et au-dessus de la rumeur de la ville. Puis il secoua la tête, et il retourna aux affaires courantes.

Un naufrage

Le *Azzar* a quitté Livourne en début d'après-
midi. Il y avait alors une moitié de ciel bleu, et
l'autre versant, au nord, d'un noir d'encre. Malgré
l'absence de vent, la chute du baromètre en dessous des 970 laissait pressentir la tempête. Si
Andriamena avait été là, il n'aurait pas eu besoin
du baromètre pour comprendre ce qui se préparait. Mais Andriamena était parti, cette fois pour
ne plus revenir. Il avait été convoqué par la police
italienne, enfermé vingt-quatre heures, interrogé
sur le viol et le suicide de cette fille en Colombie.
Moguer avait eu beau jurer que son pilote n'y était
pour rien, qu'il attendait à bord du bateau à plus
de mille kilomètres de là, dans le port de Carthagène, l'enquête suivit son cours. Quand on l'avait
relâché, Andriamena n'avait fait aucun reproche.
Il était parti, tout simplement, il s'était effacé
comme un fantôme. Moguer ne pouvait s'empêcher de penser que c'était son départ qui avait tout
scellé, tout écrit, jusqu'à cette tempête au nord de
l'Italie, jusqu'à la fin du *Azzar*.

Les autres passagers du bateau, en voyant la couleur du ciel, avaient renoncé au voyage. Alban avait essayé de dissuader Moguer de partir seul, en vain. « Tout ira très bien, j'arriverai avant vous. » Il en avait fait une question d'honneur, réussir cette croisière seul, grâce aux leçons d'Andriamena et au secours des treuils électriques.

Alban avait loué une voiture pour se rendre à Monaco par la route. Il emmenait deux passagers, plus sa petite amie. Sue Trinklet, elle, ne s'était même pas posé la question. Elle s'était installée dans la cabine de Moguer, allongée sur le vaste lit, à boire des verres de whisky en attendant l'heure du départ. Sue avait vingt-six ans, elle était toujours un peu entre deux crises, deux divorces. Elle a dû penser que c'était assez romantique de partir seule avec le vieux pirate de cinéma. Peut-être qu'elle a imaginé que ça pourrait parvenir jusqu'aux oreilles toujours tendues des journalistes de la presse au sirop, et que ses copines en crèveraient de jalousie. Ou peut-être qu'elle n'y a même pas pensé. Un jour et une nuit sur ce magnifique voilier, sur cette mer turquoise, c'était un bon souvenir à raconter plus tard.

À deux heures environ, le *Azzar* est sorti du port, laissant à bâbord la tour Meloria, cap au nord-ouest, pour franchir d'une traite les cent vingt-cinq milles nautiques qui le séparaient de la Riviera française. À peine franchie la ligne de la digue, le navire a reçu la houle et le vent. Moguer a diminué la voile, la barre bloquée à 30 degrés, mais les rafales sont devenues si violentes qu'il a dû abattre la grand-voile et réduire la voile d'artimon des deux tiers. Assuré par son harnais, il a fait la manœuvre qu'Andriamena faisait chaque fois tout seul, serrer la voile sur la bôme. Le génois était tendu à rompre les écoutes. C'était risqué, mais cela permettait de porter tout le poids du vent sur la proue du navire. Le *Azzar* avançait au plus près, à une telle allure que le sillage semblait creusé par les hélices d'un paquebot. Loin de la côte, les creux se sont accentués, non pas des vagues courtes comme ordinairement en Méditerranée, mais de longues, lourdes lames fumantes qui lavaient le pont. Moguer était dans le cockpit, accroché à la roue, les yeux brûlés par le vent froid. Il lui semblait alors qu'il retrouvait la première sensation qui l'avait enivré, lorsqu'il avait quitté le port de Turku, seul à la barre, et qu'il lançait le *Azzar* sur l'océan gris fer, en direction de la Zélande. Une impression de puissance, d'exaltation, de nouveauté, qui avait le goût des embruns, la force du vent, et cette même couleur de ciel, sombre, violente.

La tempête tournait lentement, venue du fond du golfe de Gênes. Le ciel était rempli entièrement par des nuages qui s'échafaudaient jusqu'au centre de l'espace, une incroyable tour blanche qui reposait sur une sorte d'enclume pluvieuse.

Sue avait d'abord partagé son enthousiasme. Mais le mal de mer avait pris le dessus, et elle s'était réfugiée dans la grande cabine pour essayer de se soigner à coups de whisky. Prise de vomissements, elle avait juste eu le temps d'aller se sou-

lager dans les W.-C., à côté de l'impériale baignoire turquoise. Puis elle avait rampé jusqu'au
grand lit, et elle s'était endormie, ses cheveux
blonds collés à sa joue.

Sur le pont, Moguer se battait contre la tempête. Les rafales l'ont obligé à affaler toute la toile,
et pendant de longues minutes il s'est acharné à
hisser le génois. La voile s'était déchirée et menaçait de déséquilibrer le navire. Une bourrasque l'a
plaquée contre le mât où elle est restée à moitié
accrochée comme une peau morte.

Le *Azzar* semblait prêt à chavirer, toute la coque
craquait sous l'effort. Accroché au mât par son
harnais, Moguer a renoncé à s'occuper de la voile,
aveuglé par le vent, suffoqué par les paquets de
mer. Enfin il s'est glissé dans le rouf, il a démarré
le moteur, et il a tenté de virer pour fuir vers
Livourne. À l'intérieur du bateau, il se sentait protégé. Le *Azzar* avait traversé plusieurs fois l'Atlantique, avait essuyé des ouragans au large du
Panamá, en Colombie. Il était invincible. Rien ne
pouvait lui arriver.

Moguer a changé à nouveau de cap. L'idée de
retourner à Livourne et de risquer d'y rencontrer
le regard goguenard de ses amis lui était insupportable. Il a décidé de rejoindre La Spezia. Il pouvait
y être avant la nuit.

Privé de toute sa toile, le bateau roulait beaucoup, et Moguer avait du mal à maintenir le cap.
La côte italienne était invisible, mangée par un
nuage noir qui s'appuyait sur la mer. Le vent et les
vagues faisaient un vacarme assourdissant. Chaque

coup arrivant par le travers résonnait jusqu'au centre du navire. La trépidation du moteur parvenait de très loin, comme un grelottement affaibli, et en réalité, la force du courant et du vent était telle que Moguer se rendit compte que le petit moteur ne parvenait plus à faire avancer le navire. Même, le plus souvent, au lieu d'avancer, il dérivait et reculait.

Tout à coup, Moguer aperçut la côte à travers les vitres mouillées du poste de pilotage, une longue bande sombre bordée d'écume. Il distinguait même les silhouettes des maisons, quelques lumières déjà allumées pour la nuit. Tout paraissait si proche, si familier. Moguer chercha des yeux un phare, une balise qui indiqueraient l'entrée de La Spezia. Il n'y avait que ce brouillard noir, et la côte toute proche qui dansait entre les vagues.

Pas un instant, il n'avait cru au danger. L'idée d'envoyer des fusées de détresse ne l'effleura même pas. Il allait longer la côte au plus près, pour étaler, et s'il trouvait un refuge, il affourcherait ses ancres pour tenir jusqu'au matin.

Effectivement, quand le *Azzar* ne fut plus qu'à cent mètres de la plage, il y eut une accalmie. Un trou dans le ciel, par où la lumière du soleil couchant illumina la mer d'une corne rouge. La plage, les dunes, les villas du bord de mer apparurent tout à coup si proches qu'on pouvait distinguer chaque détail, les haies de fusains, les routes bordées de palmiers où roulaient quelques autos. En sortant la tête du cockpit, Moguer aperçut, en arrière, l'éclat d'un phare, suivi d'un autre éclat près de l'horizon. C'était le phare de Viareggio et la tour de Livourne. Bousculé par le vent furieux, le *Azzar* avait parcouru près de trente milles, la plus grande partie en dérivant. Le moteur était noyé. Dans le calme soudain revenu, Moguer estima le bruit de la mer qui déferlait sur la plage. L'endroit n'était pas bien choisi, mais Moguer décida de mouiller ses deux ancres. Il n'y avait pas beaucoup de fond. La mer était lourde, épaissie par les posidonies arrachées. Il y avait des troncs qui flottaient, comme sur un grand fleuve après une crue.

Le calme avait réveillé Sue. Elle sortit à son tour, le visage bouffi. Quand elle vit la côte si proche, elle se mit à crier, à pleurer. Elle voulait aller à terre tout de suite, échapper au bateau. Moguer n'arrivait pas à la raisonner. Elle marcha à quatre pattes jusqu'à la proue tournée vers la plage, elle menaçait de se jeter à l'eau.

Moguer hésitait. La mer était toujours forte, mais rien n'empêchait de prendre le radeau et de débarquer sa passagère avant qu'elle ne se noie. Il prit juste une veste, fit enfiler un gilet de sauvetage à Sue, et après avoir verrouillé l'écoutille, il mit le radeau à la mer et commença à nager vers le rivage.

Sur la plage, le ressac était puissant, mêlé de pierres et de graviers. Le radeau aborda un peu de travers et se retourna. Moguer rattrapa Sue au moment où elle repartait en arrière. Il la hissa sur la plage. Elle était pâle, elle suffoquait. Une autre vague rapporta le radeau, mais les avirons de plastique avaient disparu.

Un bon moment, Moguer resta assis sur le haut de la plage, à regarder la silhouette du *Azzar* arrêté au milieu des vagues. La coque paraissait déjà loin, la nuit l'effaçait. Moguer pensa retourner à la nage, mais il n'était pas si bon nageur, et l'eau était froide. À côté de lui, Sue grelottait. Dans son mini-short et son gilet jaune, elle avait l'air d'une écolière tombée d'un bac.

La nuit est arrivée d'un coup, ou plutôt, le ciel qui s'était un instant entrouvert au coucher du soleil s'est refermé, et la pluie et le vent ont recommencé.

Il y avait un bâtiment vide derrière eux, de l'autre côté de la dune. C'était un motel fermé pendant l'hiver. Avec une pierre, Moguer a forcé une porte. À tâtons, ils sont entrés dans une petite chambre qui sentait le moisi, ils ont trouvé un lit avec un matelas. Là, au moins, il ne pleuvait pas. Ils se sont couchés, serrés l'un contre l'autre pour se réchauffer. Ils ne parlaient pas. Moguer eut très envie de faire l'amour, mais Sue se refusait. Elle pleurait sans bruit, elle était terrorisée.

Au milieu de la nuit, la tempête fit rage. Moguer avait dû bloquer la porte avec une chaise, et malgré cela le vent entrait en hurlant et tourbillonnait dans la chambre. Dehors, le ciel était absolument noir, on ne pouvait pas voir la mer. Moguer se recoucha à côté de Sue, et il finit par s'endormir, après avoir bu quelques lampées de sa fiasque de gin.

Quand il s'est réveillé, il faisait grand jour. Le ciel était d'un bleu intense. Le soleil brillait sur la plage. Moguer et Sue ont fait quelques pas en titubant dans le sable jonché d'algues et de débris. Ils ne reconnaissaient pas l'endroit. La bouche du port de La Spezia était là, juste devant eux, à quelques centaines de mètres, avec l'étroit chenal et les collines râpées de Portovenere semées de villas en hibernation. Moguer ne comprenait pas comment il avait pu manquer le phare.

La deuxième chose qu'il aperçut, ce fut le récif qui affleurait, à droite de la plage, et les débris de la mâture qui flottaient. Un pan de la poupe du *Azzar* sortait de la mer étale, formant un bizarre angle noir contre le ciel. Le clapot venait mourir aux pieds de Moguer, sur la plage bouleversée, en faisant un petit bruit ironique.

Ç'avait été la saison la plus éprouvante dans la vie de Moguer, il en gardait une lassitude dont il ne parvenait plus à se défaire, comme un souffle au cœur. Le *Azzar* était cloué depuis un an au quai d'honneur de Villefranche et se transformait lentement en épave. Ses mâts brisés avaient été démontés et suspendus au plafond des anciennes galères qui servaient d'entrepôt aux chantiers navals. Saremito avait promis de faire l'impossible pour réparer les avaries du navire et remettre en état les mâts, mais depuis qu'ils avaient été attachés par des chaînes à la voûte humide, rien n'avait avancé, et Moguer avait cessé de leur rendre une visite quotidienne. Les pièces de bois dans la pénombre des galères faisaient penser à deux arbres abattus par une tempête, échoués dans une grotte de pierre.

Saremito était un homme sec et taciturne, que rien ni personne n'impressionnait, sauf peut-être ce qui touchait à son métier. Aussi, quand le *Azzar* était entré dans le port de Villefranche, sa mâture brisée, tiré par un remorqueur, il avait été sincèrement ému. Sa voix feutrée était un peu plus sourde que d'ordinaire, quand il avait évalué l'étendue des dégâts : « Vos mâts, avait-il dit à Moguer, sont des membres brisés. Même si vous les réparez, ils ne seront jamais plus comme avant. Même si vous les changez, votre bateau ne sera jamais plus comme avant. Vous croirez qu'il est guéri, mais il restera cassé. »

Ce n'était pas une parole de commerçant, et Moguer avait ressenti le froid couler dans son cœur. Pour se donner une contenance, il avait haussé les épaules. « Ne dites pas ça à mon assureur, ils sont persuadés que c'est réparable. » Saremito avait d'abord fait déposer les mâts sur le quai. Il avait remonté pas à pas les trente mètres du grand mât, sa main courant sur le bois, évaluant chaque marque, chaque blessure dans l'assemblage, depuis la fracture principale. À deux autres endroits, il y avait une blessure ouverte, et le dernier tiers du grand mât ne tenait plus que par les haubans. Le *Azzar* avait roulé sur les récifs, et chaque parcelle des deux mâts portait la marque d'un coup, une meurtrissure. Il n'y avait pas un endroit indemne.

Le reste du bateau était dans le même état. Il y avait plusieurs déchirures dans la coque, dont une à la proue, sous la ligne de flottaison, hâtivement colmatée avec du goudron. Le pont et la structure du rouf étaient abîmés, tachés d'eau de mer.

Il y avait eu un autre coup dur. La compagnie d'assurances Seamar, après avoir tardé à envoyer un agent, avait finalement décliné toute responsabilité, au prétexte qu'au moment du naufrage Juan Moguer était seul à bord (en réalité, il était avec Sue Trinklet) et qu'il avait abandonné le navire sans chercher secours. « Est-ce que ces salopards suggèrent que j'aurais dû couler avec mon bateau comme un foutu capitaine de la Royal Navy ? »

Il finit par comprendre que l'agent de la Seamar avait tant tardé parce qu'il enquêtait de son côté à La Spezia, et qu'il avait ainsi déterminé qu'au moment où le *Azzar*, ayant cassé ses ancres, se faisait rouler par les vagues contre les rochers, son propriétaire était couché avec une femme ivre dans un hôtel minable du bord de mer, à Marina di Carrara.

Une saison à Fréjus

Nassima ne parlait à personne. Cet automne-là, elle avait fermé une boîte où tout était gardé, les jours sur l'océan, les nuits phosphorescentes, le sillage des bonites, le vent, l'odeur des sargasses. Elle se levait parfois la nuit parce qu'elle entendait le bruit des vagues. Elle marchait pieds nus jusqu'à la terrasse entourée d'une haute grille où s'accrochaient les feuilles mortes et les sacs en plastique. Il y avait un dôme de lumière au-dessus de Fréjus. Les étoiles des réverbères clignotaient comme si elles étaient de l'autre côté d'un détroit.

Nassima sentait alors le mouvement lent de la mer, jusqu'à la nausée. C'était un mouvement qui l'emportait sur place, sans espoir d'arriver, comme si elle refaisait le voyage à travers l'océan à l'envers, jusqu'au point de départ, jusqu'à la rue de May. Elle essayait de penser à Andriamena, au capitaine, à Ifigenio, Zenaïda, même à Zoé et à Tonnerre, et c'étaient des figures de chimère, qui n'habitaient nulle part, aussi impalpables que les signes des astres. Si elle avait pu leur parler, elle les aurait priés, pour qu'ils viennent à son aide. Est-ce que c'était plus stupide que de se mettre à genoux dans la chapelle qui sentait le rance pour donner son cœur à des statues muettes ? Est-ce que c'était plus irréfléchi que de rêver chaque nuit à son amant, de se garder pour la nuit de noces ? Et puis lentement, la réalité des souvenirs s'amenuisait, jour après jour, heure après heure, s'effritait, s'effilochait. La réalité, c'était l'emploi du temps. Lever à sept heures, corvées à tour de rôle de nettoyage, de détartrage des cuvettes, de serpillage des planchers. Classes, étude, repas, classes, étude, repas. Méditation facultative à la chapelle, ou bien séance de TV à regarder l'écran comme on regarde au fond d'un puits, des figures qui s'agitent, des chanteuses, des commères, des shows extraits des livres de bord d'un asile. Les nuits sans dormir, avec un cercle autour de la tête, la sueur qui colle aux draps. Les soupirs des filles qui se masturbent dans le noir.

Nassima n'était pas la seule à avoir trouvé le chemin de la terrasse. Les filles venaient aussi s'accrocher aux grilles, pour rêver de s'enfuir, ou bien pour respirer l'odeur âcre de la ville en dessous, écouter la rumeur de l'autoroute. Elles fumaient en cachette, elles parlaient à voix basse, elles étouffaient des fous rires. Elles avaient peur d'attirer sœur Simone. Elles parlaient à Nassima, et peu à peu elles l'ont fait entrer dans leur cercle. Elles s'appelaient Soumia, Anya, Asma, Zaza. Rien que des noms en A, comme un club, a pensé Nassima. Elles partageaient la même chambre.

L'Institution Saint-Christophe était une grande bâtisse autrefois belle, avec des murs crépis en jaune et de hautes fenêtres grillées, un toit à quatre eaux en tuiles mécaniques, et une véranda en fer forgé et vitraux rouges qui servait de salle à manger. Elle occupait le centre d'un vieux parc planté d'oliviers et d'orangers, à flanc de colline au-dessus de Fréjus. C'était là qu'on enfermait les filles perdues et les cas difficiles, et c'est là que Nassima avait voulu venir, pour ne plus être avec sa mère.

Le rez-de-chaussée de l'institution, c'étaient les classes et le grand réfectoire aux vitres rouges. À l'étage, il y avait les chambres des sœurs et les dortoirs des filles. Chaque chambre faisait six mètres sur quatre, avec des divisions en Triply marron pour séparer les lits. Au bout du couloir, à côté de la chambre de sœur Simone, les latrines et la salle de douches, vétuste, avec de longs lavabos qui ressemblaient à des auges et trois pommeaux fichés dans le mur, commandés par des robinets écaillés. Mais l'eau était très chaude, et la salle de douches ressemblait, après que chaque fille y était passée, à un bain maure. Toutes les fenêtres étaient fermées par des grilles, et la terrasse avait été entourée d'un haut grillage, le bruit courait que c'était à cause d'un suicide. Mais c'était pour empêcher les garçons de venir rendre visite aux filles. La nuit tombée, en hiver, sœur Simone bouclait la porte d'entrée et lâchait dans le parc un grand chien noir qui s'appelait Igor. Puis elle allait se coucher et elle ne s'occupait plus de rien jusqu'au lendemain matin six heures. De toute façon elle était un peu sourde. La directrice de l'institution n'était pas une religieuse. C'était une grande femme très blanche, coiffée d'un chignon comme une institutrice du temps jadis, dont les filles n'avaient retenu que le prénom, démodé comme elle : Gabrielle.

Nassima avait choisi de venir ici, comme on se tourne vers un mur. Chérif n'avait pas compris. Nadia elle-même n'avait pas compris, mais elle avait accepté. C'était cela, ou Nassima repartirait.

L'institution préparait les filles aux professions de couturière et de mécanicienne, et aux travaux de maison, repassage, cuisine. Il y avait aussi une formation d'aide-soignante, et, après, celles qui pouvaient passer le bac pourraient entrer à l'école d'infirmière. Nadia avait inscrit Nassima à cette préparation.

Après tout ce qui était arrivé, l'enquête de la police et de l'assistante sociale, l'institution, c'était le calme, le silence, l'éloignement. Nassima avait appris peu à peu à aimer la grande maison, la régularité des journées, avec seulement le ronronnement des machines dans les ateliers et le bruit de Patrick, le jardinier qui taillait les rosiers et les orangers, et mettait en marche de temps en temps le moteur de la pompe qui remplissait le réservoir d'eau. On pouvait tout oublier. On était dans un autre monde, où rien de dangereux, rien de violent ne devait jamais arriver. C'était comme après une longue maladie.

Tout le monde était gentil avec elle. Mais c'était surtout sœur Simone qui aimait bien Nassima.

Sœur Simone avait un grand nez et l'air d'un homme, elle était habillée avec une longue robe gris-bleu et un foulard noir noué sous son menton. Elle exerçait une terreur mesurée sur la plupart des pensionnaires. Même la directrice la redoutait. Mais c'était un air qu'elle se donnait, en réalité elle était généreuse et pleine d'humour.

Les filles, c'étaient pour la plupart des délinquantes ou des fugueuses. Elles étaient arrivées dans l'institution pour échapper à la prison, ou parce qu'elles n'étaient pas en âge d'y aller. Elles parlaient avec violence, elles juraient et disaient des obscénités à chaque phrase. Elles savaient se battre, elles avaient toujours une arme sur elles, un cutter, un poinçon, une lame de ciseaux. Il y en avait qui arrivaient à cacher des bombes lacrymogènes. Nassima, elle, avait gardé le couteau à cran d'arrêt de Chérif. Elle le cachait sous son oreiller. Au début, elle ne dormait pas, elle gardait la main à portée de son couteau, pour le cas où quelqu'un aurait approché. Puis elle s'est habituée.

C'étaient des filles perdues, elles avaient peur, elles se sentaient seules, elles avaient des crises de désespoir. Mais leur violence, c'était un code. Personne ne devait chercher à savoir quoi que ce soit sur les autres, personne ne devait poser de questions. Ce silence avait plu à Nassima. C'était dur, âpre, sans faiblesse. Chacune, refermée sur son passé, en attendant d'être libre un jour, avec la violence dans les yeux, la violence au fond de la gorge.

Ensuite, Nassima a fait connaissance avec une des filles de la chambrée. Elle s'appelait en vérité Safira, mais on disait Zaza. Elle avait son lit à l'autre bout de la chambre, et elles se retrouvaient la nuit sur la terrasse, avec les autres du club des A. Zaza n'était pas bien grande, plutôt maigre, avec un joli visage malgré les trous laissés par une crise d'acné. Elle partageait ses cigarettes avec Nassima. Elles ne parlaient pas beaucoup au début, puis Zaza a un peu raconté son histoire. Ses parents étaient tunisiens, elle était née dans le Nord, du côté de Lille. Elle avait grandi un peu partout, puis elle était venue à Marseille et à Nice. C'était tout ce qu'elle disait de sa vie, et qu'elle avait eu des problèmes avec son père, mais elle n'avait pas spécifié. Quand elle parlait à Nassima, c'était pour lui raconter des choses plutôt extraordinaires, comme des légendes ou des superstitions. Des histoires de goules qui rôdent la nuit dans les cimetières, des histoires d'envoûtement. Sa tante était une sorcière, elle avait été initiée en Tunisie. Zaza racontait comment sa tante s'était mise toute nue dans la cour de la maison de la sorcière, et qu'elle s'était baignée dans un bac rempli de scorpions, de scolopendres, de fourmis et de salamandres. La nuit, son esprit s'en allait en volant, de maison en maison, pour jeter des sorts. Elle se transformait en animal et venait se coucher sur la poitrine des gens endormis, et s'ils ouvraient les yeux pour la regarder, ils mouraient. Un jour, un enfant était mort, et la mère a dit qu'elle la tuerait, qu'elle l'enfermerait dans un four à pain et la ferait cuire jusqu'à ce qu'elle soit un petit tas de cendres.

Zaza parlait à voix basse, invisible dans la nuit, juste le bout rougeoyant de sa cigarette, et par moments Nassima sentait un souffle froid comme un frisson. Elle se souvenait de Chabela, de la voix qui appelait Marcelino, et au matin son corps déjà rongé par les petits poissons du fleuve. Elle a parlé, elle aussi, elle a raconté l'histoire de Tonnerre, qui ne s'était pas échappé de sa caisse fermée par des poids, le soir où il y avait eu l'ouragan. Mais elle en parlait comme si c'était une histoire, dans le genre de celles que racontait Zaza. Zaza avait dit : « Moi je m'échapperai, même si on ferme tout, personne ne m'empêchera de m'en aller. Personne ne me retrouvera. »

Les ateliers, c'étaient des pavillons préfabriqués en plastique et en tôle qui faisaient tache dans le grand parc. Le premier, à droite de la loge du concierge, pour la couture et le travail des mécaniciennes. Au fond du parc, à gauche, celui de la reliure, du capitonnage, de la marqueterie, de l'encadrement, et ce genre d'artisanat. Et le dernier tout contre la vieille maison de l'institution, pour les cours de cuisine et de lingerie. Nassima était exemptée de travaux parce qu'elle préparait une profession paramédicale. Mais quand elle avait fini ses cours, elle allait rendre visite aux ateliers. Au début, elle restait dans un coin, fascinée par le brouhaha des machines, par le mouvement, les voix, les rires.

C'était l'atelier de cuisine qu'elle préférait. Zaza y travaillait. Il y régnait une joyeuse animation, il faisait chaud, il y avait toutes sortes d'odeurs. Nassima écoutait les cliquetis des couteaux et des casseroles, les hachoirs électriques, elle respirait les sauces, l'odeur des légumes, la coriandre, le pain en train de cuire, les gâteaux.

Nassima ne savait rien faire. À Pennedepie, elle était trop petite, c'était sa mère qui faisait tout. À la rue de May, Nadia ne faisait plus rien, enfoncée dans son marasme, et Nassima avait appris à manger comme elle pouvait, un reste de ragoût, du fromage, du pain avec des olives. Elle mangeait surtout du pain et des olives. Sur le *Azzar*, la cuisine, c'était la recette d'Andriamena, le riz et les crevettes séchées.

Avec Zaza et les filles en A, Nassima s'était amusée pour la première fois. Les cours étaient donnés par M. Carlin, un chef qui avait fait de la prison, à ce qu'on disait. Mais il était gentil et n'avait pas l'air bien dangereux, même quand il maniait son couteau à découper. Et c'était un très bon cuisinier. Avec les filles, Nassima apprenait à faire la pizza, les tourtes aux blettes, les gratins, les entremets. Vers cinq heures, quand elle avait fini l'étude, Nassima se hâtait vers l'atelier. Elle traversait le jardin et, quand elle ouvrait la porte du pavillon, c'était une bouffée délicieuse de chaleur, d'odeurs, d'amitié. Elle avait été acceptée dans l'atelier, et maintenant elle réalisait des plats en tandem avec Zaza. C'étaient ses premiers moments de bonheur depuis longtemps. Pendant quelques heures, elle se sentait vivante, elle pouvait oublier.

Une nuit, vers la fin février, il y a eu une bagarre.
Nassima a été réveillée par un bruit de verre cassé et
par des cris. La lumière au-dehors s'est allumée,
comme s'il y avait un exercice d'incendie. Igor
aboyait dans le parc.

Nassima a couru avec les autres filles jusqu'à la terrasse, et elles se sont accrochées au grillage pour
essayer de voir. Dans le parc, près de l'atelier de
mécanique, des types hurlaient. Il y a eu un éclair,
quand ils ont tué Igor d'un coup de pistolet. Ils ont
lancé des bouteilles, et l'une d'elles s'est fracassée
sur le grillage juste devant Nassima. Les filles criaient
aussi, elles sont retournées à l'intérieur.

La porte d'en bas s'est ouverte, malgré les protes-
tations de sœur Simone, et les filles ont galopé dans
le parc. Nassima a vu Igor. Il était couché sur l'allée
de gravillons qui menait à l'atelier, la terre buvait son
sang. Il avait l'air de souffrir beaucoup. Ses yeux sont
devenus vitreux dans le rayon de la torche électrique
de Patrick. Et il est mort.

Environ une demi-heure plus tard, la police est
arrivée. La voiture s'est garée dans le parc avec les
gyrophares allumés, et ils ont dû remplir quelques
papiers, parce que ça a duré un instant. Puis ils sont
repartis. Quand Nassima est retournée à la chambre,
elle a vu tout de suite que Zaza manquait. Elle n'a
pas donné l'alerte, mais elle a senti un pincement au
cœur, parce qu'elle a pensé qu'elle ne la reverrait
jamais. Et c'est vrai qu'à partir de cette nuit-là Zaza
était morte.

Après, tout a été un peu dur, parce que chacune se
sentait responsable de ce qui s'était passé, de la mort

d'Igor et de la disparition de Zaza. Plus tard, la police est revenue, un jeune inspecteur et une inspectrice. Ils ont posé des questions aux filles, mais elles n'ont rien dit. Il y en avait qui savaient, mais elles ont fait comme si elles n'étaient pas au courant. Zaza avait un mec, un type pas bien qui sortait de taule. Il avait tout organisé avec des copains, l'attaque et le coup de pistolet, et, pendant que tout le monde courait dans tous les sens dans le parc, Zaza avait pris son sac et elle avait filé avec eux. Mais personne ne savait où elle était allée. À Marseille, peut-être, ou bien encore plus loin, en Belgique, en Allemagne. Zaza avait dit un jour à Nassima : « Quand je serai partie, si je ne donne pas de nouvelles, c'est que je serai morte. »

Plus rien n'était pareil. Mme Gabrielle a dû partir, elle a été envoyée dans un autre établissement. C'est M. Brun qui l'a remplacée, il paraît que c'était un ancien directeur de prison. Il était tout petit, toujours impeccable, avec des cheveux bruns frisés et l'air arrogant. Il a donné des instructions pour que cet incident ne se reproduise pas. Il faisait un sermon, chaque dimanche, dans la salle du réfectoire. Les vitraux rouges allumaient sur lui un reflet diabolique. Il parlait d'une voix grinçante des vices acquis dans la jeunesse qu'il fallait corriger. Reconstruire la personnalité, disait-il, se rédempter. Dans la salle, sa voix résonnait avec colère et méchanceté, malgré sa petite taille. Il se redressait, il marchait de long en large. Il parlait de la beauté du pays, comme si les élèves la défloraient. « Vous avez la chance d'habiter une région magnifique, disait-il. Vous ne la

voyez même pas ! » Les filles n'écoutaient pas.
Elles mâchaient leurs chewing-gums, leurs visages
pareils à des masques de bronze. Tout se terminait
par une distribution de punitions, des heures de
retenue, des sorties annulées, des corvées à faire le
samedi.

Après le départ de Zaza, Nassima s'est repliée sur
elle-même. Elle n'allait plus aux ateliers. Elle travaillait les cours de biologie et de pharmacie parce
que ça l'intéressait. C'était froid et sans ambiguïté,
et cela lui convenait. Elle serait infirmière, comme
Nadia. Elle ne voulait plus rien avoir à faire avec la
littérature, la poésie ou l'histoire. Elle n'adressait
plus la parole aux professeurs. Elle a même refusé
que Nadia vienne la voir. Elle disait sèchement : « Je
n'ai besoin de personne. »

L'hiver durait, l'humidité ruisselait sur les fenêtres.
Dans la grande chambre, le lit de Zaza est resté vide,
avec la couverture rabattue sur l'oreiller, comme
dans une maison de repos où il y a eu un décès.

Le directeur avait changé l'ordonnance des lits,
pour casser les complicités. Maintenant, Nassima
partageait la chambrée avec des filles inconnues,
qui s'appelaient Nathalie, Stéphanie, Élise, Martine. Le club des A n'existait plus.

Sœur Simone avait condamné l'accès à la terrasse avec un cadenas. Les portes qui donnaient
sur le hall et sur le réfectoire étaient fermées à clef
tous les soirs. Alors les filles fumaient dans les
chambres, en ouvrant la fenêtre, la tête entre les
barreaux. Ou bien elles se retrouvaient dans la
salle de douches, assises sur le carrelage.

Igor n'a pas été remplacé. Sœur Simone l'a enterré au fond du parc, à côté de la plate-bande de poireaux. Au lieu d'un chien, M. Brun a fait installer une alarme et des projecteurs, mais plus personne n'essayait de pénétrer dans le parc. La nuit, le gris de la bruine s'accrochait aux réverbères, et c'était triste et solitaire comme la prison d'où venait le directeur. Et chaque dimanche, après le repas, M. Brun recommençait le même speech, marchant nerveusement de long en large devant les tables, avec cette lueur rouge sang sur sa figure, redressé de toute sa petite taille comme un diablotin devant le silence des pensionnaires.

Chacune croyait qu'on n'irait pas au bout de cette année. Chacune s'attendait à ce qu'on annonce que M. Brun avait été tué pendant la nuit dans son lit à coups de poinçon ou bien empoisonné par les cuisines. Mais les jours passaient après les jours, et on allait doucement vers les examens.

Sœur Simone s'était effacée. Elle aimait bien Zaza, ça lui avait fait quelque chose qu'elle soit partie, et que ceux qui l'avaient emmenée aient tué Igor. Et puis elle était très malade. Ça ne datait pas d'hier, mais après ce qui s'était passé, sa maladie s'était aggravée, était devenue visible. Elle promenait son long nez dans les couloirs, toujours pressée, allant d'une pièce à l'autre. Mais elle ne disait plus aux filles les vannes qu'elles aimaient bien. Elle s'absentait tous les deux jours pendant quelques heures pour aller se faire soigner au centre des cancéreux. Elle revenait pâle, titubante, et le foulard noir ne masquait plus très bien son crâne chauve.

Un jour, elle a parlé à Nassima. Elle lui a pris les mains. Elle ne laissait jamais voir si elle savait quelque chose. Elle ne posait jamais de questions. Elle a seulement dit : « Tu vois, ma fille, c'est ma dernière année, et il a fallu que ça arrive. — Où irez-vous ? » a demandé Nassima. Sœur Simone a soupiré : « À Sienne. » Elle a expliqué : « Tu vois, moi, je suis italienne. Simone, ce n'est pas mon vrai nom, je m'appelle Ida Bartolomini, de Pistoia. Je vais rentrer chez moi. » Elle a ajouté : « Surtout, tu ne dis rien aux autres, n'est-ce pas ? C'est un secret. Sinon, qu'est-ce qu'elles vont croire, que je suis une paysanne italienne qui ne sait rien. » Elle s'est reprise : « C'est ce que je suis, c'est vrai, une paysanne italienne, mais ce n'est pas vrai que je ne sais rien, là-bas, chez moi, les filles savent tout sur tout à l'âge de huit ans. »

Nassima voyait sœur Simone tous les jours. Dès que les cours étaient finis, elle retrouvait sœur Simone dans le couloir, et elles marchaient ensemble dans le parc, ou bien elle allait avec elle jusqu'à la chapelle. La chapelle était presque tout le temps vide. Ça sentait le rance, la vieille fumée. Les filles se moquaient de Nassima. Stéphanie, Martine. Même les anciennes, Asma, Goudfia. Elles lui disaient qu'elle avait une touche, des rendez-vous quoi. Nassima ne répondait pas. Elle se serait bien passée de l'amitié de la sœur, mais, en même temps, elle aimait bien son caractère, sa façon de se moquer. Sœur Simone était simplement en train de

disparaître, elle cherchait à se retenir. Avec Nassima, elle ne parlait pas tellement. Elle marchait
seulement, appuyée à son bras, jusqu'à la chapelle,
pour faire semblant de ranger les chaises, les bouquins de prière. Elle s'asseyait sur un banc, Nassima
à côté d'elle, elle restait en silence. Peut-être qu'elle
priait. Ou peut-être qu'elle somnolait. Puis elle étei-
gnait les lumières et elle fermait la porte à clef.
C'était tout. Plus jamais elle n'a parlé de l'Italie,
sauf une fois, pour mentionner qu'elle avait vu le
pape à Rome.

Nassima a passé les examens sans s'en apercevoir. Elle est allée au lycée avec les autres filles. Elle
ne ressentait aucune inquiétude, comme si c'était
simplement une corvée de plus, dans le genre
d'une visite médicale. Tout à coup, elle s'est
retrouvée dans la cour du lycée avec des gens
qu'elle ne connaissait pas, des gens qui avaient
l'air de venir d'un autre monde. Des jeunes gens si
élégants, qui fumaient sans se cacher, qui flirtaient
bruyamment. À la fin des épreuves, Nadia est
arrivée dans sa petite auto blanche, elle a emmené
Nassima. Le temps d'aller prendre son sac à Saint-
Christophe. C'était fini. Il n'y avait déjà plus personne. M. Brun était parti en vacances, sans même
prononcer un sermon d'adieu.

Comme Nassima descendait les escaliers, sans
penser à rien, avec juste l'impatience que tout
advienne, elle a vu sœur Simone devant la porte de
la chapelle. Elle était pâle et vieille, son nez encore
plus grand. Elle devait revenir d'une séance de
chimio parce qu'elle était pâle, et son foulard était

serré sous son menton. Nassima est allée l'embrasser. Elle était légère, avec des os qui pouvaient se casser. « Comment est-ce Pistoia ? » a demandé Nassima. Elle ne savait même pas pourquoi elle avait pensé à cela. « Tu sais, ce n'est pas le paradis. » Sœur Simone a fait sa grimace comique. « À Sienne, c'est mieux, mais peut-être que ce n'est rien à côté de l'endroit où tu vas ? » Elle a donné à Nassima sa Bible, un vieux livre couvert de plastique rouge, tout usé et écorné. « Moi, je n'aurai pas le temps de lire, et puis j'ai mal aux yeux. »

Dans le parc, le soleil de l'été brillait sur les feuilles des orangers. Nadia attendait à côté de la loge du jardinier, mais il n'y avait plus de jardinier. Patrick avait été remplacé par un portail automatique avec parlophone, vidéo, code et tout. C'était une entreprise qui venait bêcher et tailler une fois par mois. La petite auto blanche a commencé à descendre la route sinueuse, en direction des carrefours.

Quelques éléments
de conversation

Plusieurs fois Moguer avait remarqué cette grande fille brune en manteau arrêtée devant son bateau. D'abord, il avait pensé à une de ces nymphettes en quête d'aventure, rêvant de décrocher un vieux argenté pour une croisière en Méditerranée sans soucis. C'était d'ailleurs le temps des festivals, le temps des pluies. C'était une routine de son imagination plus qu'une réalité. Autrefois, il n'y avait pas si longtemps, il savait bien comment ça se serait déroulé. Une virée dans les bars, la route de la corniche en cabriolet de location, en compagnie d'Alban et de quelque prétendu acteur, et sans doute l'amour dans les collines, avec les piquants des buissons qui laissent des petites griffures de sang dans le dos et sur les jambes, l'odeur âpre de la garrigue comme un puissant aphrodisiaque. Ensuite, l'étrave du *Azzar* aurait fendu la mer bleue vers le Péloponnèse ou la Crète, avec cette fille allongée toute nue sous le foc comme une figure de proue. Mais tout s'était arrêté à Medellín, avec la mort de Maté, et le procès pour viol et meurtre.

Maintenant, il n'avait même plus de bateau pour s'échapper.

Précisément, il avait du mal à croire à la réalité. Cette fille restait là, sur le quai, à regarder l'épave du *Azzar*, puis elle s'en allait, sans rien dire. Comme s'il n'avait pas été là, sur le pont, en train de poncer les lattes avec son appareil électrique, coiffé d'un vieux chapeau et un mouchoir attaché sur sa bouche. Comme s'il était simplement un ouvrier de Saremito Joseph, en train de faire un travail parfaitement inutile vu l'état général du navire.

Un jour, comme il revenait de faire des courses au Spar du haut du village, quelques fruits, une baguette industrielle et un litre d'eau minérale, elle s'est approchée. Elle avait le soleil bien en face, et elle l'a regardé. Alors il a reconnu Nassima.

Elle avait beaucoup changé. Elle n'avait plus rien de la gamine déguisée en petit garçon qu'il avait débusquée sur le pont du *Azzar*. Sa peau avait une teinte triste, presque grise, elle avait les cheveux longs et ondulés jusqu'aux épaules, une coiffure à la mode. Il n'y avait que ses yeux qui étaient restés semblables, toujours ce regard sans crainte, cette étincelle curieuse au fond des iris.

Ils ont échangé quelques banalités, puis elle s'est arrêtée, comme si elle devait s'en aller. Elle a dit : « Bon, eh bien, je ne sais pas ce qu'on peut vous souhaiter. » Il a dit : « Je ne sais pas, vous revoir peut-être. J'ai des choses à vous dire. »

Elle a marché avec lui. Elle avait les mains dans les poches de son manteau. Lui, embarrassé, se penchait un peu vers elle, son sac de plastique bousculé par les rafales de vent. Il se sentait maladroit, presque gêné.

Un peu plus loin, des gamins sont passés, insolents, moqueurs. « Tiens, une négresse ! » Rien ne semblait réel dans cette scène. Nassima, comme il ne répondait rien, a dit, avec impatience : « Moi aussi j'ai plusieurs choses à vous dire. »

C'était inhabituel, théâtral. Mais il n'a pensé à rien. Après avoir déposé le sac sur le pont, il est allé avec elle jusqu'à la buvette qui jouxte le chantier, un endroit où il ne mettait jamais les pieds, il ne détestait rien plus au monde que les joueurs de boules et autres associations d'anciens mariniers.

Naguère, si Moguer avait frôlé ces tables, il y aurait eu des journalistes, des photographes. Mais, maintenant, personne ne faisait attention à ce vieil homme au visage recuit, aux habits tachés de cambouis, la tête coiffée de ce ridicule chapeau mou. Peut-être même avait-il pris l'allure de ces faux loups de mer qu'il détestait tant, et cette idée le soulageait presque. Pour être libéré de sa propre image, il suffisait d'attendre d'avoir vieilli.

Il ressentait de la vanité à ce que le public (ces gens attablés dont la vie n'était pas moins ennuyeuse et dépourvue de sens que celle du spectateur moyen de ses films) ait le regard plus attiré par la silhouette de cette fille noire qui marchait à côté de lui.

Ils ont commencé à parler, et leur conversation a duré plusieurs heures, d'abord à la terrasse du troquet, puis sur les quais de la darse. Elle l'avait accompagné jusqu'à l'épave, puis c'est lui qui avait marché avec elle jusqu'en haut du village, à la route nationale. Elle a un peu parlé d'elle-même, non pas de l'institution, mais plutôt des études qu'elle faisait, de son futur métier d'infirmière. Il écoutait distraitement. Elle lui a posé les questions qu'elle avait ressassées, pendant des mois, à Saint-Christophe. Mais il n'avait pas grand-chose à raconter. Zoé avait été volée, il n'avait jamais revu Ifigenio. « Et l'oncle Andriamena ? » Il avait haussé les épaules : « Andriamena est parti. Il n'y a plus d'oncle Andriamena. Je suis tout seul à présent. »

Il avait tout son temps, il était libre comme quand ils étaient à bord du *Azzar*, dans la baie de Nargana. Il n'avait plus aucun projet, plus aucun rendez-vous. Il n'avait plus d'argent que pour vivre quelques semaines, quelques mois en se rationnant. Il devait une telle somme à la chambre de commerce, aux chantiers navals et au remorqueur italien que rien ni personne ne pourrait jamais le sauver.

En remontant vers l'arrêt du bus, Nassima est entrée dans une pâtisserie, elle a acheté un sac de macarons, elle l'a donné à Moguer avec un sérieux puéril : « C'est pour vous, ça me fait plaisir de vous acheter quelque chose. » Il y avait si longtemps qu'on ne lui avait rien donné qu'il a oublié de dire merci. Elle est montée dans son bus et elle est partie, sans dire adieu, comme s'ils ne devaient jamais se revoir. Tout cela était étrange, inespéré. Dans la longue solitude que Moguer traversait depuis le naufrage, cette rencontre lui parut aussi émouvante que la marque du pied nu que Robin-

son avait découverte un jour sur une plage de son
île.

Moguer avait changé, lui aussi. Il ne ressemblait
plus au capitaine qu'elle avait connu, debout à la
barre, les yeux plissés par le soleil, l'air d'un pirate.
Il était moins grand, moins fort, un peu voûté, il
marchait en boitant un peu. Il avait plutôt l'air
d'un professeur, un homme qui avait parcouru le
monde et la vie, qui aurait vu toutes sortes de
choses, et qui pourtant était resté juvénile, capable
d'enthousiasme, de colère.

La rencontre se déroulait selon le même céré-
monial. Quand elle avait un moment de libre,
entre ses cours, ou bien le soir, avant de rentrer
chez elle, Nassima allait jusqu'au quai d'honneur.
Généralement Moguer était sur le pont du *Azzar*,
en train de réparer ou de poncer quelque chose.
Ou encore à fond de cale, couvert de graisse, à
essayer de remettre en marche le fameux moteur à
double effet. Parfois il se servait d'un fer à souder
de la taille d'un jouet, relié à une petite bonbonne
de butane.

Nassima ne montait pas à bord. Elle restait
devant la planche qui servait de coupée, et il finissait par apparaître. Il l'attendait. Ils échangeaient
quelques mots, les prémices d'un rituel, elle
debout devant le bateau, les bras croisés, et lui les
mains dans les poches de son short, son bizarre
chapeau cabossé rabattu sur les yeux.

« Ça va ?

— Ça va, et vous ?

— Ça va, ça va.

— Ça avance ?

— Je ne dirais pas ça, non.

— Qu'est-ce que vous faites aujourd'hui ?

— Eh bien, pour ne rien vous cacher, je fais semblant, pour le cas où quelqu'un me regarderait. »

Moguer avait chaque jour une autre formule pour la faire rire. C'était comme s'il était devenu un ouvrier, engagé pour un travail inutile sur un chantier imaginaire. Nassima savait qu'il avait déjà tout perdu. Chérif travaillait de temps en temps avec son père, et Saremito l'avait dit : Moguer était mangé de dettes et la chambre de commerce avait demandé la mise en vente forcée du *Azzar*. On attendait une décision de justice.

Sur le quai, sur une bâche tachée, Moguer étalait des bouts d'objets ramassés dans la cale, pour essayer de les récupérer. Chaque jour c'était un assemblage hétéroclite : taquets, bittes, poulies, barres de lisse, bossoirs, trèfle, aiguille pour réparer les voiles, maillet à épisser, etc. Accroupi sur le quai au soleil, devant le navire en ruine, il paraissait un vieux pêcheur merveilleux et hâbleur, prêt à raconter ses voyages aux enfants.

Seul le bateau restait effrayant.

Privé de ses mâts, le *Azzar* semblait un long fuseau de bois aveugle, dénudé comme un os, effilé, avec sa poupe qui faisait une ombre noire dans l'eau du port. Il dégageait une impression de maléfice, comme si tout ce qui était arrivé avait été de sa faute.

Presque chaque jour, Nassima allait à la rencontre de Moguer et ils marchaient vers le bout du quai. Lui ne parlait pas beaucoup. Il l'écoutait raconter ses histoires, sa vie de tous les jours. Quelquefois elle lui parlait de Chérif, son amoureux. Il posait quelques questions, sans insister. Peut-être qu'il était un peu jaloux, lui aussi, parce qu'il détournait aussitôt la conversation. En tout cas c'est ce que Nassima imaginait.

Ils s'asseyaient de l'autre côté de la jetée, au milieu des brisants. La mer brillait comme un miroir. Le soleil brûlait, malgré le vent froid du printemps.

Moguer oubliait son âge auprès de Nassima. Il oubliait sa solitude, ses problèmes d'argent, la haine que lui vouait son ex-femme et l'oubli de sa fille. Il découvrait qu'il n'avait jamais eu d'amie. Les femmes qu'il avait connues, entretenues, entraînées sur la couchette triangulaire du bateau, ou bien dans les chambres d'hôtel, s'étaient effacées comme des fantômes. Nassima était comme Maté. Maintenant qu'il l'avait retrouvée, tout allait être nouveau. Il avait l'impression de sortir d'un très long sommeil, de recommencer à vivre.

Il se sentait libre en compagnie de cette fille très jeune, au regard si vif, si direct. Libre de l'argent, de l'attente, des menaces. Il était pareil au *Azzar*, il avait été brisé, meurtri, privé de ses ailes, mais il pouvait tout recommencer. Il se sentait à la fois très vieux et merveilleusement jeune.

Il attendait la venue de Nassima chaque jour, sans vraiment se l'avouer. Elle était la seule personne qui le rattachait au monde extérieur. Il avait fermé sa porte progressivement à tous les quémandeurs, à tous les intrus. Ou plutôt, c'étaient eux, ses anciens clients, qui avaient pris le large, depuis qu'il n'était plus rien, car le bruit de sa déconfiture avait couru à la vitesse habituelle de la médisance. Il ne lisait même plus son courrier. Quand Nassima voyait les lettres répandues sur le pont, à l'entrée du rouf, elle qui ne recevait jamais rien de personne s'étonnait : « Vous n'avez pas envie de savoir ce qu'elles contiennent ? » Il haussait les épaules : « Juste des factures, des injonctions à payer. Des feuilles mortes ! » Elle ne comprenait pas son indifférence.

Moguer se laissait prendre au jeu de Nassima. Il s'apercevait des changements dans son corps. Il avait oublié son problème de cheville faussée, il pouvait à nouveau courir et sauter d'un bloc à l'autre le long de la jetée. Son esprit, qui avait été engourdi par les excès d'alcool et l'amertume, était redevenu agile, sautait d'une idée à l'autre, au même rythme que celui de Nassima. Il croyait être revenu au temps où elle était sur le *Azzar*, quand il lui montrait le maniement de la roue de barre, ses bras autour d'elle.

Chaque soir, enfermé dans le carré humide du *Azzar*, emmitouflé dans une vieille couverture, il rêvait tout haut et remplissait des cahiers de ces rêves. Il avait recommencé à jeter des notes, des

essais, des amorces de scénario, des idées, des plans
pour l'avenir. Enfin il pourrait reprendre le projet
du *Cyclone*. Il trouverait de l'argent, des acteurs. Il
avait tellement de choses à dire, à présent, ce film
était son histoire. Il était pareil au *captain* Jonsen
enfermé dans la prison, à Londres, seul avec ses
souvenirs, pendant que se préparait le jour du jugement.

Il était impatient de revoir Nassima. Il lui parlait
de ce qu'il avait pensé, de ce qu'il avait rêvé. Lorsqu'elle ne venait pas, il l'avait espérée toute la
journée, en faisant semblant, comme il disait, de
travailler. Lui qui dormait si lourdement après avoir
bu son gin s'était remis à rêver, comme au temps de
sa jeunesse. Certains rêves revenaient nuit après
nuit, et il se laissait glisser dans le sommeil, enroulé
dans son duvet à même le plancher de la salle — la
cabine de l'armateur était devenue une sorte de
dépôt où étaient jetés tous les objets, morceaux
de boiserie, instruments de navigation corrodés, la
pâte de ses dossiers et de ses cartons de photos res-
capés du naufrage. Il rêvait qu'il arrivait dans un
pays lointain, une île de la Sonde, dans l'estuaire
d'une grande rivière où les habitants, à la peau très
noire, à la grâce juvénile, l'accueillaient comme s'ils
l'avaient toujours attendu.

Nassima lui racontait aussi ses rêves. Dans l'un,
elle était enfant, elle s'embarquait à l'aéroport de
Roissy pour Fort-de-France, où l'attendait sa tante
Wendy, avec son père, et sa mère la tenait par la
main si fort qu'elle avait mal jusqu'à l'épaule. Elle
entendait son cœur battre, elle ne voyait rien

d'autre que la hanche de sa mère, et la foule des
voyageurs qui se dirigeait vers le couloir d'embar-
quement l'empêchait d'avancer. C'était un rêve
plein d'angoisse, parfois elle avait peur de dormir
et de se retrouver dans cette foule, de sentir sa
main broyée, de ne plus rien voir d'autre que ces
corps en mouvement.

Dans un autre rêve, un oiseau venait cogner à sa
fenêtre. Non pas un gentil oiseau, mais un grand
rapace noir au bec rouge qui la regardait mécham-
ment, et, comme elle s'approchait de la fenêtre,
l'oiseau partait d'un bond, et au moment de
s'envoler criait d'une voix aigre, humaine, toujours les mêmes mots qui lui faisaient peur et l'atti-
raient à la fois : « Trouve-moi ! »

C'était la première fois qu'une telle chose lui
arrivait, Nassima avait l'impression qu'elle pouvait
tout dire à Moguer. Sans réfléchir, sans honte,
même si ça n'avait pas beaucoup de sens.

« Peut-être que vous cherchez vraiment quelqu'un », avait conclu Moguer, et, même si elle s'en
était défendu, elle pensait qu'il avait raison.

Ils parlaient de voyages. Nassima voulait traverser le Sahara à pied, et lui, rêvait tout haut du
Spitzberg, le seul endroit où il aurait voulu vivre. À
la rigueur en Laponie.

Quelquefois, ils parlaient de la Comarca de San
Blas à Panamá, la mer grise et triste, les îles plantées de cocotiers obliques, et les Indiens comme
les survivants d'une autre ère. Ils parlaient de Nargana, et Moguer disait que c'était là qu'il fallait
qu'il retourne, pour réaliser enfin son projet

d'*Éden*. Là il voulait reconstituer la république rêvée par le marquis du Quesne, un endroit où les pirates, les vagabonds et les filles de mauvaise vie se seraient retrouvés libres. Il en parlait sans forfanterie et, en même temps qu'il parlait à Nassima de ses rêves, il lui apparaissait qu'il avait vraiment aimé le cinéma, que ça n'avait pas été seulement une affaire d'argent, mais toute sa vie.

Nassima l'écoutait, elle se laissait reprendre par le charme. Elle oubliait son désir de vengeance, le couteau qu'elle avait voulu planter dans la poitrine de Moguer, pour le détruire à jamais.

Un jour elle lui a posé la seule question à laquelle elle n'avait pas cessé de penser : « Pourquoi m'avez-vous renvoyée du *Azzar* ? » Elle le regardait avec des yeux brillants, elle attendait qu'il parle, qu'il efface tout ce qu'on avait raconté sur lui, la rumeur de ce crime.

Il fut étonné par le ton de sa voix, il pensa à la lueur dans les yeux noirs de Maté, quand elle lui avait demandé de l'emmener à l'autre bout du monde, loin de Medellín qui détruisait les filles. Et lui n'avait pas su, n'avait pas compris, n'avait pas pu saisir sa chance.

Un bref instant, il ressentit le besoin de raconter ce qui s'était passé là-bas, comme une bouffée de colère et de sincérité, il allait le faire, mais sa vanité l'emporta et il se ravisa : « Non, rien. Un jour, peut-être, il faudra que je vous raconte. »

Nassima parlait de Dieu. C'était un jour rêvé pour parler de l'au-delà, parce que le vent violent avait soufflé toute la nuit et que le ciel et la mer étaient d'un bleu intense, et qu'on voyait chaque détail, chaque rocher, chaque ligne sombre sur la mer avec netteté. Nassima lisait la Bible de sœur Simone, elle l'emportait partout dans son sac à bandoulière, avec ses cours de biologie. Sur la page de garde il y avait écrit, d'une écriture enfantine (celle de sœur Simone, avait-elle pensé), maladroite : PARDON POUR TOUT, SEIGNEUR, 30/03/80 12 h 00. Nassima avait pensé que c'était en souvenir de Zaza.

Elle avait marqué des passages avec des cartes à jouer.

Au neuf de carreau : « Vous détruirez tous les lieux où les nations que vous allez chasser servent leurs dieux, sur les hautes montagnes, sur les collines, et sous tout arbre vert. Vous renverserez leurs autels, vous briserez leurs statues, vous brûlerez au feu leurs idoles, vous abattrez les images taillées de leurs dieux et vous effacerez les noms qu'ils ont donnés à ces lieux. »

Au roi de cœur : « Tu ne traiteras pas d'alliance avec ces nations, tu ne leur feras pas de grâce. Tu ne contracteras pas de mariage avec ces peuples, tu ne donneras point tes filles à leurs fils, et tu ne prendras point leurs filles pour tes fils. Car ils détourneraient de moi tes fils, qui serviraient d'autres dieux, et la colère de l'Éternel s'enflammerait contre vous. »

Elle lisait cela lentement à Moguer, elle s'arrêtait pour respirer. Le vent froissait les pages. Son visage sombre brillait sous les reflets de la mer, les

vagues cognaient les brisants avec un bruit ténébreux. « C'est plein de choses terribles, de choses
horribles dans ce livre. » Elle disait aussi : « Alors
je suis maudite, parce que ma mère a choisi mon
père pour l'épouser, je suis née de ce mariage. »

C'était la première fois qu'elle parlait de son
père. Moguer écoutait avec attention, il y avait
longtemps qu'il n'avait rien partagé.

Il voulait vivre à nouveau dans l'instant, sans
passé, sans avenir. Il voulait tout oublier. La réalité
était une lumière nette, aiguë, douloureuse à force
de tension. Il ressentait à nouveau le désir, la force
qui jaillissait de l'étrave du *Azzar*, au temps de sa
liberté.

« Est-ce que tu viendras avec moi sur l'océan ? »

Il regardait Nassima, elle marchait vite le long
de la jetée, elle bondissait comme un chat d'un
bloc à l'autre. Les vagues jaillissaient avec des
bruits profonds. Il y avait des mouettes suspendues
au-dessus d'eux, bougeant à peine leurs ailes, leur
queue en éventail. Nassima était encore pleine de
la grâce de l'adolescence, pas alourdie, pas alan-
guie. Moguer n'était qu'un vieil homme solitaire,
il avait du mal à suivre cette ombre, il sentait son
cœur battre trop vite. Nassima n'avait pas répondu
à sa question. Moguer s'asseyait sur un brisant, il
regardait la mer, il rêvait tout haut : « Il n'y a pourtant rien de mieux, c'est comme l'amour, faire
l'amour non pas juste un instant, comme la plupart des gens, mais pendant des jours et des nuits,
sans penser à rien, sans prendre le temps de respirer, sans dormir, alors chaque geste que tu fais

compte, chaque mouvement du bateau dans la mer, chaque vague qui passe, chaque poussée du vent dans les voiles. Tu comptes les heures, les jours, ça n'en finit pas, et tu cesses de les compter, tu as l'impression que tu n'arriveras jamais, tu n'as plus envie d'arriver, tu voudrais que ça dure toujours, toujours. »

Nassima était arrêtée devant lui, ses yeux étaient si noirs qu'il y voyait distinctement son reflet.

C'était Moguer qui parlait. Moguer le noceur taciturne, le joueur, Moguer le pirate de cinéma. Il se remémorait chaque jour de la traversée, Andriamena debout à côté du grand mât, et Nassima à la proue, chaque instant intact dans sa mémoire, brillant comme un soleil.

Ils ont marché le long de la jetée. Il faisait froid, avec des nuages dans le ciel et des paquets de mer qui les éclaboussaient par-dessus la jetée. À un moment elle s'est tournée vers Moguer, le vent la suffoquait. Il l'a abritée dans son caban de marin, il sentait son corps léger contre lui, il a pensé à Sarita, il a dit : « Tu es si jeune. » Il sentait sa paume usée, douce comme une main de vieille. Elle a tourné son visage, il a vu ses yeux noirs, dilatés. Elle était mystérieuse, plus étrange encore maintenant, avec le souvenir de l'enfance qui passait sur son visage de femme. Il pensait qu'il était amoureux. L'attraction est une eau qui coule, qui vous entraîne naturellement, comme l'entrée dans le sommeil.

Plus tard, il avait eu le sentiment d'un instant volé. Le cours de sa vie ne l'avait guère habitué à la rêverie. Chaque acte avait été un combat pour survivre, une sorte d'agression continue. Et il y avait aussi ce sortilège qui l'avait lié à jamais, le regard de la vieille Indienne accroupie dans la cour de l'hôtel de Medellín, la nuit où Maté s'était tuée.

Le bloc de ciment était incrusté de coquilles, et la vague montait et s'amincissait jusqu'à n'être qu'une pellicule transparente, un vernis liquide. Nassima se taisait. Elle écoutait Moguer qui parlait de sa première traversée, quand le *Azzar* avait quitté le port de Turku et s'était élancé dans la mer du Nord.

Moguer a pris sa main, l'a embrassée. Il a respiré l'odeur de sa peau sur son poignet, il a senti battre l'artère sous la peau fine, et Nassima l'a laissé faire. Elle a appuyé sa tête sur l'épaule du vieil homme, elle s'est laissé prendre par un vertige. Elle s'est serrée contre lui. « Je ne veux pas rentrer chez ma mère, est-ce que je peux rester avec vous ? » Elle se sentait si fatiguée, des journées entières au soleil, au vent, et puis Nadia qui l'attendait dans l'appartement de la rue de May, assise comme toujours sur son lit dans l'alcôve, le nez chaussé de lunettes, à tricoter.

Chérif avait tout dit. Il avait téléphoné un soir à Nadia : « Vous savez où est votre fille ? » Il avait rapporté les rendez-vous avec le vieux fou, les sorties sur la digue, le bateau. Un inspecteur de police était venu. Il avait parlé de tout ce qu'elle savait déjà, l'enquête de Medellín, il espérait que Nassima parlerait enfin, qu'elle accuserait Moguer, qu'elle témoignerait contre lui.

Nassima n'avait pas supporté. De quel droit la jugeait-on ? Elle parlait en serrant les dents, comme son père quand il se mettait en colère, avait remarqué Nadia. Tout ce qu'elle avait retenu depuis des années était sorti, par la vanne qui avait lâché, la maison de Pennedepie, le chien tué, les meubles entassés sur le trottoir. C'était la faute de Nadia si Kergas était parti, elle n'avait pas été capable de le retenir. Jamais Nassima n'avait crié jusque-là, jamais elle n'avait cédé au plaisir d'être injuste. Il y avait eu l'année à l'institution, une année de silence, d'éloignement. À présent, elle pouvait tenir tête.

Ce soir, Nassima a suivi Moguer. Il a pris une chambre dans un affreux motel sur la route nationale. Nassima n'oubliera jamais l'entrée, la réception. Les murs tapissés couleur lie-de-vin, ou plutôt fraise au vin, le veilleur de nuit au sourire matois, son teint mâché et ses dents gâtées, la façon qu'il a eue de poser la clef sur le comptoir en regardant la jeune fille. Il ne pleut pas, il fait seulement un froid humide. Les vents coulis circulent sans gêne sous la porte-fenêtre en fer rouillé qui donne sur la rade. Même la mer est moche, une grande esplanade noire bordée de lampadaires.

Nassima s'est couchée nue dans les draps froids. Le lit est dur et étroit, comme une couchette de bateau. Séparé par une table de nuit marron, il y a un autre lit identique, sur lequel Moguer s'est assis. Il a éteint la lampe et, le dos appuyé contre le mur, il regarde la nuit tomber, mais la lueur des

réverbères éclaire toujours l'intérieur de la
chambre sans couleurs.

Quand Moguer se réveille, Nassima est profondément endormie, la tête dans le creux de son
bras. Dans la pénombre, sur l'oreiller, la peau de
son visage fait une tache sombre, et l'épaisseur de
ses cheveux recouvre ses yeux et son front comme
un dais de velours noir. Dehors, le jour commence
à poindre. Moguer pense en cet instant à la nuit
de Medellín. Tout aurait pu être différent. Un instant, Maté était en vie, jeune, légère, amusante, ses
yeux brillaient, chacune de ses articulations était
merveilleusement souple. Et puis elle est tombée.
Tout était fini avant d'avoir commencé.

Moguer regarde Nassima. Elle respire doucement, tournée vers le mur, le long de son dos il y a
une ligne sombre qui continue le noir de ses cheveux jusqu'à ses reins.

Il ne veut pas la toucher. Il veut seulement la
regarder, l'écouter vivre. Le bruit des autos et des
camions sur la route nationale fait un froissement
soyeux, on dirait le vent, on dirait la pluie sur le
toit verni de l'hôtel Jericó à Medellín.

Il y a quelques jours, il n'aurait pas cru que ce
fût encore possible. On coule, et chaque heure qui
passe vous enfonce davantage. Les dettes, les procès, les menaces, et pis encore, l'ennui. Ce long
quai désert où personne ne bouge.

C'est la couleur de sa peau qui l'attire. Une couleur chaude, malgré l'ombre humide. Sur les
épaules, à l'envers du bras droit, étendu le long du

drap, la peau est plus claire, presque laiteuse, elle brille un peu sur la paume entrouverte.

Moguer se couche sur le lit à côté d'elle. S'il pouvait capturer la chaleur de ce corps endormi, entrer en elle, se fondre en elle, le temps s'arrêterait, il sentirait la force d'autrefois, son cœur battrait plus lentement, sans défaillir, comme lorsqu'il dansait avec Maté sous la pluie, et la malédiction de la vieille femme accroupie dans la cour cesserait, et le flux de la chance circulerait dans ses artères. Il serait à nouveau en mer, très loin, dans la liberté des îles. Moguer se sent emporté par une vague du désir, le corps endormi de la jeune fille est cette vague qui ondule et fuit, il sent contre lui chacun de ses muscles, de ses tendons. Il est possédé, et son corps bandé agit encore alors que son esprit a déjà reconnu son erreur, et maintenant Nassima le repousse avec une violence dont il ne l'aurait pas crue capable. Elle ne crie pas, elle ne parle pas, mais il reconnaît la lueur de colère qui brillait dans le regard de Maté juste avant qu'elle tombe.

Dans la lumière froide du petit matin, Nassima s'est rhabillée, et lui n'a pas fait un geste, n'a pas dit un mot pour la retenir, d'ailleurs il sait que ç'aurait été inutile. Elle part avec une fausse hâte, comme si elle allait revenir plus tard, le retrouver sur le quai d'honneur, et lui serait en train d'étendre une nouvelle couche de vernis sur un épars, en train de faire une épissure ou Dieu sait quoi. Mais il a compris que tout était terminé, qu'elle ne reviendrait pas.

Un jour, avant l'été, très chaud et solitaire malgré tous ces gens en vacances qui envahissaient le port pour faire trois petits tours dans leurs yachts, Juan Moguer apprit que la coque du *Azzar* avait été vendue aux enchères cachetées à une compagnie de travaux publics italienne, pour servir de ponton et recevoir les gravats des dragueurs. Il n'avait que quelques jours de répit avant de trouver un autre domicile. La nouvelle lui a été notifiée par une lettre sèche de la compagnie d'assurances. Il n'y avait rien à faire, rien à dire. C'était la vengeance du père Danziger. En vrai joueur d'échecs, il avait travaillé secrètement à la ruine de Moguer, envahissant chaque recoin de sa vie, jusqu'à ce que le dernier morceau s'effrite.

C'était imparable. Seulement quelques mois auparavant, il se serait battu, il aurait tenté quelque chose, kidnapper le *Azzar*, remâter à tout prix. Prendre le vent, hisser la grand-voile, pousser la corne qui tend la voile d'artimon, ouvrir l'une après l'autre ses ailes, et mettre le cap vers le sud, vers l'ouest, vers Palma, vers la côte d'Afrique. Et puis a nouveau l'océan !

Transformer le *Azzar* en ponton pour les dragueurs, ça avait un côté farce. Moguer a seulement retenu un petit rire, un mouvement ironique des lèvres. Il se souvenait du léger clapotis dans la baie de La Spezia, au lendemain du naufrage.

Quelque temps plus tard, alors qu'il était sur le quai au soleil en train de faire semblant de travailler comme à son habitude, un petit vaisseau se rompit dans sa tête, derrière l'œil gauche. Ce fut Saremito Joseph qui ramassa Moguer et l'emmena à l'hôpital.

Le *Azzar* s'enfonçait chaque jour davantage. Il y avait une éternité qu'il attendait dans le bassin de la darse, et il devenait évident que ni la Seamar ni personne ne lui viendrait en aide. Le capitaine du port en avait assez de cette épave. Il avait prévenu par des courriers que Moguer n'avait même pas ouverts. Et maintenant, après l'accident, il ne pouvait plus attendre. Le jour prévu, il procéda à l'expulsion.

C'était le dimanche matin, début juillet, de bonne heure. Nassima assista à la scène du haut de la grande jetée, comme au temps où elle allait rejoindre Moguer. Il y avait des mois qu'elle n'était plus retournée sur le port. Depuis qu'elle avait abandonné le projet d'être infirmière et qu'elle s'était inscrite à la fac de droit à Aix, elle n'avait pas eu vraiment le temps de penser au *Azzar*. Tout cela s'effaçait déjà dans un passé proche, avec la rue de May, la dispute avec sa mère et les longues promenades avec Chérif sur le chemin de ronde.

Le *Tug* (c'était le nom qu'il portait, écrit en grandes lettres blanches sur le côté de la cabine de pilotage) s'est placé dans l'axe du *Azzar*, la remorque passée dans les deux écubiers de chaque côté du bout-dehors. Quelques rares flâneurs s'étaient arrêtés sur le quai d'honneur. Il y avait aussi deux employés de Saremito, que Nassima avait vus autrefois sur le chantier. Mais le père de Chérif n'était pas là.

Dans un grand tourbillon d'eau sale, le *Tug* a commencé à haler la longue coque en travers de la darse. Libéré de ses amarres, après une si longue immobilité, le navire retrouvait une apparence de vie. Il se dandinait maladroitement, ralentissait la manœuvre comme s'il freinait, puis se laissait aller brusquement en avant, et les marins du remorqueur, debout à l'avant du *Azzar*, criaient : Ho ! hého ! comme si c'était un cheval rétif, ou plutôt comme s'ils étaient des chasseurs qui avaient débusqué un immense animal des profondeurs de la mer.

Lentement, le remorqueur est sorti de la darse, tirant la coque sans mâts le long de l'interminable jetée. La peinture noire avait été éraillée par plaques, comme sur une peau usée. Nassima remarqua un peu au-dessus de la ligne de flottaison, à tribord, une longue cicatrice. Cela expliquait l'eau qui continuait à s'infiltrer dans la cale et que Moguer avait dû évacuer jour après jour, à la pompe à bras. Ce qui étonnait le plus, c'était la beauté du *Azzar*, malgré les mâts brisés, malgré les avaries, les taches, l'abandon. Cette beauté serait le cœur.

À la sortie du port, il y avait un peu de houle, et le *Tug* plongeait son nez dans les creux et roulait avec exagération, comme s'il voulait souligner l'effort. Derrière lui, au bout de la remorque, le *Azzar* filait bien droit, presque sans bouger, son étrave effilée entrait dans la vague sans effort, sans une éclaboussure.

Nassima a longé la jetée, jusqu'au phare, sans quitter des yeux le remorqueur et sa capture. C'était étrange, il y avait déjà un soleil éblouissant, la mer était très bleue, une vraie carte postale, avec la haute falaise semée de maisons blanches, d'immeubles de luxe et quelques villas palladiennes en carton-pâte. Ça n'avait pas l'air très vrai et pourtant le cœur de Nassima battait avec force, elle sentait la sueur mouiller ses tempes, le creux de ses mains. Elle ne comprenait pas bien, c'était comme de la haine, un mélange d'attirance et de dégoût, le souvenir de ce qu'elle avait ressenti pour Moguer. Au fond, peut-être qu'elle s'était trompée, que tout cela n'avait été qu'une impression, un rêve d'enfant qui voit apparaître un jour un navire au-dessus de l'horizon. Elle se rappelait le matin où le *Azzar* était venu, comme si c'était vraiment pour elle qu'il arrivait, toutes ses voiles gonflées de soleil, si hautes, deux triangles aigus très blancs sur la mer sombre. Comme s'il revenait pour ramener son père. Pour elle, pour cette petite fille debout, sa main serrée dans la main de sa mère sur le chemin de ronde, enfermée dans la solitude et le désespoir féroce.

Nassima n'avait jamais vraiment rêvé, elle était simplement tombée amoureuse d'une image. Puis Juan Moguer était descendu sur le quai, tel un capitaine, il l'avait considérée juste un instant, une lueur d'amusement dans ses yeux. Et une nuit, comme dans un rêve, elle avait défait l'amarre d'une barque dans le port, elle avait nagé silencieusement jusqu'au milieu de la rade, et elle s'était cachée sans bruit sur le pont du navire, contre le coffre à voiles, enveloppée dans une couverture, attendant de partir vers l'autre bout du monde.

Le *Azzar* a disparu derrière le cap d'un seul coup, avalé par la haute mer. En marchant du côté des chantiers, Nassima a cru voir la silhouette de Moguer. Dans la pénombre des galères, les mâts étaient toujours suspendus à la voûte, gris comme deux grands bois flottés sur une plage après la tempête. Un jour ils seraient emportés, débités au poids, ou peut-être vendus pour servir de décoration dans un mas rustique. Nassima a hésité un instant à entrer dans les chantiers. Elle a appelé : « Capitaine ! » Mais il n'y avait personne. Alors elle s'en est allée.

La nuit de Medellín

Maté, c'était plus qu'une jolie fille. Quand il l'avait rencontrée dans le quartier de la gare des autobus, Moguer avait ressenti ce petit pincement qu'il n'éprouvait que rarement, toujours devant des femmes désirables et un peu hors du commun. C'était le hasard qui l'avait voulu. Qu'est-ce qu'une fée faisait dans cette lamentable rue qui va du marché vers les beaux quartiers du centre ? Avec Alban ils avaient déjà écumé quelques bars, des bouges plutôt, sans chaises, sans comptoir, juste une planche montée sur tréteaux, et des filles très jeunes, certaines à peine sorties de l'enfance, grimées comme des geishas, debout le long des murs.

Moguer aimait cela par-dessus tout. Arriver dans un port célèbre comme Carthagène, « Cartagena de las Indias », mouiller son bateau au pied d'une villa de luxe louée pour le tournage, sur une colline surplombant la vieille ville, avec des jardins suspendus et des bungalows de briquette rouge perdus au milieu des bougainvillées et des lauriers géants, puis prendre un avion déglingué pour Medellín et

plonger dans les mauvais quartiers, respirer l'odeur
du vice, goûter aux fruits, aux cuisines de la rue, se
fondre dans la cohue des portefaix, dans une foule
de toutes les couleurs, criarde, violente, à l'odeur
âcre et acide. Il faisait cela moins par cynisme que
pour retrouver son adolescence à Barcelone, les
rues aux voleurs et aux putains, les cafés comme
des théâtres, une impression générale à la fois vague
et aiguë d'un danger imminent, comme dans une
forêt sauvage. Tout cela qui l'avait attiré très jeune
dans les rues de Barcelone, l'avait lancé loin de la
maison familiale, dans l'univers un peu louche et
sordide du cinéma.

Il ne se souvenait plus du nom du bar où il avait
rencontré Maté cet après-midi-là. Peut-être qu'il
n'avait pas de nom, juste une enseigne au néon
bleue qui clignotait une marque de bière. Mais
d'elle, de Maté, il n'avait pas oublié un seul détail, il
n'avait pas perdu une seconde.

Son corps souple, la façon qu'elle avait de se tenir
debout, un peu déhanchée, le pantalon serré couleur café qui moulait ses jambes et ses fesses, la chemise blanche qui lui faisait un buste étroit, ses bras
très longs aux poignets fins, ses grandes mains, ses
grands pieds chaussés de sandales, chaque ongle de
ses orteils couleur de nacre.

Moguer était entré dans le bar avec Alban et
Candie, une fille qui faisait dans le rentre-dedans et
occasionnellement dans la défonce, à qui Alban
avait promis un bout de rôle (probablement Mar-
garet, la nurse un peu simplette) dans *Un cyclone à la
Jamaïque* d'après le roman de Richard Hughes.

C'est Alban qui avait organisé le voyage à Medellín, la ville la plus dingue, la plus dangereuse, la plus corrompue d'Amérique, disait-il, le Far West à deux heures d'avion de Carthagène. Et, dès l'aéroport, Moguer avait été séduit par le mélange de bonnes sœurs en cornette, de fausses bourgeoises en mini-jupe, puis, dans les rues autour de la place centrale, la foule, les Indiens descendus de la montagne, ou surgis de la forêt, leur visage encore tatoué au jus de génipa, et les Noirs pareils à des hercules de foire, tirant leurs charrettes à bras.

Le bar était un long couloir éclairé par des néons roses vacillants, avec un comptoir où on servait de la bière et de l'aguardiente coupée de jus de canne (*curadas*). La plupart des filles étaient très jeunes, elles avaient l'air de petites filles déguisées. Maté ne leur ressemblait pas. Elle était faite du mélange d'enfant et de femme qui donnait toujours un peu le vertige à Moguer. Un joli visage bien lisse, sculpté dans de l'acajou, de grands yeux en amande, une bouche dont la lèvre s'ourlait vers le haut, découvrait des dents magnifiques, et un air à la fois insouciant et attentif. Elle regardait Moguer sans effronterie, sans crainte. Il avait pensé à une fée, une enfant-fée qui pouvait se changer en femme juste en tournant sur elle-même, juste en changeant d'appui sur ses hanches. Il ne savait plus comment ils s'étaient retrouvés ensemble dans la rue, et elle l'avait emmené jusqu'au jardin de la place, sous les lauriers d'Inde où les oiseaux se rassemblaient pour le soir. Il se souvenait de sa question, tout de suite : « Est-ce que tu crois à l'amour libre ? » C'était la question la plus incongrue qu'on lui ait jamais posée, et il n'avait pas su quoi répondre. Ils avaient parlé d'autre chose. Dans une rue du marché, derrière la cathédrale, un homme vendait des lapins blancs. « S'il te plaît, tu m'en achètes un ? » Maté était comme une petite fille, elle tenait la boule de fourrure contre sa poitrine, elle avait voulu la rapporter tout de suite chez elle, présenter Moguer à sa famille. Elle habitait une maison basse en briques sèches, avec un petit jardin poussiéreux à l'arrière. C'est là qu'elle a mis le lapin, dans une caisse en bois, en calant le couvercle avec des pierres. « Qu'est-ce que je dois lui donner à manger ? » Moguer avait plaisanté : « Donne-lui tes vieux balais. » Devant sa moue de déception, il avait corrigé : « Je vais te dire ce que les lapins aiment par-dessus tout : les feuilles de navet. »

Un garçon regardait la scène, sur le pas de la porte de sa chambre. Il était long et maigre, avec un visage sombre. Maté avait fait les présentations : « C'est Martín, mon demi-frère, mais on l'appelle Hueso parce qu'il a beaucoup d'os. » Ils étaient repartis, et Hueso avec eux, ils avaient roulé en taxi dans les rues de la ville, à travers les collines où habitaient les riches, de grandes maisons blanches à colonnes et des jardins envahis de bougainvillées. La nuit tombait, le ciel se remplissait de nuages d'orage. Ils sont retournés vers l'hôtel, où Alban et sa copine attendaient. Moguer voulait boire à la source de cette ville, sa vraie source, pas son orgeat distillé, pas son long-drink blasé. Il voulait boire à la bouche de cette belle fille drôle et naturelle, se jeter avec elle dans les rues, dans le quartier de la gare des autobus.

C'était elle qui les entraînait. À l'entrée des bars, Hueso s'asseyait pour attendre, avec une boîte de Coca, l'air buté, taciturne. Au Jardin Atlas, Moguer avait dansé avec Maté, pendant qu'Alban et sa fille de cinéma buvaient des *cubas libres*. Moguer serrait Maté contre lui dans les slows, elle était fine et légère, elle glissait entre ses doigts comme une anguille. Elle était aussi grande que lui, il plongeait dans ses yeux immenses, ses yeux de plante, ses yeux de feuille, dans son regard doux, sombre et mysté-rieux. Il respirait son odeur, au creux de son épaule, il sentait le frôlement de ses petits seins durs, sous ses doigts ses hanches qui roulaient au rythme de la *cumbia* au bandonéon. Dans le jardin, les petites putes étaient alignées contre le mur chaud. Elles étaient sombres, très indiennes, lourdes, leurs lèvres peintes en carmin et leurs joues enduites de crème à blanchir. Maté n'était pas semblable à elles, elle n'était pas vénale, elle était vraiment libre. À un moment, il se souvenait qu'il avait voulu l'embrasser, mais elle l'avait repoussé violemment. Elle le défiait. Lui, Moguer, avait senti la colère monter, une sorte de vague frissonnante dans ses veines avec la pres-sion de l'alcool, il avait dit une insulte en catalan, c'était venu de son enfance d'un seul coup, une voix nasillarde et agressive qui parlait en lui, comme autrefois, l'été sur les Ramblas. Au même instant, il avait pensé : Est-ce que c'est ça ? Est-ce que je suis en train de tomber amoureux ?

Plus tard, quelques années plus tard, quand il avait commencé sa chute, enfermé dans la coque du *Azzar*, écoutant la pluie qui ruisselait sur le pont et sur les vitres du rouf, seul comme le capitaine Nemo dans son sous-marin, Moguer cherchait à revivre chaque instant de cette scène, et tout cela lui paraissait lointain, étrange, à la fois incroyable et précis comme un rêve.

La nuit était longue, pour ainsi dire interminable. C'était la même nuit à Medellín, mais là-bas la pluie n'était pas froide, elle ne le glaçait pas jusqu'au fond du cœur. Ce n'était pas cette pluie de solitude et de fin d'existence qui recouvrait à présent la coque du *Azzar*, mais une énorme averse d'été tropical, violente, sensuelle, des torrents rouges qui dévalaient des collines et envahissaient les rues de la ville basse, balayaient les ordures du marché, s'engouffraient dans les patios, avec des gosses tout nus qui couraient en riant sous les gouttières, des matrones mulâtresses aux robes fleuries collées à leurs seins, des filles décrêpées qui erraient dans les ruisseaux, et le ciel tonnant d'éclairs qui faisait vaciller les lampadaires de la ville.

À un moment, Candie a eu un coup de barre, à cause de tout l'alcool qu'elle avait absorbé, elle a d'abord vomi dans le caniveau, puis elle s'est mise à pleurnicher. Maté l'a aidé à marcher, elle la tenait contre elle comme si elles se connaissaient depuis longtemps. C'était une brave fille, elle avait bon cœur, pensait Moguer. Dans son souvenir, Maté se mêlait à Nassima. Un cœur en or, elle était

gaie, et tendre, elle ne se méfiait de rien, de personne. Pourtant cette ville était pourrie, avec tous
ses trafics, ses assassins, ses violeurs d'enfants. Un
endroit où la vie ne valait rien, où la virginité des
filles était juste une petite faveur, un ruban rose,
un élastique qui tenait une liasse de dollars. Est-ce
qu'ils ne venaient pas des quatre coins du monde,
les artistes, les acteurs, les hommes d'affaires, les
politiciens, même les professeurs d'université et
les toubibs, pour s'offrir de la chair fraîche à
moindre coût, à vil prix, pour rien, pour l'équivalent d'un dîner au restaurant, pour l'équivalent
d'un caddie au supermarché, sans risque, sans
culpabilité inutile ? Il n'y avait qu'à choisir. Il n'y
avait qu'à prendre un taxi et rouler vers le quartier
de la gare des autobus, derrière la cathédrale, le
long de la rue où les petites filles attendaient
devant les bars, même pas aguichantes, rangées
comme des écolières.

Moguer repensait à tout cela, au fond de la cale
de son épave, à ce concours de circonstances dé-
sastreux. Comment avait-il pu se laisser prendre à
ce piège ? Mais qui avait voulu le faire tomber, à
supposer qu'il y ait vraiment eu un piège ? Lui,
Juan Moguer, avait tenu dans ses bras les plus
belles femmes du monde, des actrices, des chanteuses, des artistes. Elles l'avaient accompagné
dans ses voyages de rêve, à bord du *Azzar*. À la Dominique, dans une anse sauvage, devant la montagne couverte d'une fourrure vert sombre, le
bateau glissait presque en silence, avec Moguer à
la barre et Andriamena à sa place, près du grand

mât. À la proue, Nelly, Jean Holmes, Isadora, Regula, toutes semblables, avec des corps parfaits huilés au coprah, leurs longues jambes appuyées au filet d'étrave, et cette eau bleue qui s'écartait devant elles, la mer saturée d'étincelles, douce, fraîche, éternelle.

Il était certain que ce serait son éternité, qu'il ne s'en séparerait jamais, car le *Azzar* était son propre corps et son esprit, et ils périraient forcément ensemble.

C'était sans doute la vanité qui l'avait perdu. Quand on possède tout, est-ce qu'on ne rêve pas de tout perdre ? Ainsi, une nuit, dans un mauvais lieu de Barcelone, son père avait perdu sa vie sur un coup de dés, une partie de cartes. Et il s'était enfui, abandonnant son fils, plutôt que de faire face aux créanciers. Même pas suicidé, il n'en avait pas eu le courage. Simplement en allé, de l'autre côté de la frontière, à Perpignan, à Marseille, commençant à quarante-cinq ans une vie d'errance, de beuveries, de faux amis et de fausses maîtresses, des femmes naïves qu'il entraînait dans ses médiocres aventures et qui le flanquaient à la porte quand elles en avaient assez d'être exploitées.

Juan Moguer l'avait revu, vingt ans après, une sorte de clochard qui traînait devant son hôtel à Cannes, pendant le Festival, sûrement dans l'espoir de taper son fils célèbre de quelques billets, d'un bon dîner, ou même d'une petite pension. Moguer avait détourné le regard avec dégoût, irritation, la légère démangeaison que lui causait toute résurgence de son enfance détestée comme une maladie

— la coqueluche dont il avait bien failli mourir cette année-là, quelque temps après la fuite de son père, tandis que sa grand-mère se débattait dans les pires problèmes matériels et n'avait même pas de quoi consulter le médecin.

Est-ce que c'était maintenant son châtiment pour avoir montré tant d'insensibilité devant la misère de son père ? Il avait tout perdu lui aussi sur une folie, il s'était laissé prendre dans un piège vénéneux comme les feuilles de *loteria* de la cour de l'hôtel Jericó. Peut-être qu'il avait cherché cela toute sa vie, sans le savoir, la fortune, la chance, le hasard qui avaient bouleversé sa vie en lançant son père dans l'ornière du monde. Alors il n'avait eu de cesse de retrouver cette chance, le nom magnifique et magique qu'il avait donné à son bateau, son nom d'aventure et de hasard.

Mais ça n'avait pas été un jeu, même si sur le moment il ne s'en était pas rendu compte. Ou bien, si ç'avait été un jeu, c'est qu'il avait été, à son insu, l'enjeu, ou plutôt la toupie lancée dans le plateau, et qui avançait en titubant, emportant dans son tourbillon l'emblème de la chance, *azzar*, la petite fleur d'oranger marquée sur le côté que chacun désirait.

Jericó : à présent, même le nom de l'hôtel minable prenait une signification. Un nom de fin du monde. Avec Alban, il s'en était moqué, quand ils étaient arrivés dans le quartier de la gare routière, sous une pluie diluvienne : « Jericó, pourquoi pas hôtel de la Résurrection, ou du Purgatoire ! » Alban avait dit : « Hôtel de l'Armaggedon. »

Le taxi attendait dans une ruelle, et le chauffeur avait à peine jeté un coup d'œil dans son rétroviseur ébréché à cette fille noire qui tenait enlacée l'Américaine, un coup d'œil furtif mais précis comme un déclic d'appareil photo qui le renseignait sur tout ce dont il comptait profiter, si profit se pouvait. Le Jericó ne fermait jamais ses portes. Il fonctionnait jour et nuit pour les voyageurs de la gare routière. Construit autour d'un patio envahi par les plantes, ce n'était ni un hôtel de passe ni un coupe-gorge comme l'avait prétendu Alban, plutôt un hôtel d'étape pour les voyageurs du marché et pour quelques touristes à sacs à dos épris de pittoresque.

Alban et sa compagne avaient pris deux chambres contiguës à l'étage, donnant sur l'étroit balcon bordé d'une rambarde pourrie. La fille des cinémas aurait sûrement préféré une chambre dans un hôtel de luxe sur la colline, mais elle était trop saoule pour protester. Elle s'était affalée sur le lit grinçant et elle s'était endormie d'un coup, la bouche contre le matelas crasseux.

Alban était descendu boire un verre à l'entrée, attablé à l'abri de la galerie, devant les plantes. La pluie faiblissait, il y avait des relents de musique, des *cumbias* qui venaient de la cantine au rez-de-chaussée. Moguer avait dansé avec Maté sous la pluie fine, au milieu des *loterias*. Maté s'était arrêtée un instant pour lui faire lire les chiffres écrits sur une feuille : « Deux, deux, zéro, six... Ce sont tes chiffres, tu dois les jouer demain à la loterie. »

Il n'y avait personne dans la cour, hormis Alban qui buvait et une vieille femme, une Indienne au visage noir qui fumait, accroupie sous le balcon, de l'autre côté de la cour. Hueso n'était plus là. Il s'était probablement lassé d'être mouillé par la pluie et il était rentré chez lui. À un moment, il a dû y avoir une arrivée d'autocar venant de la sierra, et deux voyageurs étrangers sont entrés dans l'hôtel, un grand type maigre genre Américain du Peace Corps, et un jeune Indien de la forêt, plutôt en haillons, les cheveux longs et le visage et les mains teints au noir de génipa. Le grand type a payé la chambre d'avance, et ils ont traversé la cour pour aller se coucher. Moguer se souvenait aussi du regard que l'Indien avait lancé dans la direction de Maté, et qu'il portait autour du cou un collier avec une dent de jaguar. Moguer avait eu une bouffée de colère : « ... *Puto* ! » C'était tout.

Il avait dû continuer à boire passablement, ses *curadas*, ses *palomas*, ses *cubas*. Alban était très ivre comme d'habitude, sombre, sans bouger un sourcil, un vrai Gitan. Maintenant, des années plus tard, Moguer comprenait enfin : Alban l'avait toujours détesté. Sans motif véritable, une haine longue et silencieuse, une jalousie alimentée par chacun des succès du cinéaste, par chacune de ses conquêtes. Tout ce qu'il avait préparé n'avait aucun sens. La raison, la seule raison, c'était qu'il avait mesuré les faiblesses de Moguer, et qu'il savait les retourner comme des armes.

Dans le silence de la coque fermée, si loin qu'il aurait pu être immergé à cent pieds de profondeur, chaque détail de cette nuit revenait à l'esprit de Moguer, chargé d'un sens différent. Maintenant, il le savait : personne ne lui avait tendu de piège. Il avait cru au complot à cause des rumeurs qui avaient suivi l'enquête, ces journalistes affamés de scandale qui le suivaient partout, qui étaient prêts à inventer n'importe quoi pour vendre leur copie. Le seul témoin, ça n'avait pas été Alban, il était trop ivre pour se souvenir de quoi que ce soit, avait-il dit au cours de l'interrogatoire. Le témoin, ç'avait été la vieille Indienne au visage noir et au regard sans cils, accroupie sous le balcon. C'est elle qui avait vu Maté quand elle était sortie de la chambre toute nue en criant, et qu'elle s'était jetée contre la rambarde pourrie. C'est elle qui l'avait vue basculer, les bras en croix comme un ange noir, et tomber d'un seul trait, d'un seul cri sur les pavés de la cour au milieu des *loterias*. Elle s'était glissée au-dehors, effacée comme un fantôme, et hormis Moguer personne n'avait pensé à elle. Elle l'avait vue mourir, et elle avait tout raconté à l'inspecteur. Elle qui ne connaissait même pas Maté. Personne n'avait songé à l'acheter, et d'ailleurs qu'aurait-elle fait avec de l'argent ? C'était ainsi. Il n'y avait pas eu de piège. Ou alors, qui avait pu mettre la vipère fer-de-lance debout dans l'angle de la salle de douches au moment où Maté shampouinait ses cheveux ? Personne n'avait voulu cette tragédie. Les monstres sont rares. La méchanceté des humains est ordinaire, mais ce n'est pas pour autant qu'elle est négligeable.

Après toutes ces années, Moguer ressentait cela comme une souffrance, qui rongeait son cœur et lui ôtait sa force. Le corps de Maté, son visage, sa présence, son odeur, encore réels. Tout ce qu'elle avait été. Son rire, sa façon de se moquer, son insolence, sa façon de marcher, de se déhancher. La lumière dans ses yeux, la légèreté de ses bras autour de lui quand ils dansaient dans la cour de l'hôtel, ses cheveux saupoudrés de gouttes d'eau. Sa bouche fendue comme celle d'un chat ou d'un bébé, qui laissait voir l'éclat de ses incisives. Et sa chaleur vivante, très douce, une chaleur comme il n'en avait pas connu auparavant, jamais plus après. La chaleur était entrée en lui et s'était mêlée à sa propre vie, et maintenant il se sentait seul et glacé au fond de la coque de son bateau. Maté avait été le dernier moment de sa jeunesse, le point culminant de sa vie, et à présent il était trop tard. Il avait perdu au jeu du hasard. Il n'avait rien compris. Peut-être que ç'avait été écrit, dès qu'il était entré dans le patio de cet hôtel, comme des mauvais numéros sur les feuilles maudites des *loterias*.

Il frissonnait. Il avait fait si chaud cette nuit-là, août près de l'équateur, avec les orages qui roulaient dans les montagnes et la crue qui emportait la terre dans les eaux tumultueuses du río Cauca. Moguer se souvenait, ses vêtements collaient à sa peau, la sueur coulait dans son dos, piquait ses flancs, sa sueur qui se mêlait à celle de Maté pendant qu'ils dansaient dans la cour, la sueur comme une fine buée qui couvrait le visage de la chabine, fine comme la pluie, fine comme la rosée. C'était absurde.

Pourquoi la sueur serait-elle plus douce et plus précieuse sur la peau d'une jeune fille ? Il sentait ses mains devenir moites en pensant à cela, à cette farine liquide qui perlait sur les paupières de Maté, sur la rondeur des joues, sur la nuque à la naissance des cheveux, le long de la route sombre qui descendait jusqu'au bas de son dos, dans l'échancrure de sa chemise, dans le creux des hanches qu'effleuraient ses doigts, à la naissance des jeunes seins, cette poussière vivante, qui était une chose aussi sûre que le rythme du cœur et la circulation de l'air dans ses poumons, aussi précise, aussi précieuse, aussi fugitive et pourtant inoubliable.

La nuit avait été longue, pour ainsi dire sans fin. Maté avait suivi Moguer jusqu'aux chambres, là où la fille des cinés dormait la bouche contre le matelas. La chambre contiguë était non moins minable, avec ses murs peints à la chaux maculés de moustiques, et un rideau opaque qui obstruait la salle de bains. Moguer s'était assis sur le lit pendant que la jeune fille se déshabillait avant d'entrer dans la douche. Il avait gardé l'image de son corps, une liane de cuir noir brillant dans la pénombre. Jamais il ne l'aurait forcée à se dévêtir. Il ne savait pas faire ça, il en était incapable. Il l'avait seulement regardée, comme s'il la buvait des yeux. Il avait envie de serrer cette liane contre lui, pour danser encore, juste danser sous la pluie, boire l'eau qui coulait sur ses joues. L'embrasser sur sa bouche de poisson-chat, goûter sa salive comme il avait goûté sa sueur. Respirer sa jeunesse dans son haleine, et oublier qui il était.

Et quand elle s'était rejetée en arrière, du savon plein les yeux, s'enroulant dans l'affreux rideau, quand elle avait commencé à crier, ça n'était pas à cause de lui. Mais parce que du fond de la salle de douches se déroulait un long épais ruban couleur de feuille morte. À la saison des pluies la vipère fer-de-lance pénètre jusqu'au centre des villes, suivant les ruisseaux et les rigoles, et il arrive qu'elle entre jusqu'au cœur des maisons, se coulant par les escaliers jusqu'aux chambres. Elle est le démon de la forêt. Seuls les Indiens ont fait un pacte avec elle. Il arrive que la vipère se réfugie dans la fraîcheur d'une salle de douches et se tienne debout comme un bâton à l'angle d'un mur. La vipère mangeuse de lapins blancs. Il arrive qu'une fille trop jeune, sous l'effet de l'alcool et de la marijuana, soit prise de panique sans raison et se jette par la fenêtre dans le vide. Qu'elle voie apparaître tout à coup un serpent monstrueux et qu'elle s'envole comme une sorcière. Il arrive que, pour échapper à l'étreinte d'un homme ivre, plus âgé que son propre père, elle s'enfuie toute nue et se précipite dans le vide du haut d'un balcon plutôt que de perdre sa précieuse virginité — ou ce qu'il en reste, avait ricané l'avocat de Moguer. Il arrive enfin qu'une chabine légère comme une fée s'appuie sur une balustrade pourrie et se retrouve en bas, sur le pavé, sous la pluie, la nuque formant un angle bizarre avec le corps.

Moguer avait les mains moites en pensant à cette suite d'erreurs. Alban avait été le seul à ne pas paniquer. Il s'était levé de sa table, il avait marché lentement jusqu'au corps, il avait fait un simple geste, chaque paume appuyée sur les côtés de la tête, pour constater l'évidence, cette boule qui roulait au bout du corps sans vie. Même ivre, Alban était l'homme le plus froid du monde. Son regard était sec et luisant comme l'œil du serpent. Il avait réveillé la fille vautrée sur le lit, il avait empoigné Moguer et les valises, et en route vers le nord, par le premier car de cinq heures du matin, en direction d'Antioquia et Turbo, puis la nuit en bateau jusqu'à Carthagène où attendait Andria-mena. À l'aube du troisième jour, le *Azzar* avait levé l'ancre, emportant Moguer épuisé, Alban et sa maîtresse hébétée vers d'autres cieux, sur une mer boueuse où roulaient des troncs d'arbres arrachés, vers Portobello de Panamá, vers Kingston de la Jamaïque.

Le jugement

Quelques mois, c'est une éternité, il se passe tellement de choses. Il semblait à Nassima qu'elle avait vécu une autre vie. Elle était devenue quelqu'un d'autre. Elle n'avait pas oublié Moguer, mais quand elle pensait à lui, maintenant, elle ne ressentait plus ni colère ni mépris, plus rien qui fasse bouger son cœur. Il était sorti de sa vie, tout simplement.

Tout cela a été si incroyablement fatigant. Dans le genre d'un rite de passage, d'une reddition des comptes.

Moguer, lui, n'a rien su, rien compris. Le silence de Nassima ne l'avait pas affecté. Peut-être même qu'il a été soulagé, au début, quand Nassima a disparu de son horizon. Il avait continué à vivre autour du *Azzar*, comme s'il en était encore le propriétaire légitime. Pareils à des scellés, de lourds cadenas bloquaient la porte du rouf et les écoutilles, mais Moguer avait réussi à forcer celui qui donnait accès à l'avant du bateau, et de temps en temps il descendait dans la coque comme un voleur, juste pour sentir l'odeur, pour reconnaître un coin de pénombre entre les membrures. Il entrevoyait les fantômes de tous ces gens qui autrefois étaient entrés dans le grand carré, des quémandeurs, des acteurs en quête d'auteur, des écrivains. Les derniers temps, après l'échec du *Cyclone*, alors qu'il rêvait du tournage d'*Éden*, Moguer recevait, assis en tailleur comme un cheikh sous sa tente. Andriamena montait la garde devant cette même porte cadenassée, l'air féroce comme un cipaye, et, pour faire crier d'angoisse les candidates à un bout de rôle, Moguer jetait des souris blanches vivantes à son boa vautré dans les coussins. Le monde entier bavardait au sujet de cette mise en scène, de son serpent, des soirées maléfiques qui se préparaient sur le *Azzar*. Tout cela n'avait été que du bruit, du vent. Puis avait couru la rumeur de sa chute, du procès étouffé de Medellín, et les visites s'étaient raréfiées. Andriamena parti, la légende s'effilochait. Même le serpent avait disparu, un jour, volé tout bonnement au cours d'une escale à Barcelone et revendu sans doute à un zoo. Alors il n'y avait plus de cerbère, et les importuns venaient sans rendez-vous, entraient sur le bateau sans se déchausser, jetaient leurs bouts de cigarette sur le pont, l'embrassaient, l'appelaient par son prénom, lui remémoraient d'improbables promesses, des rencontres factices. Seul Alban venait encore avec Candie, mais ce n'était pas par amitié, plutôt pour s'assurer que Moguer ne reprendrait pas pied. Et puis tout avait

fini dans une parodie de naufrage sur une plage
italienne.

La dernière fois que Nassima était venue, elle
n'avait pas pu approcher de Moguer. Alors qu'elle
rôdait autour du navire, elle avait croisé Sarah sur
le quai. Une grande belle femme aux cheveux couleur de feu, très pâle, avec un regard méchant à
qui rien n'échappait. Sarah avait repéré l'ombre
sombre qui se cachait entre les bers. Elle avait dû
dire quelque chose d'acide à Moguer, du genre :
« C'est la dernière ? » Ou bien : « Un procès ça ne
t'a pas suffi ? » C'était la seule fois que Sarah était
montée à bord de l'*Azzar*, peut-être qu'elle voulait
juste constater par elle-même la ruine du bateau,
s'assurer que rien ne pourrait le remettre à flot.
Nassima aurait bien aimé parler à Sarita, lui
serrer la main, mais c'était tout à fait impossible.
Sarita était restée dans le taxi, hors d'atteinte.
Peut-être à travers la vitre son regard avait croisé
celui de Nassima, sans savoir tout ce qu'il conte-
nait, comme un appel qui ne pourrait jamais être
entendu.
Après tout, elles avaient le même âge. Nassima
avait imaginé qu'elles auraient pu être amies, elle
l'aurait invitée à prendre un thé quelque part,
pendant que sa mère et son père étaient occupés.
Sarita devait avoir dix-huit ans, ça devait être bien
d'avoir une sœur à la fois si différente et si proche.
Elle ressemblait tellement à son père, sur la photo
que Nassima avait vue, très brune, même regard
ténébreux, même bouche, même front. Quand

Moguer en parlait, ce n'était pas comme de sa
fille, plutôt comme d'une créature dont il aurait
été amoureux. Cet homme était incapable d'avoir
une fille. Ou bien est-ce que tous les pères doivent
être comme cela, d'abord amoureux de leurs
filles ? Alors pourquoi Kergas était-il parti ?

Pourquoi y avait-il eu cette nuit horrible, à
l'hôtel ? Nassima ne comprenait pas. Elle devinait
quelle avait été son erreur. Ne commettez pas
d'erreur, ne vous abandonnez à aucune faiblesse,
sous peine de souffrir beaucoup. Ne croyez pas ce
que vos yeux vous font voir. Rien ne pourrait vous
préserver de l'erreur. À la réflexion, le commissaire de police et la psychologue de Pointe-à-Pitre
avaient raison de la prémunir contre cet homme.

Nassima était partie pour ne pas tomber. Si elle
n'avait pas été celle qu'elle était, la fille d'une
femme si dure qu'elle avait tué son chien quand
elle avait décidé qu'elle ne pourrait plus s'en
occuper, une femme au visage fermé pour toujours, obstinée dans sa solitude, si elle n'avait pas
reçu cette leçon de souffrance de sa mère, Nassima aurait été perdue. Elle aurait été juste une
forme humaine qui s'envole et s'écrase sur le pavé
mouillé d'un hôtel à Medellín.

Au lieu de travailler, Nassima a passé ses journées à feuilleter les journaux vieux de dix ans dans
la salle de lecture de l'hémérothèque de la faculté
des lettres, à Aix, aux Grenouillères. C'était un
règlement de comptes silencieux, solitaire. Année
après année, la carrière de Juan Moguer, ses maî-

tresses, son mariage avec Sarah, la naissance de Sarita, les fêtes à bord du *Azzar*, jusqu'à Medellín, le procès qui s'était terminé en non-lieu grâce au père Danziger, les milliers de dollars qui avaient acheté le silence de la famille de la victime.

Quand elle a décidé de ne plus revoir Moguer, Nassima l'a fait d'instinct, elle y a apporté autant d'obstination qu'elle en avait eu à le rencontrer, à s'embarquer à bord de son navire. Chérif lui a servi de dérivatif pendant tout l'été. À qui Nassima aurait-elle pu s'adresser ? Est-ce que la fille de Nadia pouvait demander de l'aide à quiconque ? Si elle avait osé, elle aurait parlé à Sarita. Elle serait allée au bout du monde pour lui expliquer : « C'est vous, seulement vous. Pardonnez-moi d'avoir voulu être à votre place. » Pardon pour tout, Seigneur. C'était écrit dans le livre.

Personne ne lui est venu en aide. Mais c'est peut-être Sarita qui lui a permis de se sauver. Juste son regard, croisé sur le quai, à l'instant où elle fuyait. Juste son image, sur la photo que Moguer avait gardée, un visage un peu penché, où les ombres du studio ont modelé les pommettes hautes, le menton un peu fort, le regard plein d'étincelles sous les sourcils denses et très noirs, des sourcils d'homme, avait pensé Nassima. La *gitania* dans le sang de Moguer, l'héritage du grand-père flambeur qui avait fui un jour les recouvreurs de dettes, et couru des Ramblas jusqu'à la France.

Nassima a commencé sa vie nouvelle. Durant l'été, elle a tout préparé. Elle a quitté sa mère, elle a obtenu une bourse pour étudier le droit public à la faculté d'Aix. Devenir infirmière comme Nadia, ça n'était pas possible. Elle n'a pas assez de courage, pas assez d'entêtement pour accepter de se sacrifier pour les autres. À Nadia, elle a dit, non sans méchanceté : « Je n'ai rien à prouver, et puis j'ai horreur du sang, de la maladie. »

Nadia n'a pas protesté, n'a pas cherché à la retenir. Pour Nassima, c'était une façon de faire ses adieux, à tout ce qu'elle avait connu, à sa vie d'enfant, à cette petite fille qui marchait sagement la main dans celle de son grand frère, cette petite fiancée qui attendait d'entrer dans la conspiration des familles. Effacer la folie de son voyage sur l'océan, comme un souvenir dont on ne peut pas se guérir.

L'amour avec Chérif, l'après-midi, dans l'appartement vide de la rue de May, c'était facile et sans conséquence, juste leurs corps couverts de sueur, et les deux premières fois ce petit peu de sang qui tachait le couvre-lit, et qu'il avait fallu savonner. Après cela, ils sont partis chacun de son côté. Il n'était pas question que ça donne des droits, c'est ce que Nassima avait dit premièrement. En quittant Chérif, début septembre, elle n'a même pas eu à chercher une façon de ne pas dire quand ils se reverraient. Nassima est montée dans le train de Marseille, et Chérif est resté debout sur le quai jusqu'à ce que le dernier wagon disparaisse dans le virage. Il paraît que Chérif est tombé malade après cela, une langueur, comme avaient les filles autrefois. Par Nadia, il a eu le téléphone de la cité universitaire, et de temps en temps il appelait pour se plaindre. Nassima entendait le grelot de la sonnette à travers les couloirs, elle savait que c'était pour elle, elle se gardait bien de répondre. C'était bon d'apprendre à son tour la cruauté.

La mer et le ciel sont très lisses. Un peu avant la fin du jour, les goélands traversent la baie, en groupe relâché, pour passer la nuit sur le grand dépotoir du Jas Madame. C'est le moment que Nassima préfère, quand elle est de retour ici, à Villefranche, devant la rade. Il semble que tout soit suspendu, en attente d'une décision.

Sur le chemin de ronde, elle est comme en haute mer. Elle regarde la route qui mène derrière l'horizon. Tout est paisible. On dirait après une guerre. Juan Moguer est en train de mourir. C'est Chérif qui l'a prévenue. Elle a pris le train aussitôt.

Ce soir, Nassima est entrée dans la chambre sans faire de bruit. Dans le hall de l'hôpital américain, il y a une grosse dame très noire derrière le comptoir. Nassima a donné le nom de sa mère pour entrer, c'est bien la première fois que ce nom sert à quelque chose. L'employée a cherché sur son registre. « M-A-U ou M-O ? » Elle ne savait même pas qui était Juan Moguer. Elle a indiqué un service au nom bizarre, comme Atelier des Mécani-

ques, Service de Déshockage. Une petite chambre
aux murs gris d'où on n'a aucune chance de voir
la mer.

Il était sur un lit, Nassima était étonnée de voir
à quel point c'était étroit. Il y avait un deuxième lit
inoccupé. La porte était bloquée ouverte par une
cale, et Nassima n'a pas eu le courage de la fermer.
Assise sur le bord du lit, elle est restée longtemps
à regarder le vieil homme étendu devant elle. Il
était vêtu d'un pyjama bleu ciel un peu ridicule. Il
était pâle et amaigri, ses épais cheveux gris rejetés
en arrière. On devait chaque matin le raser au
rasoir électrique, parce qu'il avait des touffes de
poils, à l'angle de la mâchoire et sous le menton. Il
avait une large tache sombre sur le dessus de la
main droite, là où on avait enfoncé l'aiguille du
cathéter. Une ecchymose sur la joue, près de l'œil.
Quand l'artère s'était rompue dans sa tête, il était
tombé comme mort, et sa joue avait heurté le bord
du quai. C'est Chérif qui avait raconté cela, il le
tenait de Saremito Joseph. Il paraît que le vieux
charpentier avait l'air troublé, comme si tout ce
qui était arrivé était sa faute. Jamais Nassima
n'avait imaginé que Saremito pouvait aimer un
homme comme Moguer. Quand Chérif avait
raconté cette histoire, ça l'avait mise en colère,
elle avait pensé : une victime de plus, encore un
qui s'est laissé prendre au piège de ce salaud vani-
teux et égoïste.

Les gens passaient dans le corridor, des infirmières qui quittaient leur service, d'autres qui arrivaient. Des visiteurs attardés. Quelqu'un parfois

jetait un coup d'œil dans la pièce, voyait la silhouette de Nassima, disait : « Oh, pardon ! » Peut-
être qu'on la prenait pour une parente, pour la
fille de Moguer. Sans le faire exprès, Nassima
s'était habillée comme Sarita, telle qu'elle était sur
la photo dans le carré du *Azzar,* jean et pull blanc,
et des sandales à fines lanières.

Moguer n'avait pas les yeux fermés. À travers la
fente des paupières (ce coup de couteau qui lui
faisait des yeux de Mongol, c'était ce qu'elle avait
toujours pensé), Nassima distinguait la lueur des
prunelles, deux gouttes noires sur son visage
terne. Nassima a su tout de suite que ce que Chérif
lui avait dit était vrai, Moguer était en train de
mourir. Elle ne ressentait ni tristesse ni satisfac-
tion. C'était une fin nécessaire, d'une certaine
façon, un soulagement. Plus tard, peut-être, on
saurait ce qui disparaissait, ce monde que Moguer
emportait avec lui, des images, des rumeurs, sa
légende. Son crime aussi, cette fille qu'on avait
retrouvée, la nuque brisée, dans la cour de l'hôtel
à Medellín. Mais, en cet instant, il n'y avait que le
silence dans la chambre. Les murs gris, les lits
étroits, le corridor où résonnaient les mules des
infirmières, la porte de va-et-vient qui grinçait avec
un soupir essoufflé, l'odeur de formol et de cuisine, l'espace rétréci à cette seule cellule.

Pour la première fois, il semblait à Nassima
qu'elle le voyait tel qu'il était. Non pas le capitaine
Moguer, l'aventurier, l'ogre qui dévorait les jeunes
filles. Mais Juan Moguer à dix-huit ans, au lendemain de la guerre, quand il s'était sauvé de chez

lui pour s'engager dans l'armée, puis qu'il errait entre les tables des Ramblas, avec les hâbleurs et les buveurs de café, les arnaqueurs, les souteneurs et entremetteurs, les vieux pédérastes, les marins américains et les envoyés de la police secrète. Impatient, violent, il cherchait à se mesurer au monde. Il avait rencontré Miranda, un homosexuel, agent recruteur à Hollywood, qui avait été subjugué par ce jeune homme au regard sombre et fiévreux, à la fois timide et brutal.

Nassima avait rêvé de cette rencontre, de ces premiers pas. C'était lui qu'elle aurait aimé connaître, lui qui s'était échappé, qui avait réussi ce qu'elle n'osait pas. C'était très longtemps avant sa naissance, et le monde devait être aussi différent que si ç'avait été il y a deux cents ans. Les navires partaient de Gênes, de Trieste, de Barcelone, pour l'Amérique du Sud ou pour New York, chargés d'émigrants, et lui, Moguer, avait été l'un d'eux, sur le pont inférieur d'un paquebot, un garçon maigre dans des habits étroits, avec un vieil imperméable à épaulettes et une cigarette au bec, qui allait chercher sa bonne étoile. Un voyou, sûrement prêt à tout pour réussir, jusqu'à supporter le regard énamouré de cette vieille tante, de s'en servir, de s'en moquer, de promettre de l'autre côté de la mer un rendez-vous où il savait qu'il n'irait pas. Un poète aussi, qui avait passé son temps à désirer et à rêver, une sorte d'éternel amoureux. Mais incapable d'aimer, et qui avait abandonné sa femme Sarah et sa petite fille pour courir le monde.

À l'autre bout de sa vie, il était là, couché dans le lit étroit devant Nassima, dans cette chambre accrochée au corridor gris comme une niche, sans personne pour lui parler, sans personne pour lui tenir la main quand il allait mourir.

Alors Nassima lui parlait, doucement. Elle lui parlait de la seule chose qu'il avait aimée vraiment, du *Azzar*, elle parlait du bateau tel qu'il lui était apparu la première fois, il y avait une éternité, venu de l'autre côté de la mer pour elle, avec ses grandes ailes d'oie éployées au soleil, glissant majestueusement dans la rade. Tel qu'elle l'avait habité, quand elle tenait dans ses mains la roue de barre, dans la nuit, et qu'elle sentait le long corps vibrer au passage de chaque vague.

Elle murmurait près de son oreille : « Tout va bien aller maintenant, vous verrez, capitaine, tout ira très bien, très bien, M. Saremito dit qu'il va commencer les réparations, c'est Chérif qui me l'a dit, vous savez, j'ai un petit ami maintenant, il travaille sur le port, il a entendu les gens en parler, il sait ce qu'on dit, Saremito ne vous laissera pas tomber, il va tout remettre en état, il va replacer les mâts, réparer la coque et le moteur, vous allez pouvoir partir, vous irez à Palma, il fait chaud et la mer est bien bleue, c'est magnifique, vous allez guérir. » Elle était penchée au-dessus de Moguer, elle entendait le bruit de sa respiration, ou c'était l'appareil qui soufflait l'oxygène dans ses narines, elle entendait le bruit de l'eau sur la coque du bateau, le bruit du vent dans les haubans, le claquement du génois qui remplissait ses oreilles.

« Tout va aller très bien, capitaine, très bien, personne ne va prendre votre bateau, M. Saremito ne laissera pas faire ça, il dit que c'est comme si on voulait vous empêcher de respirer, comme si on voulait vous couper les ailes, vous empêcher de vivre, il ne laissera personne s'approcher de votre bateau, je vous le jure. Vous allez pouvoir repartir, vous allez être libre, capitaine, vous êtes trop long-temps resté ici, vous êtes prisonnier ici, on vous a enfermé ici, mais maintenant vous allez pouvoir repartir, vous allez être libre, votre bateau aussi sera libre, il vous emmènera loin, loin d'ici. »

Les mots de Nassima glissaient sur le visage du vieil homme endormi, glissaient comme une eau sur un très vieux rocher. Nassima parlait, et en même temps elle regardait ses mots glisser, elle regardait la petite lueur qui brillait toujours entre les paupières entrouvertes, elle pensait que ses mots entraient par cette lueur et se glissaient jus-qu'au centre de sa tête et se transformaient en images, en nuages.

« Vous entendez, capitaine, vous m'entendez, n'est-ce pas ? Je sais que vous m'entendez. Vous allez pouvoir partir, vous allez me prendre à bord de votre bateau, je pourrai vous être utile, je sais très bien manœuvrer maintenant, hisser les voiles, choquer les voiles, je serai à nouveau votre marin, et même si vous ne pouvez plus tout faire comme avant, vous me donnerez les ordres, et c'est moi qui ferai tout, j'enroulerai les voiles, je tiendrai la barre, vous me direz où il faut aller. Et je peux aussi vous faire la cuisine, capitaine, j'ai suivi des cours de cuisine, savez-vous ? je peux m'occuper de vous, je n'ai pas continué mes études d'infirmière mais je saurai vous soigner, je pourrai bien vous aider, vous serez mieux qu'ici où vous êtes prisonnier, vous serez sur votre bateau, vous serez libre, vous pourrez aller où vous voudrez, à Palma, et puis nous irons sur l'Atlantique. Et si quelqu'un vous demande qui je suis, je m'appellerai Nassima Moguer, ça sera mon nouveau nom, vous voulez bien ? »

Dehors la lumière avait dû décliner parce que la chambre était de plus en plus grise. Nassima parlait avec une sorte de hâte, elle ne voulait pas penser au moment où quelqu'un entrerait, allumerait la lumière brutalement, lui dirait qu'elle ne pouvait pas rester là, que l'heure des visites était passée, qu'il fallait qu'elle s'en aille. Elle avait envie de parler de l'océan, elle voulait se souvenir de chaque jour, chaque instant, la tempête dans le golfe du Lion, les îles Selvages, le bruit des vagues sur la coque toute la nuit et le matin le soleil qui s'était levé sur une mer lisse et noire où couraient les frissons comme sur la peau d'un cheval. Les poissons volants fuyant devant l'étrave. Et cette nuit de Noël, prisonniers des sargasses, avec la musique africaine qui tournait lentement, et le corps de Moguer contre le sien, si fort, si puissant, si vivant. Elle était à nouveau assise à la proue, à l'ombre du génois, les oreilles remplies de vent, le corps vibrant à l'unisson chaque fois que l'avant du navire plongeait dans la vague, regardant droit devant elle la ligne de l'horizon qui s'assombris-

sait. « Ne craignez rien, capitaine, maintenant
votre bateau va vous emmener sur l'océan, nous
retrouverons l'oncle Andriamena, nous irons tous
ensemble vers le soleil couchant pendant des jours
et des jours, et la première chose, ce sera la pointe
des Châteaux, vous vous rappelez, les vagues qui
déferlent sur les récifs, et on entend le bruit de
cascade et on voit la vapeur des embruns longtemps avant d'apercevoir la terre, et moi je serai à
l'avant du navire avec l'oncle Andriamena, et vous
à la barre, et le *Azzar* entrera par la passe entre les
îlots, et moi je vous guiderai, je regarderai la couleur de la mer et les remous, je vous ferai signe
d'aller à gauche, ou à droite, et le bateau longera
les grandes plages avec les cocotiers penchés par le
vent, les petites maisons blanches que les gens ont
là-bas, et les mouettes viendront, et les requins
viendront aussi, ils nageront dans le sillage, et puis
le bateau entrera dans le port, et les gens viendront nous accueillir, tous les gens que vous
connaissez là-bas, vous vous rappelez, Ravine,
Charmille, Pontain, et la vieille Domitille qui vous
prépare votre poisson rouge à Port-Louis, ils ne
vous ont pas oublié, et moi aussi il y a des gens qui
se souviennent de moi, vous savez, j'ai ma tante
Wendy à Sainte-Rose, je ne l'ai jamais vue, mais je
sais qu'elle m'attendra quand j'arriverai, et il y
aura aussi mon père, il aura fini son voyage et il
sera là-bas pour me recevoir et tout le monde
saura que nous arrivons à cause des voiles au-
dessus de la mer, tout le monde saura que nous
sommes de retour, maintenant, après toutes ces

années, ils ne nous ont pas oubliés. » La voix de
Nassima était tout à fait basse, si basse que même
Moguer ne pouvait pas l'entendre, mais elle glissait au fond de lui comme une berceuse, un bourdonnement plutôt, avec de temps en temps des
bribes de phrases, « la nuit, sous les étoiles, loin »,
des refrains, des rythmes, « la folie, lalo, la folie »,
c'étaient les mots de son enfance, les petits mots
doux en créole que lui disait son père et qui parlaient des îles, de la maison où ils iraient tous
ensemble un jour, et maintenant Nassima n'avait
jamais été aussi près d'y arriver. « ... l'eau *rouze*,
bercé la vague, porté, bercé l'enfant-lalo, l'enfant-
yich, alizé, sargasses... » ... comme si les mots
n'avaient pas de sens, suivaient le mouvement des
vagues, le balancement des songes.

La nuit était presque tombée. Nassima a quitté
le lit d'appoint, elle s'est glissée dans le lit étroit,
contre Moguer, le bras par-dessus son corps
maigre et la main agrippée au matelas pour ne pas
tomber, comme s'ils étaient tous les deux dans une
couchette portée par une mer houleuse. Elle s'est
serrée contre lui, pour lui donner sa chaleur, pour
que sa chaleur entre dans son corps froid, pour
qu'il vive au-delà de cette nuit qui commence,
pour qu'il traverse jusqu'au matin. Elle a placé sa
tête contre la sienne, son buste étroit s'est
appliqué contre son buste, elle a senti à travers le
drap empesé la dureté de ses hanches, ses jambes
maigres aux genoux aigus, ses bras, ses doigts se
sont mêlés à ses doigts pareils à des brindilles de
bois sec. Elle a ôté les tubes et les tuyaux, l'aiguille

plantée dans la veine du poignet gauche qui dis-
tillait les poisons. Elle a laissé s'étendre la chaleur
de son corps, de son souffle. Elle s'est sentie trans-
portée dans un autre monde. Elle a senti qu'elle
flottait au-dessus du lit, enlacée à Moguer, comme
s'ils ne faisaient qu'une seule personne. Elle s'est
envolée avec lui loin de la chambre étroite, au-
dessus de la ville, de la rade, loin au-dessus de la
mer.

Elle n'a pas entendu les infirmières, ni les deux
appariteurs antillais, vêtus de blanc, qui la tirent
par les épaules, qui l'arrachent lentement au lit.
Avec peine ils dénouent ses bras et ses jambes, ils
défont ses doigts un par un. Ils la portent, ils
l'emmènent jusqu'en bas, dans un hall plein
d'une lumière brutale, et elle se débat, elle crie,
elle leur crie son nom : « Laissez-moi, je suis Nassima Moguer, Nassima Moguer ! »

Une petite femme est venue, elle est maigre et
très pâle avec ses cheveux gris coupés court, elle
s'approche de Nassima, elle se serre contre elle,
ensemble elles marchent dans l'allée du jardin de
l'hôpital, il tombe une pluie fine, une bruine qui
mouille les cheveux et le visage de Nadia Kergas et
la fait frissonner, et les gouttes roulent aussi sur les
joues de Nassima comme des larmes. Nadia est
frêle et petite, mais sa main est si forte, et Nassima
s'abandonne, monte dans la vieille Polo blanche,
elle entend seulement la voix très douce qui
répète : « Mon bébé, mon bébé-*yich*, mon enfant-
lalo. »

Nassima regarde fixement l'essuie-glace qui
racle le pare-brise à droite, le caoutchouc est
rongé par le soleil et par le temps. Elle pense : il va
falloir le changer. C'est tout.

La mer est lisse encore et toujours, avant le lever du soleil. Les mouettes qui étaient allées à l'ouest reviennent vers l'est en jacassant. Nassima est arrivée avant l'aube, comme autrefois, quand elle descendait quatre à quatre les escaliers jusqu'au chemin de ronde. Dans le gris cotonneux de la mer, le grondement un peu haut perché du hors-bord a pesé sur ses tympans, dans le genre d'une petite douleur. La baleinière noire de Saremito Joseph est sortie du port, peinant pour haler le navire. Jamais Nassima n'aurait pensé que ce jour arriverait, que tout serait si simple, si naturel. Chérif a passé le grelin dans les trous des écubiers, et Saremito a donné quelques tours du cabestan de poupe.

Le *Azzar* détaché de ses amarres a décollé légèrement du quai. Il glissait en se dandinant dans le sillage de l'embarcation, il était si élégant qu'on n'aurait jamais pu croire qu'il était attaché par un câble. Saremito était assis sur le côté, la main sur la manette des gaz, et Chérif debout à l'avant. C'était comme si le navire poussait devant lui la baleinière.

À la sortie du port, l'eau est noire, profonde. Il y a tous ces trous mystérieux, les avens où sourdent les sources froides. Quelquefois on rencontre de grands poissons-lunes qui se laissent enivrer en tournant sur eux-mêmes. À un moment, une troupe de dauphins gris est passée tout près de l'étrave de l'*Azzar*, sans se soucier des remous de la baleinière. Leurs corps glissaient à fleur d'eau, très doux, rapides, puis ils sont partis droit vers le large et Chérif a pensé que Nassima aurait bien aimé voir cela.

Saremito a stoppé le moteur, pour laisser agir le courant. Lentement, majestueusement, le grand navire est venu vers eux. L'étrave toujours magnifique, aiguë, pointant le bout-dehors comme le rostre d'un narval géant, et la vision de ce navire silencieux, démâté, glissant vers eux dans l'aube les faisait frissonner. Saremito a saisi une défense avec sa gaffe, de façon à maintenir la baleinière le plus près possible de la coque, ils ont commencé à dériver lentement vers le large. Il n'y avait pas besoin de mots, Chérif savait ce qu'il avait à faire.

Par l'échelle de corde accrochée aux taquets, il est monté sur le pont. C'était la deuxième fois qu'il se trouvait sur l'*Azzar*. La première fois, il avait accompagné Saremito pour l'estimation des travaux. Alors, on pouvait voir clairement ce qu'avait été le navire au temps de sa splendeur. Sur le rouf, les plaques de vernis éclairaient le bois d'acajou, les pièces de laiton brillaient encore, chaque hiloire, chaque membrure paraissait encore solide malgré le naufrage, on voyait les montants du garde-corps, les poignées des écoutilles, les manches à air, et les lattes du pont restaient sombres et luisantes, ajustées avec précision. Mais, après des années d'abandon, ce n'était plus le même navire. L'eau de mer, la pluie, le soleil avaient usé les parties en bois, piqueté les pièces de métal. L'immense coque avait pris une couleur vert-de-grisée, pareille au squelette d'un mammifère marin échoué sur un banc de sable, quelque chose de mort, d'oublié, rejeté par une mer du bout du monde.

Le moteur de l'embarcation est arrêté, Chérif n'entend rien que le clapot contre la coque, une sorte de respiration sombre qui semble surgir du fond d'une grotte. Le ciel est bas et gris, sans nuages, juste une vapeur qui cache le haut des montagnes, empêche le soleil de se lever. Au loin, la côte est à peine visible. Des villas au milieu des pins, des barres d'immeubles sans fenêtres. Malgré le jour qui point, tout le monde dort à terre. Mais Chérif sait que Nassima ne dort pas. Elle attend quelque part sur le chemin de ronde, assise sur les pierres mouillées par la rosée, il y a si longtemps qu'elle attend ce moment. Chérif aime bien cette heure-là. C'est à cette heure qu'ils avaient vu les dauphins tourner en cercle dans la rade, Nassima était émerveillée, elle serrait fort la main de Chérif. La bande avait fait plusieurs cercles, bondissant joyeusement au-dessus du miroir de l'eau, et ils avaient entendu leurs appels. Des cris très doux, rapides. Puis les dauphins étaient repartis vers le large, et à cet instant précis le grondement de la ville avait commencé.

Le grand navire dérive doucement avec la baleinière noire collée à son côté. Chérif a le cœur qui bat un peu trop fort, il sait ce qu'il doit faire. Quand Saremito lui a dit ce qu'il avait décidé, Chérif n'a pas été surpris. En vérité, c'est Nassima qui avait tout décidé, à sa façon, sans rien dire, rien qu'avec son imagination, rien qu'avec son regard. Lui aussi y avait pensé depuis longtemps, comme un rêve qu'on fait nuit après nuit, jusqu'à ce qu'il se réalise. Saremito était revenu de l'hôpital, après cette petite artère qui s'était brisée dans le cerveau de Moguer, il avait dit à Chérif, avec son accent italien un peu rocailleux : « Il faut saborder. La mort plutôt que le déshonneur. »

C'est très simple. En descendant dans le carré, Chérif comprend que Moguer a tout prévu, tout préparé. La trappe de visite est restée ouverte, telle que Moguer l'a laissée quand il a essayé en vain de remettre le moteur en marche — comme s'il allait courir à nouveau les mers sur un voilier démâté grâce à cet engin grippé par la rouille — et, dans le magasin, il y a le dispositif dont il avait parlé à Saremito. Tous ceux qui ont visité le *Azzar*, les agents de la Seamar, les banquiers, les notaires, tous ces véreux qui ont attendu leur heure pour jouir du spectacle du vieux gerfaut aux ailes rognées, tous ces incapables et ces profiteurs, pas un d'entre eux n'a remarqué la douzaine de conteneurs de butane de 1,8 kilo alignés contre les membrures sous la ligne de flottaison, non loin du réservoir de mazout. Pas un d'entre eux n'a fait attention au fil électrique enroulé ni au briquet fixé au bec d'une des bonbonnes par une pince crocodile. Chérif peut imaginer très bien le vieux forban en train de bricoler patiemment sa bombe, enfermé dans la cale en faisant croire qu'il travaille, avec la pluie d'hiver qui tambourine sur le pont et s'infiltre par les joints rongés des hublots.

Sans s'en rendre compte, quand il a ouvert l'un après l'autre les robinets des conteneurs, Chérif a émis le même petit ricanement du bout des lèvres, le souffle dédaigneux avec lequel Moguer a chassé toute sa vie les ennuis, les complots, le jugement des hommes.

Il déroule minutieusement le câble en marchant sur le pont à reculons, jusqu'à ce qu'il touche la lisse. Tout se passe très vite, et pourtant le jour va encore plus vite. Les réverbères brillent, dessinent les courbes et les droites des routes le long de la côte. Les goélands glissent de l'ouest vers l'est, pour devancer le soleil. La lumière chaude a commencé à éclairer le *Azzar* au large de la rade, même sans mâts il semble surnaturel de beauté, d'élégance, la seule chose parfaite dans ce paysage chaotique.

Il faut en finir vite, maintenant. Chérif descend dans la baleinière, ses mains tremblent, il n'arrive pas à tirer le fil électrique vers la batterie. Sans dire un mot, Saremito a lancé le moteur en marche et repoussé la coque du navire du bout de la gaffe.

C'est lui qui prend le fil et plante les pinces sur les bornes de la batterie.

Du haut de la citadelle, Nassima regarde la silhouette du *Azzar*. Elle regarde la silhouette depuis si longtemps qu'elle est comme brûlée au fond de ses rétines. La mer est lisse, métallique. Il y a le grondement aigu, étouffé d'un moteur, puis un éclair qui jaillit brièvement, et le bruit de l'explosion met un temps infini à arriver jusqu'à terre, un bruit sourd, caché, qui semble venir des profondeurs. Un instant, le navire est immobile, avec un peu de fumée qui sort d'une plaie, dans cette partie de la poupe qui surplombe l'eau comme un encorbellement d'église. Ensuite Nassima entend une deuxième déflagration, dans l'air cette fois, et au même instant elle aperçoit la longue flamme qui dévore la moitié de la coque. Elle pense aux fusées d'artifice qui vont remplir le ciel ce soir.

Là où il est, dans l'étroite pièce grise sans fenêtre, Moguer ne peut pas ne pas l'entendre. C'est pour lui. C'est le dernier son qu'il doit entendre avant de partir. Le *Azzar* s'enfonce rapidement à reculons dans la mer, un bref instant il dresse vers le ciel son avant effilé terminé par le bout-dehors, comme un animal qui va bondir. Mais il continue à reculer, il s'effondre, il plonge vers les fonds de deux cents mètres. Nassima cherche des yeux la baleinière noire de Saremito Joseph. Maintenant, elle ne pense plus qu'à Chérif, elle a hâte de mettre sa main dans la sienne, de partir, sans se retourner. Elle ne regarde même plus vers le large, de toute façon la mer est devenue encore plus lisse et calme, elle recouvre tout comme une peau.

Albuquerque,
février 1999.

ANGOLI MALA

On raconte qu'en Inde, au
Ve siècle avant notre ère, un homme
ordinaire, du nom d'Angoli Mala,
devenu fou, se retira dans l'épaisseur des forêts où il vécut comme
un animal sauvage, tuant tous ceux
qui cherchaient à le capturer. Alors
un jeune homme, Gautama, fils du
chef du clan des Sakya, et qui
n'était pas encore connu sous le
surnom de Bouddha, l'Illuminé,
entra seul dans la forêt et parla sans
la moindre crainte à cet homme
sauvage, et le guérit ainsi de sa
folie.

Quelque deux mille cinq cents
ans plus tard, dans la forêt du
Darién, un événement semblable se
produisit, dont je fus partiellement
témoin. C'est pourquoi j'ai donné à
ce récit le nom d'Angoli Mala, en
souvenir de l'homme que le Bouddha avait sauvé.

Avant la saison des pluies, John Gimson, surnommé Bravito, est arrivé sur le fleuve. Il était né là, dix-huit ans auparavant, mais il ne connaissait plus rien. Quand il avait deux ou trois ans, ses parents, des Indiens nouvellement convertis à la religion baptiste, étaient morts de la typhoïde dans le petit dispensaire que le pasteur, un Noir américain du nom de John Gimson, venait de faire construire sur le fleuve, en amont de Yaviza. Le pasteur avait dû repartir aussitôt vers la ville de Panamá, et il avait emmené avec lui l'enfant. Il lui avait donné son nom, et il l'avait élevé dans la religion, avec l'idée que le jeune Indien retournerait un jour parmi les siens pour répandre la bonne parole. Mais un jour, comme le pasteur lui avait reproché d'avoir bu de l'alcool dans un des tripots du Marañon, Bravito avait pris un billet sur le bateau qui partait pour le Darién, et il était arrivé sur le fleuve.

Il n'avait aucune idée de ce qu'était la vie dans la forêt. C'était un jeune Indien de la tribu des

Waunanas, svelte et fort, avec un visage d'une
grande beauté et d'épais cheveux noirs renvoyés
en arrière. Bravito était le surnom que ses parents
lui avaient donné à sa naissance, parce qu'il semblait coléreux, et le pasteur lui avait gardé ce
surnom.

Les sociétés indiennes n'aiment pas les trans-
fuges. Quand il était parti le long du fleuve à la
recherche de sa famille, Bravito avait été accueilli
avec méfiance. Tout en haut du fleuve, un peu au-
dessous de l'endroit qu'on appelait Tres Bocas (les
trois bouches, à cause des trois torrents qui formaient la source du fleuve), il avait trouvé la
maison de son oncle. Quand il était enfin arrivé là,
après cet interminable voyage à bord de la pirogue
des commerçants noirs venus vendre de l'huile et
du riz aux Indiens, Bravito s'était senti un peu
découragé. Le fleuve était couleur de boue, et de
chaque côté s'élevaient les murailles infranchis-
sables de la forêt. Tout le long du chemin, Bravito avait vu seulement ces huttes misérables où
vivaient quelques Noirs, des Indiens taciturnes.
Chaque soir, Bravito avait dormi à même le plancher, sa chemise sur son visage pour ne pas être
dévoré par les moustiques. Le plancher des huttes
pullulait de cafards minuscules qui s'attaquaient
aux provisions, et même au poste de radio à écouteurs que Bravito avait apporté, seul souvenir de sa
vie dans la maison du pasteur.

Bravito était arrivé dans la maison de son oncle
Andrés affaibli par la fièvre. On avait fait venir un
sorcier, un vieil homme boiteux, du nom de Teclé,

qui avait forcé Bravito à boire une décoction hor-
riblement amère. Les nuits qui avaient suivi son
arrivée en haut du fleuve, Bravito avait déliré et
vomi tout ce qu'il pouvait, puis il avait sué abon-
damment, et il s'était réveillé guéri.

L'oncle Andrés habitait une grande maison
indienne, faite d'un immense toit de feuilles en
forme de parasol recouvrant un plancher en lattes
de bois noir perché sur des pilotis à quatre mètres
du sol. Après avoir étouffé dans la cale du bateau,
après le pullulement sordide des cases le long du
fleuve, Bravito avait aimé la beauté de cette grande
maison, sans murs ni cloisons, où l'ombre était
fraîche pendant le jour, et où on pouvait écouter
dans la tiédeur de la nuit le bruit doux de la pluie
sur les feuilles du toit. Le fleuve coulait un peu
plus bas, devant les plantations de bananiers, et la
nuit Bravito aimait aussi entendre le bruit continu
des eaux.

Il avait dû tout apprendre : à travailler tôt
chaque matin, pour nettoyer les plantations de
bananiers ou de canne à sucre, machette d'une
main et bâton de l'autre, ou à abattre à coups de
hache des arbres pour le feu. Il avait dû apprendre
à marcher dans la forêt sans se perdre ni faire de
bruit, à monter aux sapotiers pour cueillir des
fruits, ou à déféquer au crépuscule, en s'asseyant
dans la rivière avec l'eau jusqu'au cou, sans se soucier des morsures des poissons. Il avait dû surtout
apprendre à parler la langue de sa tribu, et cela
était venu plus facilement qu'il n'aurait cru.
C'était comme si les mots étaient endormis au

fond de lui, et que la langue des autres les
réveillait un à un.

Alors, après six mois, tout était allé mieux d'un
coup. Tous ceux qui se méfiaient de lui au début
maintenant lui parlaient avec amitié, partageaient
son travail, riaient avec lui. Son oncle Andrés et
son cousin, un jeune garçon du même âge que
lui, nommé Fulo, avaient cessé de se moquer de
lui et le traitaient comme s'il avait toujours été là,
parmi eux. Même les femmes et les enfants ne
montraient plus de réserve et l'accueillaient bien
quand il revenait du travail sur les plantations.
Maintenant, Bravito avait changé : ses habits de
citadin étaient déchirés et tachés, et ses chaussures
n'avaient pas résisté à la boue du fleuve. Il marchait pieds nus, et son corps était noirci par le
soleil. Sa seule coquetterie était pour ses cheveux.
Il les coupait régulièrement, les peignait en arrière
et les parfumait avec de la brillantine.

C'est à cette époque-là que Bravito a vu Nina
pour la première fois. Avant de l'avoir vue, il savait
qu'elle existait, parce que dans la maison de son
oncle on parlait souvent d'elle, surtout les jeunes
garçons. Tous, ils se vantaient de lui avoir parlé, ou
d'avoir obtenu d'elle un rendez-vous, pour venir la
rejoindre la nuit sous sa moustiquaire. Mais à la
façon dont ils disaient cela, on voyait bien que ça
n'était pas vrai. Bravito avait interrogé son cousin,
un jour, à propos de Nina, et il avait dit en riant
que ce n'était pas une fille pour lui. Il lui avait
raconté qu'elle était la fille d'un ancien policier

noir de la Garde nationale et d'une Indienne. On disait même que sa mère était *cimarrona*, une Indienne sauvage que le policier noir avait capturée autrefois dans la forêt. Ils vivaient dans la dernière maison, en haut du fleuve, juste avant d'arriver à Tres Bocas, et on disait que la maison de Nina servait parfois de rendez-vous aux contrebandiers colombiens qui faisaient le trafic de la poudre blanche.

Un jour, après les dernières pluies de la saison, Bravito est parti chasser dans la forêt avec son cousin Fulo et deux autres jeunes Indiens. L'oncle Andrés lui avait prêté son fusil, et Bravito était ému, parce que c'était la première fois qu'il s'en allait dans la forêt. Ils ont suivi la piste d'un cerf pendant deux jours, et le matin du troisième jour ils l'ont tué au fond d'un ravin. Bravito avait tiré et avait manqué le cerf, mais les jeunes gens avaient partagé équitablement le cerf et lui avaient donné un cuissot. Sur le chemin du retour, Bravito a tué un *hocco*, un dindon sauvage, qui était perché dans un arbre. Alors ils ont marché à travers la forêt jusqu'à Tres Bocas, et là, sur la plage, devant les trois torrents, ils ont fait cuire le dindon. Ils n'avaient rien mangé depuis le commencement de la chasse, que des baies sauvages et des feuilles.

C'était le soir. La lumière déclinait au-dessus du confluent des trois torrents, les murailles des arbres étaient déjà noires, impénétrables. Alors que les jeunes gens étaient assis sur la plage et mangeaient, Nina est apparue. Elle revenait de la pêche, et elle s'est arrêtée sur la plage pour regarder les jeunes

Indiens. Jamais Bravito n'avait vu une femme
comme elle. Dans la demi-clarté du crépuscule, elle
paraissait très grande, avec des bras très longs et un
cou élancé. Sa peau était couleur de cuivre sombre,
et ses cheveux épais et noirs comme ceux des
Indiennes. Mais elle était vêtue d'une longue robe
de coton comme les femmes noires. Elle avança vers
eux, pieds nus, portant dans un panier les poissons
qu'elle avait pêchés à la ligne et au harpon. Les
jeunes gens, qui avaient si souvent bavardé à son
sujet, devinrent tout d'un coup silencieux et
timorés. Nina s'approcha d'eux, si près que Bravito
distingua la couleur dorée de ses yeux. Elle leur
parla en espagnol, avec cette assurance dédaigneuse
que les Noirs avaient pour les *siespiem*, les gens de la
forêt. Elle regarda Bravito et elle demanda : « Qui
est celui-là ? » Quand il se rendit compte que son
cœur battait plus vite, et qu'il était devenu aussi
muet que les autres, Bravito devint furieux. Mais
déjà Nina était repartie le long de la plage, sans se
retourner, de sa démarche souple et indifférente.
Alors les jeunes gens avaient commencé à plaisanter
en parlant d'elle, et Bravito était encore plus en
colère. N'avait-elle pas raison de les mépriser, puis-
qu'ils manquaient à ce point de courage ?

Pendant les semaines et les mois qui suivirent,
Bravito n'avait cessé de penser à Nina. L'éblouisse-
ment qu'il avait ressenti quand elle était apparue
silencieusement dans la pénombre du crépuscule,
au bord des torrents, sa silhouette longue et mince
drapée dans sa robe mouillée, l'éclat jaune de ses
yeux quand elle l'avait regardé, tout cela était resté

en lui, revenait à chaque instant, troublait son sommeil. Peu à peu, cela avait remplacé la colère et le dépit qu'il avait ressentis quand les quatre jeunes Indiens assis sur la plage n'avaient rien osé dire ni faire sous le regard ironique de Nina.

Pourtant, Bravito n'était plus vierge. Il avait eu, durant les mois qui avaient précédé son départ, une liaison avec une femme noire du quartier du Marañon, une serveuse de bar américain. C'était même un peu à cause d'elle qu'il était parti. Il ne voulait pas entendre les reproches du pasteur Gimson. Le pasteur finissait toujours par tout savoir, il avait des fidèles dévoués qui lui rapportaient tout.

C'était cela qui avait mis Bravito en colère, quand il avait vu Nina pour la première fois. Il avait pensé que, dans la forêt, il serait l'égal de n'importe qui. Il avait vu alors, dans le regard de Nina posé sur lui et sur ses compagnons de chasse, qu'il n'était qu'un Indien, un *cholo* qui se tait et baisse la tête quand on lui parle.

Son attitude avait changé à partir de ce jour-là, sans même qu'il s'en rende compte. C'était comme si les longs mois de la saison des pluies qu'il avait passés à se plier à sa nouvelle vie, tout ce qu'il avait voulu apprendre avec une sorte d'impatience, pour ressembler à ceux de sa famille, tout avait été annulé et rendu absurde par le regard dur de la jeune fille, par son expression indifférente et dédaigneuse.

Maintenant, Bravito ressentait le poids de l'existence auprès de son oncle, le travail sur les planta-

tions comme un esclavage. Chaque matin, dès
l'aube, il fallait parcourir les rangées de bananiers,
et nettoyer accroupi, machette à la main, jusqu'à
ce que le soleil étourdisse. Il fallait défricher la
forêt, abattre les arbres à la cognée, porter les
troncs sur l'épaule qui saigne. Après les tornades,
il fallait partir à la recherche de palmes nouvelles
pour réparer le toit, de branches pour consolider
le faîtage. Les seules distractions, c'étaient les
fêtes, des beuveries qui duraient trois jours et trois
nuits, durant lesquelles les Indiens dansaient au
son de l'accordéon et du tambour, et buvaient
jusqu'à ce qu'ils tombent par terre ivres morts. Au
cours de ces fêtes, les jeunes gens entraînaient les
Indiennes au corps épais dans les fourrés puis,
leur désir assouvi, ils s'endormaient dans la boue.
Parfois les beuveries dégénéraient en bagarres,
pour des motifs futiles. Des hommes s'empoi-
gnaient, se frappaient à coups de poing, se tuaient
quelquefois à coups de couteau.

Bravito est allé pour la première fois à une fête,
à la fin de la saison des pluies. Avec son cousin
Fulo, ils ont marché le long du fleuve, et ils sont
arrivés au village indien, à la nuit. Dans le lointain,
ils ont entendu le bruit de la musique, les coups
sourds du tambour et l'accordéon nasillard. Il y
avait aussi de drôles de cris, sauvages et aigus
comme des appels d'oiseaux. Comme ils étaient
trempés de sueur d'avoir marché tout l'après-midi,
Fulo et Bravito se sont baignés dans la rivière. Ils
ont nagé tout nus dans l'eau noire. Le ciel était
encore vaguement éclairé, au-dessus de la forêt, et

les chauves-souris volaient au ras du fleuve. La fraîcheur de l'eau leur a fait du bien. Bravito a peigné
longuement ses cheveux, pendant que Fulo se parfumait. Puis ils se sont rhabillés et ils ont marché
vers la maison où avait lieu la fête. Il y avait beaucoup de monde sur la plate-forme, des hommes et
des femmes, et même des enfants. Au centre de la
maison, un Noir et un métis jouaient des *cumbias*,
et les couples dansaient autour d'eux, une drôle
de danse lourde et piétinante. Le tronc entaillé
qui servait d'échelle était tombé, et Fulo et Bravito
ont escaladé les piliers et se sont installés au bord
du plancher. À la lumière brutale des lampes à gaz,
les Indiens dansaient serrés, tête baissée, corps
ruisselant de sueur. Les femmes avaient mis leurs
lourds colliers de pièces d'argent, et chaque pas
secouait les colliers avec un bruit de ferraille.
Beaucoup d'hommes et de femmes avaient peint
leur corps en noir avec du jus de génipa. Tous
avaient commencé à boire depuis le milieu de
l'après-midi, et certains étaient déjà tombés en bas
de la maison, ivres morts. Fulo a entraîné Bravito
vers les cuves pleines de jus de canne mélangé à de
l'alcool à 90°. Fulo a puisé dans une des cuves avec
une calebasse, il a bu d'abord, puis il a passé la
calebasse à Bravito. Le bruit de la musique était si
fort que personne ne pouvait parler. Assises sur
le rebord du plancher, les Indiennes attendaient,
en fumant et en buvant à même une bouteille
d'alcool à 90°. L'odeur de l'alcool se mêlait à
l'odeur de la fumée, à l'odeur de sueur et de vomi,
et Bravito sentit l'ivresse qui déformait son esprit.

Le regard trouble, il chercha Fulo et l'aperçut qui dansait au milieu des autres, la tête baissée, ses pieds martelant le plancher qui tremblait.

Bravito s'est approché des femmes qui buvaient. Elles l'ont regardé en riant, et elles ont continué à se chanter à l'oreille en se balançant. Puis l'une d'elles s'est levée. Bravito l'a reconnue. C'était Elvira, une jeune femme qui vivait dans une maison non loin de celle de son oncle Andrés. Son mari l'avait quittée parce qu'elle avait tué son enfant à la naissance. Elle avait un beau visage aux pommettes hautes, une chevelure magnifique et sauvage, mais son corps était déjà lourd, avec de larges épaules et des seins petits, à peine formés. Depuis la moitié de son visage jusqu'au bas du corps, elle était peinte en noir, et ses yeux brillaient d'un éclat fiévreux.

Bravito a dansé avec elle longtemps, dans la nuit. Quand les musiciens s'arrêtaient pour se reposer et boire, Elvira restait enlacée à Bravito, et ensemble ils buvaient à l'écuelle l'alcool mêlé au jus de canne. Elvira avait des yeux fous, la sueur ruisselait sur son visage, sur son corps. À un moment, Bravito a senti la nausée dans sa gorge. Il s'est jeté au bord du plancher, et il a vomi longuement, puis il s'est endormi.

Les cris l'ont réveillé. À l'autre bout de la maison, deux hommes accroupis se défiaient en poussant des glapissements stridents. Les danseurs se sont écartés, et les deux hommes se sont jetés l'un contre l'autre, cherchant à se briser mutuellement les dents à coups de tête. Puis ils sont tombés par-dessus bord, dans la boue, et la foule a recommencé à danser. Bravito est descendu de la maison en sautant, il a fait quelques pas dans la nuit. Alors Elvira est venue elle aussi, elle l'a pris par le cou. En haut, sur le rebord du plancher, les Indiennes continuaient à rire et à fumer, ou bien elles chantaient entre elles à voix inaudible, en frappant à coups de poing leurs colliers sur leur poitrine. Dans la forêt, Elvira a guidé Bravito jusqu'à un endroit où on n'entendait plus l'accordéon que par bouffées. Là, elle a défait sa jupe, elle s'est couchée par terre, et ils ont fait l'amour brutalement, jusqu'à ce que leurs souffles deviennent rauques. Ensuite ils sont restés enlacés par terre, sales, couverts de sueur. Bravito entendait le fleuve couler avec force tout près d'eux, comme s'il était en train de tout emporter.

C'était la forêt que Bravito aimait surtout. Tres Bocas était à la limite du monde sauvage. Au-delà, on entrait dans l'inconnu, dans l'épaisseur la plus sombre, la plus silencieuse. Il n'y avait plus de fleuves ni de chemins. Seulement quelques torrents qui coulaient avec violence entre les rochers, parfois entièrement recouverts par la voûte des feuilles d'arbres, et les hautes collines abruptes, faites de pierre glissante, où les nuages semblaient naître. Plus loin encore, un des torrents s'enfonçait dans une gorge, et on disait qu'au-delà de cette gorge commençait une vallée magique, où régnait une peinture représentant un grand *hocco* tout noir, avec sa crête jaune, qui avait été mise là par le diable.

Bravito partait de plus en plus souvent à la chasse. Les premiers temps, il accompagnait son oncle, ou son cousin Fulo, parce qu'il ne savait rien de la forêt, ni de la façon dont on suit un cerf ou un sanglier à la trace. Puis il avait appris à se servir de ses sens, à flairer la piste du gibier, à repérer la moindre trace, une branche brisée, une marque dans le sable d'un torrent asséché, il avait même appris à goûter les feuilles des arbustes du bout de la langue. Ce savoir revenait en lui peu à peu, retrouvait une place ancienne. Il avait quitté ce monde bien avant d'avoir pu apprendre tout cela, et pourtant c'était comme les mots de sa langue. Chaque indice, chaque marque trouvait en lui exactement sa place. Personne d'ailleurs ne s'en étonnait. Lui-même avait oublié à présent les années de sa vie passées auprès du pasteur noir, les leçons et les prières qu'il devait réciter dans l'école, et les rues bruyantes du quartier du Marañon.

Un jour qu'il était allé chasser tout à fait en haut du fleuve, à Tres Bocas, et qu'il revenait en portant sur son dos, lié au fusil, un cerf de bonne taille, Bravito eut envie de revoir Nina. Il alla s'asseoir sur la même plage, au bord des torrents, où il l'avait vue pour la première fois. En effet, vers le soir, elle revint de la pêche, en portant des poissons dans son panier d'osier, son long harpon à pointe de fil de fer appuyé sur son épaule. Quand il la vit venir, toujours si belle, mince et sombre dans sa robe de coton usée par l'eau et le soleil, son cœur battit plus vite. Elle s'approcha et regarda Bravito avec curiosité, comme si elle le voyait pour la première fois :

« Qui es-tu ? »

Elle ajouta, presque aussitôt :

« D'où es-tu ? »

Bravito a dit :

« Je suis un *siespiem.* »

Il a dit cela en montrant la forêt, par provocation. Nina a éclaté de rire :

« Un *siespiem* ! »

Elle a montré le cerf mort.

« Qu'est-ce que c'est ?

— C'est un cerf que j'ai tué aujourd'hui. »

Nina a dit :

« Peut-être que mon père te l'achètera. Viens. »

Bravito n'a pas bougé. Nina a senti cette hésitation, et ses yeux jaunes ont brillé, comme de
colère.

« Allons, viens ! »

Elle a ajouté, plus calmement :

« Notre maison est près d'ici, plus bas. »

Bravito a chargé le cerf sur ses épaules et il l'a
suivie. Maintenant il ne ressentait plus la colère ni
la honte qui avaient fait battre son cœur si fort la
première fois que le regard de Nina s'était posé
sur lui et ses compagnons. Quelque chose avait
changé dans le regard de Nina, dans sa démarche
aussi. Elle semblait inquiète, plus fragile.

Quand ils sont arrivés à la maison, Nina est
montée la première, et elle a fait signe à Bravito
d'attendre en bas. La maison était sans murs,
comme celles des Indiens, mais les piliers étaient
plus bas, et un vrai escalier de bois remplaçait le
tronc entaillé.

Nina fit signe à Bravito de monter : Bravito déposa le cerf sur le plancher, près de l'escalier. Près du foyer, une vieille Indienne au visage émacié éventait les braises du foyer.

Le père de Nina se balançait dans un hamac de ficelle. C'était un Noir grand et fort, encore habillé du costume kaki des gardes. Quand il vit Bravito, il arrêta de se balancer.

« Qui es-tu ? demanda-t-il.

— John Gimson », dit Bravito.

Le Noir le regarda avec attention. Il passa sa main sur son crâne dégarni.

« C'est toi le fils du pasteur ?

— Oui, dit Bravito.

— Et tu es revenu vivre ici ? Pour toujours ? »

Bravito ne répondit pas à cette question.

« Enfin, tu n'es pas obligé de choisir. Tu as toute ta vie pour te décider. »

Pendant ce temps, Nina était allée s'accroupir près du foyer. Avec sa mère, elle prépara les poissons et les mit à griller sur les braises. Bravito fut étonné de l'entendre parler avec sa mère dans la langue des Indiens, et non en espagnol. Le père de Nina soupesa le cerf.

« Combien en veux-tu ?

— Une boîte de balles », dit Bravito.

Le Noir rit bruyamment. Il se rassit dans le hamac et recommença à se balancer.

« Une boîte de balles pour une seule balle, c'est bien, dit-il. C'est un bon troc. »

Comme Bravito ne disait rien, le père de Nina alla chercher la boîte et la lui donna. Bravito avait

faim et soif, et ses jambes étaient douloureuses
d'avoir marché toute la journée. Devant le foyer, la
vieille Indienne et Nina étaient occupées à faire
griller les poissons et le plantain, et l'odeur sembla
délicieuse à Bravito. La nuit venait, maintenant, et
il aurait bien aimé rester là, dans cette maison,
assis sur le sol, et manger, et dormir en écoutant
les deux femmes deviser dans leur langue chantante. La voix du Noir le ramena à la réalité :

« Il y a autre chose qu'on peut faire pour toi,
cholito ? »

Bravito le regarda sans comprendre. C'était la
première fois que quelqu'un lui adressait ce nom
plein de mépris. Alors, sans répondre, il descendit
l'escalier et il s'en alla. La fraîcheur de la nuit
venait des grands arbres qui bruissaient dans le
vent. Bravito remonta le fleuve jusqu'à la plage, en
se hâtant pour arriver avant la nuit noire. Il choisit
un endroit abrité du serein par un arbre, et il éga-
lisa le sol avec ses mains. Puis il s'assit par terre
pour regarder arriver la nuit.

La faim rongeait son ventre, et la colère faisait
battre son cœur, mais le crépuscule était si beau
qu'il se calma. En haut du fleuve, près des sources,
la forêt semblait plus pure, comme si les affaires des
hommes n'avaient pas encore touché le monde. Il y
avait le ciel lisse, couleur d'ambre, l'eau bleue des
torrents, encore pleine d'étincelles, les galets encore
chauds, et surtout les arbres : immenses, étendant
leur feuillage sombre sur la vallée, fermant les sen-
tiers, comme s'ils gardaient un monde de magie et
de mystère. Ici, au cœur de la forêt, vivaient les

oiseaux, les singes hurleurs et les troupeaux de porcs sauvages qui connaissaient, à ce que disaient les Indiens, l'entrée du monde du dessous. En haut de l'étroite gorge qui sinuait vers la montagne, vivait un dieu inconnu, maître de la nuit et des orages, et dont la demeure était gardée par l'effigie de l'oiseau *hocco*. Ceux qui voulaient s'en approcher se perdaient dans les nuages noirs, et le torrent tout à coup gonflé emportait leur corps. Mais peut-être que là était l'entrée du paradis terrestre dont parlaient les leçons du pasteur Gimson, cet endroit où il n'y avait ni bien ni mal, et où les animaux savaient parler le langage des hommes.

Assis sur la plage, à l'abri du grand arbre, Bravito guettait le ciel. Quand il vit la première étoile, fixe et dure comme un phare, il s'installa pour dormir. La brise fraîche de la nuit coulait comme une eau, et il écoutait les bruits mêlés des torrents.

Une ombre furtive l'éveilla. Il prit son fusil. L'ombre venait droit vers lui, comme s'il était aussi visible qu'en plein jour. Il cria : « Qui est-ce ? » Et aussitôt il la reconnut : c'était Nina. Elle s'accroupit devant lui et lui tendit une assiette d'émail pleine de nourriture. À l'odeur, il reconnut le poisson et le plantain dont il avait eu tellement envie. Il se mit à manger avec hâte.

Nina restait immobile à côté de lui. Quand il eut terminé, il alla rincer l'assiette dans l'eau du torrent, et il se lava la bouche et les mains. Puis il retourna vers l'arbre, près de Nina. Elle prit l'assiette et se leva pour s'en aller.

« S'il te plaît, reste, dit Bravito.

— Je ne peux pas, dit Nina. Mon père serait capable de te tuer. »

Bravito plaisanta :

« J'ai des balles, je me défendrai. »

Elle dit :

« Il ne veut pas que je parle avec des Indiens.

— Pourquoi ?

— Il ne les aime pas. Il dit qu'ils ne valent rien.

— Mais ta mère est indienne ?

— Ça n'est pas pareil. »

Bravito resta silencieux un instant.

« Alors pourquoi m'as-tu apporté à manger ?

— Je pensais que tu devais avoir faim. Tu es si bête, tu n'as même pas gardé un morceau du cerf pour toi. »

La nuit était pleine du bruit des insectes. Bravito aurait aimé que cela dure toujours, ici, sur cette plage, la nuit bleue, les torrents, et Nina debout devant lui, sans qu'il voie son visage ou ses yeux, avec ce parfum qui entrait en lui et lui faisait oublier tout le reste.

« Mon père dit que tu n'es pas un *siespiem*. Il dit que tu as vécu en ville, avant de venir ici. »

Il y avait une intonation presque plaintive dans la voix de Nina. Bravito chercha à plaisanter encore :

« Ton père raconte des histoires. Je ne me souviens plus de la ville. Je suis un homme de la forêt, un chasseur.

— Comment peut-on oublier ce qu'on a vécu ? » La voix de la jeune fille tremblait, et Bravito prit sa main.

« Qu'as-tu ? »

Nina avait une drôle de voix étouffée et lointaine, comme si elle allait pleurer.

Bravito entendit ses paroles sans les comprendre.

« Je voudrais… je voudrais m'en aller d'ici, aller en ville, ne plus voir ces gens, cette maison, cette rivière, cette forêt. Je voudrais être quelqu'un d'autre, m'en aller, m'en aller.

— Mais pourquoi… ? » commença-t-il. Mais il s'arrêta, parce que Nina n'écoutait plus. Elle s'éloignait, d'abord en marchant, puis en courant sur la plage. Comme Bravito se mettait à courir derrière elle, elle s'arrêta et elle se retourna vers lui, et dans l'obscurité sa voix résonna, dure, ironique, comme la première fois qu'il l'avait entendue, et que les quatre jeunes Indiens avaient baissé la tête devant elle. Elle dit :

« N'approche pas ! Ne reviens pas ici, les contrebandiers n'aiment pas que les Indiens viennent ici. Ils te tueront ! » Et elle disparut vers la forêt. Un instant après, Bravito entendit le chien de la maison du père de Nina qui aboyait. Là, sous l'arbre, il n'y avait plus que la nuit, le torrent, le chant des insectes.

Maintenant, Bravito ne vivait plus dans la maison de son oncle Andrés. Il s'était installé un peu plus bas, chez Elvira. Il avait quitté la maison de son oncle sans raison véritable, peut-être simplement pour ne plus avoir à marcher la nuit pour rejoindre Elvira sous sa moustiquaire. La maison d'Elvira était tout au bord du fleuve, perchée au sommet d'un gros rocher qui surplombait un bassin d'eau profonde. On disait qu'autrefois un Américain avait vécu là, un chercheur d'or, et la seule trace de son passage, c'étaient des marches qu'il avait creusées à la dynamite dans le rocher, et qui permettaient de descendre au fleuve. Elvira avait construit sa maison elle-même, sans l'aide de personne. Elle avait abattu les arbres à la cognée, et elle avait planté les piliers dans le rocher là où il y avait des trous. Elle avait été chercher les palmes vertes pour le toit, et les roseaux noirs pour le plancher. Maintenant, l'Américain Morgan, qui avait sa maison un peu en amont, du côté de Tres Bocas, avait fait savoir qu'il avait besoin du rocher

pour faire un embarcadère pour ses pirogues, et
du terrain au-dessus pour créer une piste d'atterrissage pour son hélicoptère. Mais Elvira aimait
bien son rocher et sa maison, et elle avait refusé de
s'en aller.

Bravito n'aimait pas Elvira, mais elle était douce
et facile, et elle ne lui demandait rien quand il partait plusieurs jours pour aller chasser du côté de
Tres Bocas. Elle était comme cela parce qu'elle
s'était habituée à vivre seule, depuis des années, et
aussi parce qu'elle était plus vieille que lui.

Ce que Bravito aimait chez Elvira, c'était sa voix.
Quand elle avait bu, et quelquefois aussi, le soir,
dans la pénombre, elle s'asseyait au centre de sa
maison, et elle commençait à chanter. Elle ne
chantait pas pour lui, ni pour personne. Elle chantait pour elle-même, en balançant lentement le
haut du corps, et les colliers de pièces s'entrechoquaient en cadence, et sa longue chevelure noire
balayait son dos jusqu'au sol. Jamais Bravito n'avait
entendu une voix aussi belle, aussi pure. Au commencement, c'était un mince filet d'eau, très fin,
très clair, d'une hauteur telle qu'il était presque
imperceptible. Puis la voix d'Elvira grandissait,
oscillait, emplissait toute la maison, emplissait la
tête et le corps de Bravito, jusqu'à la forêt sombre
bruissante d'oiseaux et d'insectes. C'était une voix
si aiguë, si claire qu'elle semblait ne plus rien avoir
d'humain.

Bravito écoutait Elvira, sans bouger, et il sentait
la voix troubler des choses secrètes au fond de lui,
des émotions oubliées, des désirs. Immobile,

appuyé contre un des poteaux du toit, il écoutait, presque sans oser respirer. Elvira était seule au centre de la maison, près du foyer, et son corps et son visage sombres oscillaient étrangement. Assise sur ses talons, les bras appuyés sur ses genoux, Elvira se balançait lentement, et sa lourde chevelure balayait son visage et ses seins, et, du plat de la main gauche, elle frappait en cadence le collier de pièces sur sa poitrine. Elle chantait une chanson pour son amie morte, qui venait la voir quelquefois dans la nuit, et qui s'appelait Rosa. Elle chantait : « Ma compagne, Rosa, viens t'asseoir auprès de moi ! » Et les mots faisaient frissonner Bravito, comme si à chaque instant l'amie d'Elvira pouvait surgir de l'autre monde. Elvira montrait le fleuve, de l'autre côté, là où commençait la grande courbe, et elle disait : « C'est là qu'est sa maison, c'est là que se trouve le village des morts ! »

Quand elle avait terminé de chanter, Elvira s'allongeait sur le plancher, elle allumait la lampe à kérosène, et elle regardait les insectes tourbillonner autour de la flamme. Bravito s'allongeait aussi sur le plancher frais, et Elvira se serrait contre lui très fort, comme quelqu'un qui a peur. « À quoi penses-tu ? demandait Elvira. — Je ne pense à rien. » Bravito ne disait pas la vérité. Il pensait à Nina, à la maison où elle vivait, tout à fait en haut du fleuve, là où il voulait aller.

Au commencement de l'hiver, Bravito a rencontré les contrebandiers. En ce temps-là, les fleuves étaient devenus limpides, le ciel bleu se reflétait dans leurs eaux, et le niveau était si bas qu'à la marée basse les bancs de sable apparaissaient, même à l'estuaire. Les caboteurs ne pouvaient plus remonter et devaient mouiller dans la région des palétuviers. En haut du fleuve, vers la source, l'air était froid. Le vent violent soufflait sur la forêt, brisant les bananiers des plantations.

Bravito aimait cette saison. C'était la première fois qu'il goûtait à l'hiver. Dans la ville, dans le quartier sordide du Marañon, il n'y avait jamais d'hiver. Quand la saison des pluies finissait, c'était la chaleur lourde et humide, le soleil qui chauffait les plaques de tôle comme les parois d'un four.

C'est dans le bourg de Yaviza que Bravito a rencontré les contrebandiers. Yaviza, à cette époque-là (et sans doute encore aujourd'hui), n'était composée que d'une seule grand-rue desservant les cinquante bars qui étaient ouverts jour et nuit d'un bout à l'autre de l'année. La plupart du temps, les bars étaient vides, avec juste un homme endormi derrière le comptoir dans l'attente d'un client. Mais, certains soirs, les cinquante bars étaient pleins en même temps. Les clients étaient pour la plupart des Indiens, venus de tous les fleuves avoisinants, pour vendre leurs cargaisons de bananes ou de maïs, et qui dépensaient en quelques heures le résultat de plusieurs mois de travail dans les champs.

Bravito était venu en pirogue avec son oncle et son cousin Fulo, pour acheter de l'huile et d'autres denrées chez les épiciers chinois. Quand les achats avaient été terminés, son oncle et son cousin étaient repartis, et Bravito était resté, avec une cinquantaine de dollars qui représentaient le salaire de son travail sur les plantations. Dès l'après-midi, il avait commencé à boire, allant de bar en bar. La nuit venue, il était arrivé dans le plus grand bar, juste au-dessus du fleuve. C'était un vaste bâtiment de bois, complètement déglingué, qui appartenait à un vieux Suisse allemand du nom de Schelling, un chercheur d'or qui s'était progressivement ruiné à sa lubie, et s'était reconverti à temps dans la vente de l'alcool. Bravito avait logé chez lui lorsqu'il avait débarqué du bateau, et il l'aimait bien, parce que le vieil homme était resté élégant et drôle malgré les avanies du destin. Dans la grande salle presque vide, peinte en vert criard, les seuls objets de luxe étaient un ventilateur qui faisait un bruit de moteur d'avion et un vieux juke-box qui jouait sans cesse le même air de *cumbia*. Quand Bravito est entré, quelques femmes indiennes attirées par la musique dansaient toutes

seules au centre de la salle, en tenant une ser-
viette-éponge sur leur buste. Près du comptoir, il y
avait des Indiens, quelques Noirs, des matelots
venus des caboteurs échoués dans l'estuaire, et
même deux Indiens Cunas de la forêt, petits et
sombres, la tête rasée, qui buvaient dans un coin.
Bravito avait déjà bu de la bière et du *cañazo*, le
rhum local mélangé à l'alcool de pharmacie, et sa
gorge brûlait. Chaque bruit, chaque coup dans le
juke-box se répercutait en lui, lui faisait mal. Les
contrebandiers étaient installés au fond de la salle,
près du ventilateur, et Bravito aperçut Schelling
qui buvait avec eux. Il s'approcha pour les regarder. C'étaient des Noirs colombiens, vêtus de pan-
talons et de chemises kaki, chaussés d'épaisses
chaussures montantes en cuir fauve. Ils étaient
armés. Bravito les avait pris d'abord pour des sol-
dats.

Quand il s'approcha, Schelling se leva et l'accueil-
lit amicalement, en lui tendant une bouteille de
whisky. Bravito s'assit à leur table et but une gorgée
d'alcool. À côté de lui, un géant noir le regardait en
fumant un cigare. Bravito rendit la bouteille à
Schelling, qui la fit circuler au milieu des contrebandiers. Personne ne parlait. La musique du juke-
box criait sans arrêt le même air de *cumbia* colombienne. Assis sur sa chaise, Bravito regardait les
Indiennes danser. Certaines dansaient maintenant
avec des Noirs, lourdement, en gardant leur ser-
viette-éponge serrée sous leurs aisselles. L'alcool, la
musique, l'odeur de la sueur étaient si forts que
Bravito sentit la tête lui tourner, et la nausée monter

dans sa gorge. Il voulut sortir de la salle, mais il n'eut pas le temps d'arriver à la porte. À genoux sur le plancher, près de la porte, il vomit, avec des saccades qui brûlaient sa bouche. Un des garçons de salle, un *zambo* énorme, le souleva et le poussa brutalement dans la nuit en lui criant des insultes : sale *cholo*, ça ne sait même pas boire ! Dans leur coin, les contrebandiers colombiens et le vieux Schelling regardaient en continuant à fumer et à boire à la bouteille de whisky, comme si rien n'avait d'importance au monde.

Dans la nuit, Bravito fit quelques pas, puis il s'allongea par terre, sous l'auvent, et il laissa la terre tourner autour de lui. Plus tard, il sentit que les gardes l'emmenaient et l'enfermaient au poste avec tous les Indiens qu'ils avaient ramassés sur le chemin. Au matin, on leur donna à boire une marmite pleine de café noir, dans laquelle ils puisaient à tour de rôle avec un gobelet. En mettant les mains dans les poches de son pantalon, Bravito s'aperçut qu'on lui avait pris tout son argent. Un Indien, assis à côté de lui dans la cellule, lui montra les silhouettes des gardes à travers les grilles, et il mit un doigt sur ses lèvres.

Quand ils eurent terminé le café, les gardes ouvrirent la grille et les firent sortir dehors. La lumière du soleil éblouit Bravito. À la file, ils marchèrent à travers les rues de Yaviza, encadrés par les gardes armés de fusils. Le long du chemin, les enfants noirs couraient et se moquaient d'eux, et leur jetaient des pierres. Quand ils arrivèrent devant un champ d'herbe, à la sortie du village, les gardes leur

distribuèrent des machettes et des bâtons, et ils com-
mencèrent à travailler. Le soleil brûlait, obscurcissait
le regard. Machinalement, les hommes lançaient
la machette en avant, fauchaient l'herbe qu'ils
rejetaient en arrière au moyen du bâton et avançaient de quelques pas à croupetons, comme de
drôles d'oiseaux maladroits. Les lames ébréchées
cognaient sur les cailloux en sonnant, et cela faisait
une musique monotone, avec le souffle rauque des
respirations. Bravito écoutait cette musique, il ne
pouvait penser à rien d'autre. Le soleil brûlait
l'alcool de son sang, brûlait sa peau, durcissait son
corps. Ils étaient pareils aux pierres, durs sous la
lame, indestructibles.

Le travail dura jusqu'au soir. Puis il y eut un long
coup de sifflet, et les gardes se redressèrent. Les
Indiens cessèrent de frapper la terre à coups de
machette. Un Noir de grande taille, en uniforme,
un revolver à la main, marcha jusqu'à eux et les
regarda. Son visage aux traits brutaux montrait
une lointaine ascendance indienne, et le strabisme
divergent donnait à son regard un air de folie
indifférente. Personne ne parlait, ne respirait. Le
colosse leur tourna le dos, et les gardes ramassè-
rent les machettes et les bâtons. Les hommes
étaient libres. Assis dans l'herbe qu'ils avaient
coupée, ils allumèrent des cigarettes, qui firent le
tour de l'assistance. Le mégot arriva à Bravito, qui
aspira une bouffée et le passa à son voisin. « Qui
est-ce ? » demanda-t-il. L'autre comprit tout de
suite. « Le sergent Torre, dit-il. Il est avec les contrebandiers. C'est lui qui dirige tout ici. » Autour

de Bravito, les Indiens bavardaient et riaient. Ils avaient déjà oublié tout cela, la mauvaise journée, et aussi tout l'argent qu'on leur avait volé. Bravito pensait à Nina, à son visage impassible, un peu dédaigneux, mais aussi à la peur qui vibrait dans ses paroles. Il devait retourner à Tres Bocas, il fallait qu'il aille au bout de quelque chose, qu'il comprenne.

Bravito avait décidé de vivre dans la forêt. Maintenant, c'était pour lui une nécessité, il ne pouvait plus vivre ailleurs. En bas du fleuve, là où l'eau est lourde, mêlée de terre et d'immondices, là où l'air est plus lourd encore, il ne pouvait plus vivre. Sa poitrine était oppressée, comme s'il était malade. Partout où il allait, dans les villages des Noirs, il retrouvait l'odeur des déjections qui lui rappelait la nuit passée à côté du bar de Schelling, quand les Indiens ivres titubaient et urinaient sur lui sans le voir. Il y avait aussi l'odeur de la prison, une odeur fade de moisissure et de mort, et le bruit monotone des machettes qui frappaient la terre, sous le regard dur des policiers. Il ne pouvait pas oublier tout cela.

Alors il avait quitté la maison d'Elvira, armé seulement d'une machette, le poste de radio en bandoulière, et il était allé jusqu'aux sources du fleuve, au-delà des Tres Bocas. Là, il avait vécu comme un sauvage, se nourrissant de sapotes et de racines, et de crevettes qu'il pêchait dans les torrents. Il était arrivé à l'entrée de la vallée étroite, qui conduisait

aux montagnes couvertes de nuages, et où on disait
que le diable avait peint un grand dindon sauvage
sur une falaise pour interdire aux hommes d'y
pénétrer. Le torrent coulait avec force, en faisant
un bruit de tonnerre, et au loin le sommet des montagnes était caché par l'orage. Bravito était resté là,
plusieurs jours, à l'entrée de la vallée, sans oser
entrer.

Quand il était redescendu à Tres Bocas, il avait
voulu aller sur la plage où il avait rencontré Nina
pour la première fois. Les contrebandiers noirs
étaient installés autour d'un feu, occupés à manger.
À la tombée de la nuit, il s'était approché d'eux. Le
géant noir s'était mis debout, le fusil à la main, puis
il avait reconnu Bravito, et il avait crié en riant :
« C'est le *cholito*, le buveur de whisky ! » Et les autres
s'étaient mis à rire. Bravito s'était arrêté à quelques
pas d'eux, prêt à s'enfuir. Le géant noir avait
marché jusqu'à lui, avait mis la main sur son épaule.
Là, près du feu, Bravito avait mangé et bu jusqu'à ce
qu'il soit rassasié. Les Noirs parlaient entre eux une
drôle de langue que Bravito ne comprenait pas
bien. Ensemble ils ont fumé des cigarettes, chacun
la sienne, des cigarettes américaines au parfum enivrant. Les contrebandiers ont vu le poste de radio,
ils ont demandé à Bravito de l'allumer, mais les
piles étaient mortes depuis longtemps. Les hommes
se sont couchés, enroulés dans des couvertures de
coton, mais le géant noir a continué à parler tout
seul, avec sa drôle de voix chantante, en regardant
les braises qui rougeoyaient. Il avait dit qu'il
s'appelait João, qu'il venait du Brésil. Bravito

l'écoutait sans rien dire, en fumant et en regardant le feu. Les fusils des contrebandiers étaient posés sur la plage, et Bravito avait pensé que ça serait facile de prendre les fusils et de tuer ces hommes. Puis il s'était couché à son tour sur les galets, mais comme il n'avait pas de couverture, le froid l'avait tenu éveillé jusqu'à l'aube.

Depuis cette nuit-là, Bravito était resté avec les contrebandiers. Il marchait avec eux jusqu'aux montagnes de la frontière colombienne, du côté du Palo de las Letras (l'arbre aux inscriptions), et il chassait en attendant qu'ils reviennent avec leurs sacs à dos pleins. Alors ils redescendaient ensemble le long du fleuve, jusqu'à l'endroit où mouillaient les caboteurs en partance pour Panamá. Là, les sacs étaient chargés à bord d'un bateau, et les contrebandiers attendaient le voyage suivant en allant d'un bar à l'autre dans le village de Yaviza. Maintenant Bravito pouvait aller boire dans le bar de Schelling sans risque. On savait qu'il était avec les contrebandiers, et personne ne lui cherchait querelle. Le géant João lui donnait même de l'argent pour son travail de guide, et il lui confiait de temps en temps un sac à dos à porter au navire. Bravito ne posait pas de questions. Il ne cherchait pas à savoir ce qu'il y avait dans les sacs. Mais tout le monde savait que ça n'était pas des montres ni des cigarettes. On disait même que le sergent Torre était le premier à se servir de la poudre blanche que contenaient les paquets enveloppés dans du plastique vert, à l'intérieur des sacs à dos, et que c'est pour cela qu'il laissait passer les contrebandiers. Tout le monde savait aussi que les contrebandiers étaient des voleurs, et qu'ils n'hésitaient pas à tuer ceux qu'ils rencontraient dans la forêt pour les dépouiller. Les victimes étaient pour la plupart des hommes et des femmes qui fuyaient la pauvreté des pays d'Amérique du Sud, l'Argentine, l'Uruguay, le Brésil, dans l'espoir de parvenir à pied aux États-Unis. Les contrebandiers les rançonnaient, et, s'ils essayaient de se défendre, ils les tuaient à coups de fusil et abandonnaient leurs corps aux vautours et aux fourmis. Plusieurs fois, Bravito avait vu les contrebandiers se partager le butin, de l'argent, des bijoux, des montres. Mais cela lui était égal, cela ne le regardait pas. Simplement, il ne leur tournait jamais le dos, et il gardait toujours la poignée de la machette dans sa main, même quand il dormait.

C'était toujours à Nina que Bravito pensait. Quand les contrebandiers étaient à Tres Bocas, avant la traversée des montagnes, Bravito allait en secret à la maison de Nina. Caché dans les fourrés, il attendait que la jeune fille revienne de la pêche. Le soir, quand elle arrivait, sa longue robe de coton collée sur son corps mouillé, Bravito sentait son cœur battre plus fort. Jamais il n'avait vu une femme aussi belle. Elle devinait sa présence, elle venait droit vers lui. Il y avait son visage surtout, lisse et pur, couleur de cuivre, avec de grands yeux inquiets. Ils parlaient un peu, à voix basse, pour ne pas attirer l'attention de son père, puis elle retournait dans la maison pour faire cuire les poissons, et Bravito sentait l'odeur douce de la fumée. Mainte-

nant, Nina lui apportait toujours sa part, dans la
même assiette émaillée.

Un soir, alors que Bravito était seul sur la plage,
parce que les contrebandiers étaient partis sans lui
vers le bas du fleuve, Nina est venue. Elle s'est assise
sur la plage, accroupie sur ses talons pour pouvoir
se relever plus vite, comme elle faisait toujours.
C'était en hiver, un peu avant Noël, et la nuit était
belle, remplie d'étoiles, une nuit froide et brillante
comme Bravito n'en avait encore jamais connu. Ils
ont parlé longtemps, comme si le temps n'existait
plus, et que rien ne pouvait avoir d'importance. Il la
regardait quand elle parlait, voyant à peine son
visage dans l'ombre bleue. Elle parlait de son père,
qui haïssait les contrebandiers, et des menaces de
mort qui l'obligeaient à veiller chaque nuit, son
fusil à la main. Elle répétait :

« Je veux m'en aller d'ici, il faut que je parte
maintenant.

— Pourquoi ?

— Parce que je ne peux plus rester ici, j'ai peur.

— Et ton père ? »

Il cherchait à voir ses yeux malgré la nuit.

« Mon père dit que ce sont des assassins. Pourquoi travailles-tu avec eux ?

— Parce que personne d'autre ne me ferait travailler.

— Mais ils te tueront. »

Sa voix était serrée, et elle disait encore, le
visage tourné vers le bas du fleuve, comme si elle
cherchait vraiment le moyen de s'échapper :

« Il faut que je parte, il le faut. »

Bravito voulait lui dire qu'il viendrait avec elle, mais sa gorge était serrée.

« Quand vas-tu partir alors ?

— Je ne sais pas. Mon père ne veut pas que je m'en aille. Il ne veut pas quitter cet endroit. Mais je partirai quand même, dès que j'aurai un peu d'argent, je m'en irai en ville, je ne reviendrai jamais. »

Ensemble, ils fumèrent une cigarette. Sans rien dire, ils se passaient le mégot, le regard perdu dans la nuit, écoutant le bruit du fleuve. Le cœur de Bravito battait très vite et très fort, et ses mains tremblaient un peu, parce qu'il venait de comprendre qu'ils se voyaient peut-être pour la dernière fois. Pourquoi tout cela ne devait-il pas durer toujours ? Le mouvement du fleuve qui coulait dans la nuit, sans interruption, la lumière des étoiles sur les galets, le froissement du vent dans la forêt, la vie dans les arbres, les moustiques qui frôlaient leurs visages. Tout était possible encore, puisque les contrebandiers n'étaient pas là, qu'il n'y avait pas de menace ni de mort. Il sentait près de lui l'odeur de la jeune femme, une odeur poivrée, enivrante, qu'il ne connaissait pas encore. Il y avait si longtemps que Bravito désirait cet instant, et maintenant qu'il était arrivé, il avait peur. Il pensait à la voix méprisante de Nina, lorsqu'elle avait parlé aux jeunes Indiens, et qu'ils avaient baissé la tête, sans oser lui répondre. C'était la colère et le désir qui le faisaient trembler maintenant. Sa main chercha le bout de cigarette, mais Nina l'avait jeté au loin sur les galets, et ce sont ses doigts qu'il prit et porta à sa bouche.

Puis ses mains remontèrent le long du bras, touchè-
rent l'épaule, glissèrent le long de l'omoplate, et
c'est son corps tout entier qu'il tenait à présent. Il se
pencha vers elle, chercha ses lèvres. Nina se rejeta
un peu en arrière, et elle se mit debout d'un coup,
détendant ses longues jambes. Bravito crut que tout
était fini, qu'elle s'en allait. Mais Nina le tira par la
main à son tour, le fit se lever. Ils restèrent serrés
l'un contre l'autre, comme s'ils dansaient. Nina dit :
« Allons par là, écartons-nous du chemin, pour le
cas où quelqu'un viendrait. » Elle l'entraîna vers la
forêt, le long d'un torrent presque à sec. Là, sous
la voûte des arbres, dans le sable froid, ils firent
l'amour longtemps, avec violence. Puis ils restèrent
étendus l'un contre l'autre, jusqu'à ce que leurs
corps deviennent froids et frissonnent. Nina est allée
se laver dans l'eau du torrent, et ensuite Bravito est
allé chercher sa couverture de coton sur la plage, et
ils ont allumé un feu pour se chauffer. Comme
Bravito restait silencieux, Nina a demandé : « À
quoi penses-tu ? » Bravito pensait à ce qu'il venait
de découvrir, que Nina n'était pas vierge. Elle a
demandé : « Tu comprends maintenant pourquoi je
dois m'en aller ? » Sa voix était pleine d'impatience,
elle ne pouvait pas rester assise. Elle dit : « À ce
moment-là, João n'était pas contrebandier, il travaillait avec mon père. Il voulait faire une scierie,
plus bas... Et quand mon père a appris ce qui s'était
passé, il s'est battu avec João, il voulait le tuer. Alors
João est allé avec les contrebandiers. Maintenant
c'est eux qui ont dit qu'ils le tueraient. » Bravito
sentit son cœur battre plus fort, il s'est approché de

Nina, et il l'a serrée longtemps contre lui. Ils se sont couchés sur la plage, à l'abri des arbres, enroulés dans la couverture. C'était un bonheur tel que Bravito se réveillait à chaque instant pour serrer Nina, pour être sûr qu'elle était encore là, qu'il n'avait pas rêvé.

Durant les semaines qui suivirent, Nina est restée, et c'était vraiment comme si le temps avait cessé de couler. À Tres Bocas, Bravito avait construit une maison, pour Nina, une maison ronde avec un toit en feuilles. Au début, Nina retournait chaque soir dans la maison de ses parents, et Bravito allait s'asseoir dans la forêt pour regarder la moustiquaire éclairée par la lampe. Puis un jour, comme son père s'était mis en colère et l'avait frappée, elle avait quitté la maison et elle était venue s'installer chez Bravito. Alors ils avaient été heureux, sans penser aux menaces. Nina allait chaque matin à la pêche, avec son harpon et ses lignes, et Bravito l'accompagnait. Il aimait la voir plonger dans les bassins d'eau profonde, sous les rapides, et nager si longtemps sous l'eau que son souffle à lui devenait oppressé, et qu'il scrutait la surface avec inquiétude. Dans les bassins, elle pêchait de grandes tanches bleues aux yeux d'argent, des carpes, ou des poissons-chats qu'elle arrachait aux pierres du fond. Elle faisait cuire les poissons sur la plage, avec des plantains qu'elle glanait dans les plantations des Indiens, et des sapotes ou des mangues.

Les contrebandiers n'étaient pas revenus, et Bravito devait chasser sans fusil. Il avait essayé en

posant des pièges, sans grand succès. Parfois il cap-
turait un agouti ou un oiseau. Mais, sans fusil, la
forêt lui semblait impénétrable, mystérieuse. Loin
du fleuve, il y avait ce silence pesant, menaçant. La
nuit, couché sur le plancher de la maison, quand
Nina était absente, il écoutait les bruits qui
venaient par vagues, un bruit de pluie qui semblait
sortir des profondeurs de la forêt, mêlé au vol des
insectes rendus fous par la lumière.

Mais les journées étaient belles avec Nina. Dans
l'eau profonde des bassins, ils plongeaient les yeux
ouverts. Les poissons fuyaient devant eux. Quand le
bras de Nina se détendait, le long harpon à pointe
de fil de fer clouait un poisson en plein vol, et un
nuage de sang se répandait dans l'eau, attirant la
foule des petits poissons transparents et féroces. Ils
nageaient longuement dans l'eau froide, et ils sortaient en grelottant, Nina avec sa longue robe de
coton collée à son corps. Ils restaient assis sur les
galets de la plage, jusqu'à ce qu'ils sentent à nouveau sur la peau la brûlure du soleil. C'étaient ces
moments-là que Bravito aimait. Ils étaient si fatigués
par la nage dans le fleuve qu'ils demeuraient longtemps, presque sans bouger, à regarder l'eau lisse
couler devant eux, pareille à une pierre liquide sur
laquelle frissonnaient les libellules et avançaient les
tourbillons.

Les soirs où Nina décidait de rester avec Bravito,
ils s'allongeaient sur le plancher de la petite hutte,
à Tres Bocas, et, tandis que la lumière déclinait,
Nina parlait toute seule. Elle racontait, presque à
voix basse, des histoires étranges que sa mère lui

avait dites, sur le haut des fleuves, là où vivaient les
hommes sauvages, qui ne connaissaient pas le sel et
mangeaient la viande crue. Elle parlait de la vallée
perdue, le torrent qui va vers les hautes montagnes
où naissent les nuages. « Personne ne peut aller là-
bas. Ma mère dit que si on marche vers la montagne, tout d'un coup le ciel devient noir, très noir,
et la pluie se met à tomber si fort que le torrent
devient en crue, et qu'on est emporté par l'eau. »
C'est là que Bravito voulait aller un jour, traverser la
gorge, jusqu'à la montagne. « On dit que là-bas, au
bout de la vallée, il y a une grande falaise noire, et
que sur la falaise il y a un grand dindon sauvage de
toutes les couleurs, qui a été peint par le diable.
Mais si on arrive jusque-là le ciel devient si noir
qu'on croirait que la nuit arrive, et l'eau du torrent
emplit la vallée jusqu'en haut. » Bravito écoutait en
riant : « Comment sait-on cela, puisque personne
n'y est jamais allé ? »

Chaque jour, Bravito plongeait avec Nina dans
les bassins sous les rapides, de plus en plus longtemps. Il nageait contre le courant, aveuglé par les
parcelles d'or qui flottaient, sentant le poids de
l'eau qui descendait autour de son corps. Il était
bien, quand le fleuve le serrait ainsi. Le soir, il
regardait le fleuve qui naissait des trois torrents
venus de la montagne, et même quand Nina
n'était pas là, quand elle restait dans la maison de
ses parents, il lui semblait qu'elle était présente
dans l'eau du fleuve, mystérieuse et familière. Le
fleuve avait effacé tous ses souvenirs.

Quand Bravito est venu sur la plage, là où Nina allait pêcher d'habitude, il a vu la fumée d'abord, le campement et des contrebandiers. Au milieu d'eux, il y avait le géant João, vêtu de ses habits militaires, armé de son fusil. Il y avait aussi un jeune Noir *zambo* que Bravito ne connaissait pas. João a d'abord pointé son fusil vers Bravito, puis il l'a reconnu et il l'a salué bruyamment : « C'est le *cholito*, le buveur de whisky ! » Bravito s'est approché, sa machette à la main, son poste de radio en bandoulière. Le jeune *zambo* avait des yeux qui brillaient dans son visage sombre. « Tu viens voyager avec nous ? a demandé João. La saison va commencer, il y aura beaucoup de voyages, beaucoup d'argent. » Bravito a secoué la tête. « Non, je ne veux plus faire cela. Je vais m'en aller d'ici. » Le géant s'est approché de Bravito pour le regarder. « Pourquoi tu veux partir ? » Il y avait de la colère dans sa voix, et Bravito a senti son cœur battre plus vite. Mais il n'avait pas peur des contrebandiers. Simplement, il souhaitait qu'ils s'en aillent maintenant, qu'ils laissent le fleuve libre, pour que Nina puisse continuer à pêcher. « Je ne peux plus aller avec vous », a-t-il répété, en secouant la tête. João a hoché la tête en signe de désapprobation. « Tu ne peux pas nous laisser tomber. J'avais parlé de toi aux autres, je leur avais dit qu'on pouvait compter sur toi. Je leur ai dit ça, pas vrai ? » Il se tourna vers les hommes assis sur la plage, et tous firent oui de la tête. Seul le *zambo* restait silencieux et regardait Bravito de ses yeux fixes. Bravito restait immobile, la poignée de la machette humide dans sa main. Il

savait qu'il ne pouvait pas partir, qu'ils le tueraient
s'il cherchait à s'en aller. Sur la plage, les sacs
à dos étaient alignés, de grands sacs en nylon
bleu. « Écoute, dit João. Viens avec nous cette fois
encore, tu gagneras beaucoup d'argent, et après
tu pourras aller où tu voudras. » Il mit la main sur
l'épaule de Bravito. « Après, tu pourras te marier,
et tu resteras avec ta femme. » Il dit ça lentement,
en regardant Bravito dans les yeux, comme s'il
savait des choses qu'il ne voulait pas dire. Bravito
pensait à Nina. Elle avait certainement vu la fumée
des contrebandiers, et elle se cachait dans la forêt,
près de la maison de ses parents. Quand il reviendrait, pendant que les contrebandiers attendraient
à Yaviza le départ du caboteur, il emmènerait
Nina. Avec l'argent du voyage, ils pourraient
prendre le bateau, ils iraient à la grande ville, personne n'irait les chercher.

Cette nuit-là, Bravito n'a presque pas dormi.
Allongé sur la plage, sa machette à la main, il sur-
veillait chaque bruit, tourné vers la lumière de la
lampe à kérosène. Avant l'aube, les contrebandiers se sont préparés en silence. Ils ont pris les
sacs, et Bravito a commencé à marcher avec eux le
long du fleuve. Au moment de quitter la plage,
Bravito s'est retourné, il a cherché à voir Nina.
Mais le paysage était gris et vide. Alors il a suivi la
troupe des contrebandiers à travers la forêt, penché en avant sous le poids du sac. Plus loin, il a pris
les devants, pour les guider dans le dédale des chemins. Plusieurs fois, il a eu envie de jeter son sac
dans les broussailles et de courir en arrière vers

Tres Bocas. Mais peut-être qu'il était trop tard
déjà. Il pensait au bateau qui emmènerait Nina,
comme à un rêve : à l'aube, le bateau descendrait
le fleuve vers l'estuaire, les rivages s'écarteraient,
s'ouvriraient sur la mer, et le bateau avancerait au
milieu des vols de pélicans.

C'est en arrivant aux abords du village de Yaviza à
la fin du jour suivant que Bravito s'aperçut qu'il
était seul. Comme il déposait le sac à terre, pour
attendre les contrebandiers, il vit dans la pénombre
des hommes armés qui l'entouraient. Un bref instant, il crut que c'étaient les contrebandiers. Puis il
distingua la haute stature du sergent Torre, son
revolver à la main. Il jeta sa machette par terre, et il
attendit, le regard tourné vers le fleuve inaccessible.

Le malheur vient dans la nuit. La forêt serrait Elvira, comme au fond d'une crevasse. Il n'y avait plus d'hommes, ils avaient disparu. Sortaient les animaux invisibles, ceux qui crissent, craquent, ceux qui rampent sur les lattes du plancher. Les milliers de blattes dorées qui faisaient un tapis mobile autour du foyer. Les moustiques, les papillons de nuit pareils à des masques.

Il y avait longtemps qu'Elvira attendait dans la nuit, sous la moustiquaire. Sur les lattes brillantes du plancher, la lampe à kérosène était la seule lumière. La flamme vacillante éclairait la moustiquaire, un grand drap accroché par quatre ficelles aux chevrons du toit. Les insectes fous, sortis de la nuit, tourbillonnaient autour de la flamme, heurtaient la moustiquaire et tombaient en grésillant. Cela faisait un drôle de bruit, un bruit de pluie, pensait Elvira. Sous la toile, la jeune femme regardait le halo de lumière, et elle pensait : « Pourquoi viennent-ils mourir dans la flamme ? Qui les envoie ? » Elle écoutait tous les bruits de la nuit, le froissement régulier du fleuve. Elle pensait aussi à Bravito : était-ce cette nuit qu'il allait revenir ? cette nuit, ou jamais ? Elle restait sans bouger. Pendant de longs moments, elle regardait presque sans ciller le drap éclairé par la lampe, puis elle refermait les yeux. Depuis si longtemps, elle n'avait pas dormi. Chaque nuit, la peur venait, de chaque partie de la forêt, comme un air froid et maudit, et recouvrait la maison, le fleuve, le monde. Alors elle attendait que la lune se lève au-dessus des arbres. Elle écarterait un pan de la moustiquaire, elle pourrait souffler la flamme de la lampe, et les insectes seraient libres. Elle pensait aussi à l'enfant qu'elle n'avait pas eu, dont elle n'avait pas voulu. Maintenant, il dormirait contre sa poitrine nue, une boule chaude et douce qui respirerait contre elle, légèrement, comme un frisson. L'enfant aurait trois ans maintenant, peut-être plus, ce serait une fille au visage bien rond, comme le sien, aux cheveux très noirs. Elle pensait à la nuit où elle l'avait tué, en frappant à grands coups de poing dans son ventre. L'enfant était mort en naissant, et elle avait failli mourir aussi. Depuis cette nuit-là, elle n'avait pas dormi. Elle avait regardé la lumière tremblante de la flamme sur la toile de la moustiquaire. Quand Bravito était venu, elle avait pu dormir quelques heures, d'un sommeil qui l'avait laissée épuisée, couverte de sueur. Elle pensait : « S'il vient maintenant, je pourrai fermer les yeux, dormir. » Mais on disait qu'il vivait avec les contrebandiers, qu'il les aidait à passer la drogue sur les bateaux. On disait qu'il vivait avec cette femme noire, en haut du fleuve, la femme d'un contrebandier, et qu'elle se jouait de lui, qu'elle était une sorcière, qu'elle l'avait envoûté. C'est pour cela qu'il ne revenait pas dans la maison d'Elvira, qu'il ne reviendrait jamais.

Plus tard, Elvira entendait les gouttes de pluie tomber. C'était la première pluie depuis des mois. Les gouttes d'eau glissaient sur les feuilles du toit, une par une se rejoignaient en petits ruisseaux qui dégoulinaient jusqu'à la terre. Elvira aimait bien la pluie. Autrefois, quand elle était enfant, et que cela arrivait, elle courait au-dehors dans la nuit, nue sous les gouttes froides, elle ouvrait la bouche pour les boire. Mais, ce soir, c'était un frisson sur sa peau, cela la faisait trembler, cela se mêlait à la peur. Les yeux ouverts, Elvira regardait le halo de lumière vacillante, et elle cherchait à deviner ce qui se passait, ce qui allait venir.

À Tres Bocas, la pluie avait commencé à tomber aussi, plus forte, plus froide. Les éclairs roulaient du côté de la source, dans les montagnes. Le vent de la pluie soufflait par rafales, gonflant les moustiquaires comme des voiles. La forêt était devenue silencieuse sous la pluie. Seuls résonnaient les cris des crapauds, trois notes flûtées. Nina les entendait, elle pensait à ce que sa mère disait : les crapauds sont sorciers. Puis elle s'endormait à nouveau. C'est le bruit des coups de machette qui la réveilla. Elle se glissa hors de la moustiquaire. À la lumière des éclairs, elle vit les hommes au pied de l'escalier, et elle pensa très vite : le chien ? Au même instant elle aperçut le corps du chien, décapité au pied de

l'escalier. Elle recula vers la moustiquaire, saisie
d'horreur. Son père et sa mère étaient debout au
centre de la maison, et tout d'un coup le rayon
d'une torche électrique les éclaira brutalement.
Nina pensa au harpon, caché dans les feuilles du
toit, mais il était trop tard pour l'atteindre. Déjà les
hommes étaient dans la maison. João n'était pas
avec eux. Soudain le père de Nina tourna la tête,
cherchant les femmes du regard. Il cria seulement :
« Allez-vous-en, vite ! » Comme elles ne bougeaient
pas, il se retourna complètement, les bras écartés :
« Allez-vous-en ! Allez-vous-en ! » Avec un cri aigu,
la mère de Nina la poussa au bas de la maison et
tomba avec elle. Alors, sans penser à rien, elle commença à courir. Derrière elle, elle entendit des
bruits terrifiants, comme si on frappait des arbres,
ou plutôt comme des coups de hache dans un tronc
tombé à terre. Le silence qui s'ensuivait était terrible, et plus terrible encore, le bruit sourd des
pieds de l'homme qui courait derrière elle. Le
jeune *zambo* au regard fixe bondissait à travers la
forêt, et son souffle rauque résonnait avec le bruit
d'un moteur. Nina était rapide. Elle fuyait entre les
arbres, choisissant d'instinct les passages étroits, les
buissons d'épines, pour retarder l'homme. Son
cœur battait à se rompre. Elle pensa au cerf que
son père avait poursuivi un jour dans la forêt, et
qui s'était jeté dans les bassins du fleuve. C'est là
que son père l'avait rejoint, et le cerf épuisé avait
cherché à remonter le courant, sans comprendre
qu'il laissait la mort venir. Pourtant, Nina savait que

c'était là sa seule chance. Personne ne pourrait la suivre sous l'eau.

Elle sortit de la forêt et se mit à courir sur la grande plage, sur les galets mouillés par la pluie. Vite comme le vent Nina allait vers le grand bassin d'eau noire et lisse, elle savait déjà comment elle fendrait la surface et irait jusqu'au fond de l'eau, puis se laisserait glisser le long des rapides. L'eau était immense et belle comme un miroir éteint par la nuit. Elle disparut d'un seul coup, presque sans une éclaboussure, au moment même où la déflagration du fusil résonna et se mêla aux roulements du tonnerre.

Le garde ouvrit la porte de l'étroite cellule, et les prisonniers indiens sortirent en titubant, les yeux plissés à cause de la lumière du soleil. En comparaison avec l'atmosphère de la cellule, transformée en four par le toit de tôle, l'air du dehors sembla froid à Bravito. La colonne des prisonniers se mit en route à travers le village, encadrée par les gardes. Comme d'habitude, les enfants noirs couraient autour d'eux, en criant des quolibets et en jetant des cailloux. Bravito avait regardé les prisonniers pendant des heures. C'était le lot ordinaire des Indiens ramassés ivres morts devant les bars. Après l'avoir arrêté à l'entrée de Yaviza, les gardes l'avaient conduit là, et il était si fatigué qu'il s'était endormi de longues heures, presque jusqu'à l'aube, au milieu des déjections des ivrognes. Peut-être qu'on allait le transférer dans une autre prison, ou même l'envoyer dans l'île de Coiba. Mais quand on l'avait mis dans la colonne avec les autres prisonniers, pour aller couper l'herbe autour de la caserne, il s'était senti un peu rassuré. Puisque le sergent Torre était l'ami des contrebandiers, peut-être qu'on allait le relâcher le soir même, avec les autres prisonniers.

Quand il arriva là où les hommes devaient travailler, Bravito redevint inquiet, parce qu'on avait distribué des machettes à tous les Indiens, sauf à lui. Maintenant, il était attentif à tout ce qui se passait. Les hommes avaient commencé à travailler, accroupis dans l'herbe, jetant régulièrement la machette devant eux. Les gardes étaient immobiles à l'ombre. C'était le silence qui était inquiétant, un silence rythmé par les coups des machettes dans la terre.

Alors le sergent Torre vint vers Bravito. Son visage large, couleur de brique, brillait de sueur. Ses yeux regardaient ailleurs. Il dit : « Viens, il y a un autre travail pour toi par là. » Il commença à marcher, et Bravito le suivit. Le colosse marchait à pas égaux, comme à la parade. Ils allèrent ainsi jusqu'à la rivière, là où il y avait une plantation d'orangers. Le sergent fit signe à Bravito d'entrer dans la plantation. Dans les allées plantées d'arbres, il n'y avait personne. Les bruits des machettes des prisonniers indiens arrivaient très atténués. Parfois une pirogue passait sur la rivière, en faisant hurler son moteur. Au milieu de la plantation, le sergent Torre s'arrêta et montra à Bravito un oranger. « Monte cueillir des oranges et jette-les par terre », ordonna-t-il. Bravito monta en haut de l'arbre, là où le soleil avait fait mûrir les fruits. Des hautes branches, il pouvait voir les bâtiments de la caserne et l'hôpital, et les hommes accroupis en train de couper l'herbe. Sur le grand fleuve boueux, les pirogues glissaient. Au pied de l'oranger, le sergent faisait les cent pas en fumant un cigare, pendant que Bravito cueillait les oranges et les jetait. Quand il eut terminé de cueillir les fruits, Bravito redescendit de l'arbre. Le sergent lui tournait le dos. Bravito voyait la sueur qui avait trempé sa chemise d'uniforme sur son dos immense. Brusquement, sans se retourner, le sergent dit, et sa voix était curieusement aiguë, anxieuse : « Va-t'en ! Sauvetoi ! » Alors Bravito vit que l'étui de son revolver était vide, et en un éclair il comprit que c'était sa mort, ici, dans cette plantation d'orangers. C'est pour cela que le sergent l'avait conduit là, c'est pour cela que sa voix sonnait si fausse, si anxieuse. Le cœur battant à se rompre, la tête pleine d'un vertige, Bravito, au lieu de fuir, s'élança de toutes ses forces dans les jambes du Noir qui tomba lourdement en arrière. Debout, un homme comme lui ne manquait jamais sa cible. Mais, à terre, ce n'était plus la même chose. Bravito se mit à courir de toutes ses forces, zigzaguant entre les orangers. Derrière lui, les détonations du revolver trouaient le silence. D'un bond, Bravito franchit l'enclos de l'orangeraie, et il vit la forêt devant lui. Sans hésiter, il s'enfonça dans les broussailles, plié en avant, courant sans penser à rien, comme quand il poursuivait un cerf. Il ne s'arrêta de courir que lorsque la nuit fut tombée. Épuisé, hors d'haleine, il choisit une place dans la forêt, au pied d'un grand arbre, et il s'étendit sur le sol humide, en écoutant les bruits de la nuit, et son cœur qui se calmait peu à peu.

Bravito marchait vers Tres Bocas, vers le lieu de son salut. Là-bas, sur la plage, il verrait la silhouette de Nina, longue et noire comme une ombre, debout près de l'eau du fleuve, pareille à un oiseau pêcheur. Là-bas, il y aurait leur maison de branches, dans le creux de la forêt, et ils pourraient se réfugier loin du mal. Personne ne pourrait les atteindre.

Depuis le milieu de la nuit il marchait sans s'arrêter, sans se retourner. Il savait que les gardes ne le poursuivaient pas. Le sergent Torre était trop grand et trop gros pour pouvoir se faufiler à travers les broussailles. Ils devraient prendre la pirogue à moteur, mais comme le niveau des eaux était encore très bas, il leur faudrait deux jours avant d'arriver aux rapides. Bravito serait à Tres Bocas avant eux, il emmènerait Nina, et aussi son père et sa mère, et ils iraient se cacher dans la forêt comme des *cimarrones*. Ensuite ils prendraient le bateau, à Acandi, sur la côte atlantique, et ils iraient en Colombie, à Turbo, ou même à Carthagène, ils changeraient de vie.

Bravito marchait vite, à la manière des Indiens dans la forêt. Il était pieds nus et, pour ne pas risquer de la déchirer, il avait noué sa chemise autour de sa taille. Le soleil éclairait le sommet des arbres, faisait sortir la vapeur du sol mouillé. Bravito marchait assez loin du fleuve, pour ne pas être vu. Parfois, il se rapprochait d'un méandre, et il entendait le bruit de l'eau qui coulait. Puis il retrouvait le silence de la forêt.

Vers le soir, il aperçut les premières collines, et la maison de Morgan au-dessus du fleuve. Le ciel était noir du côté des sources, les éclairs dansaient sans interruption. Les premières gouttes crépitèrent sur les feuilles. Bravito se hâta. En courant, il escalada les collines, passant au large de la maison de l'Américain. Le vent soufflait par rafales. Soudain, Bravito vit devant lui la maison du père de Nina. Il était si sûr de ne courir aucun danger qu'il avança le long du fleuve, en suivant la piste des contrebandiers. Mais quand il arriva tout près de la maison, c'est le silence qui l'inquiéta. Il s'arrêta un moment pour regarder. Devant lui, la pluie arrivait en formant un rideau sombre qui descendait la rivière. Le tonnerre grondait vers les sources, ébranlant la terre. L'eau de pluie commença à ruisseler sur le visage de Bravito, coulant dans sa bouche et le long de son corps. Il avança, mais à présent il avait le cœur serré, parce que la maison de Nina était vide. Contre la muraille sombre des arbres, la maison avait quelque chose de macabre, de menaçant, qui lui donnait envie de s'enfuir. Mais il continua d'avancer, presque malgré lui, les yeux fixés sur la maison vide.

Il vit d'abord le cadavre du chien, allongé en bas de l'escalier, la tête presque détachée du tronc. Il passa sous les poteaux de la maison, ses pieds enfonçant profondément dans la boue. Il s'approcha de ce qu'il avait pris de loin pour des tas de chiffons, et il reconnut le père et la mère de Nina. Ils étaient restés là où ils étaient tombés quand les assassins les avaient repoussés du pied. Les cheveux longs de la vieille Indienne couvraient son visage et ses seins maigres, et on ne voyait pas les traces des blessures qui l'avaient tuée. Mais le corps du Noir était tailladé d'une multitude de coups de machette, et le sang avait fait une grande tache noire autour de lui, dans la boue, qui s'écoulait dans les ruisseaux de la pluie. Sa peau avait une couleur étrange, grise, irréelle. C'était la première fois que Bravito voyait la mort. Courbé sous le plancher de la maison, il regardait sans bouger les deux corps tombés dans la boue, déjà indistincts dans la pénombre. Il écoutait le bruit monotone de la pluie qui ruisselait du toit et les grondements de l'orage aux sources du fleuve.

Lentement, il sortit à reculons. La peur, le vertige le rejetaient en arrière. Il arracha ses vêtements trempés qui collaient à sa peau et, entièrement nu sous la pluie froide, il se mit à courir autour de la maison, puis vers le fleuve, en appelant Nina. Sans le savoir, il courait sur le chemin que Nina avait parcouru, quand elle fuyait la folie meurtrière des contrebandiers. Quand il arriva à la plage, il s'arrêta. La pluie tombait, torrentielle, et en haut les éclairs zébraient le ciel de flammes blanches qui semblaient jaillir des arbres et s'enracinaient dans les nuages. Les trois torrents étaient en crue, et les bassins débordaient, envahis par la boue et par les branches cassées. En vain Bravito longea le bord du fleuve, scrutant les rivages. Parfois il s'arrêtait, le cœur battant, croyant apercevoir le corps de Nina sur la plage. Ou bien c'était son ombre fugitive que les éclairs faisaient apparaître dans les arbres de la forêt, et Bravito courait en hurlant, les bras tendus. Pendant des heures, tandis que la pluie tombait et l'aveuglait, il parcourut les rivages du fleuve, jusqu'aux rapides qui étaient en dessous de la maison de Morgan. La nuit était noire, illuminée d'éclairs. C'était comme si tous les hommes et toutes les femmes avaient disparu de la terre, et que le monde devait finir. Épuisé, Bravito s'assit à l'abri d'un arbre, devant la plage où Nina avait disparu. Il regardait la crue du fleuve arracher la terre et les branches des arbres, descendre dans un grondement continu de moteur.

La pluie cessa un peu avant l'aube, et Bravito s'endormit au pied de l'arbre, secoué de frissons. Quand il s'éveilla, il regarda vers le fleuve. La plage immense avait disparu sous l'eau couleur de sang. Puis le soleil apparut, étincela sur la surface du fleuve. Le ciel était extraordinairement pur et vide.

Bravito marchait le long de la vallée du torrent, dans la direction des montagnes, la machette à la main, portant sur son épaule le poste de radio dont les écouteurs étaient reliés à ses oreilles. Cela faisait des jours qu'il errait dans la forêt, sans rien entendre d'autre que les bruits qui sortaient du poste de radio. Le soleil violent avait noirci son visage, et son regard était étrangement fixe, comme celui du *zambo* avant de mourir. C'était la deuxième nuit, après qu'il avait quitté Tres Bocas : il avait senti l'odeur des contrebandiers, et sans faire de bruit il s'était approché à travers les broussailles. Les Noirs étaient installés dans une clairière, auprès d'un petit ruisseau. Bravito avait attendu sans bouger. Puis João s'était levé et, avant d'aller dormir, il était allé aux buissons pour uriner. Bravito s'était glissé sans bruit jusqu'à lui. Il avait vu le géant noir debout, les jambes écartées, il avait même senti l'odeur âcre de l'urine. Alors Bravito avait serré la pierre aiguë dans sa main, et d'un coup il l'avait enfoncée dans le front du géant, entre les yeux. João avait titubé, les mains essayant d'arrêter le sang qui jaillissait de son front, et il était tombé en arrière. Bravito avait pris sa machette, et il avait bondi au milieu des contrebandiers, sans un cri, il avait frappé les visages, les gorges, les bustes, les ventres, et tous étaient morts. La clairière était pleine de sang, le ruisseau était devenu noir sous la lumière de la lune. À coups de machette, Bravito leur avait tranché à chacun un doigt de la main, et il avait enfilé les doigts dans une liane, comme Nina faisait naguère

avec les poissons qu'elle avait pêchés. Dans les sacs
des contrebandiers, Bravito avait cherché de la
nourriture, des biscuits, de l'avoine. Près du *zambo*,
il avait trouvé son poste de radio, qu'il avait laissé
à Nina avant de partir. Il l'avait mis en bandoulière, et il avait placé les écouteurs sur ses oreilles.

Maintenant, il marchait le long de l'étroite
vallée. Les bruits du poste emplissaient ses oreilles,
emplissaient la forêt, et même le ciel immense où
brûlait le soleil. Sur sa poitrine nue, les doigts du
collier se balançaient au rythme de sa marche,
pareils à des poissons morts. Déjà le soleil les avait
brûlés, ils semblaient de petits bouts de bois
noircis.

Comme il atteignait la gorge, les nuages grandi-
rent au-dessus des collines, cachant les sommets
des montagnes les plus hautes. Le torrent était
devenu abrupt, l'eau cascadait de roche en roche,
comme sur les marches d'un grand escalier. Soudain le froid arriva, et le vent se mit à souffler dans
la vallée. Le corps de Bravito était couvert de
sueur, son cœur battait fort, mais il n'avait pas
peur. Il ne craignait plus la mort, à présent. Dans
ses oreilles, les crépitements de l'orage avaient
remplacé la musique. La peur avait quitté son
corps, en laissant un grand vide. Maintenant, en
lui, il ne pouvait plus y avoir de souffrance ni
de haine. C'était pour cela qu'il marchait, sans
s'arrêter, qu'il escaladait les pierres, vers le haut du
torrent, vers la source. Plus haut, là où les nuages
blancs s'accrochaient aux arbres, il y avait une
grande plaine de rochers entourée d'une haute

muraille de pierre rouge sombre, dont le sommet disparaissait dans les nuages. C'était la source du torrent. L'eau cascadait par des ruisseaux jaillissant de l'épaisseur de la forêt, jusqu'à un grand bassin d'eau sombre. Au-dessus de la plaine de rochers, le ciel avait pris une couleur d'encre, et déjà le rideau de la pluie avançait sur les arbres, les pliant et les cachant sous des vagues. Bravito se mit à courir vers la falaise. Les premières gouttes le frappèrent, quand il découvrit une anfractuosité dans la muraille de pierre, que la roche en surplomb couvrait comme une grotte.

D'un seul coup l'orage éclata, terrifiant et magique. Les éclairs traversaient le ciel noir au-dessus des montagnes, envoyant les ondes du tonnerre, écartant d'une lueur aveuglante le rideau mobile de l'eau. La pluie ruisselait sur toutes les parois de la falaise, jaillissait par trombes des pentes de la forêt. En un instant, le bassin s'emplit et déborda, jetant des vagues boueuses dans la vallée où Bravito avait marché. Recroquevillé dans son abri précaire, Bravito regardait les éclairs, écoutait le grondement continu de la crue. Mais il n'avait rien à craindre. Il était de l'autre côté du rideau de la pluie, il était au-dessus du grondement du tonnerre. Ses yeux ne cillaient pas. Il était dans le domaine du *hocco*, le grand dindon sauvage au corps noir comme le ciel, à la crête flamboyante d'éclairs, qui dansait et se pavanait sur la montagne en faisant son roulement de tambour.

Les gardes étaient enfin arrivés à Tres Bocas. Les pluies diluviennes qui étaient tombées depuis quelques jours avaient gonflé le fleuve et avaient permis à la pirogue de remonter les rapides, dans le hurlement du moteur de 95 chevaux. Le sergent Torre avait établi son camp sur la plage où Nina allait pêcher autrefois. En inspectant les environs, Torre et ses hommes avaient découvert la maison à demi effondrée par l'orage, et les restes du père et de la mère de Nina, qu'ils avaient enterrés à la hâte, un foulard sur le nez à cause de l'odeur. Ils n'avaient même pas laissé un signe de reconnaissance sur les tombes. Les Indiens vivent et meurent comme des bêtes sauvages, disait Torre. Qui se soucie d'eux quand ils sont morts ? Il avait quand même envoyé un rapport par radio, dans lequel il avait attribué ces deux morts à Bravito, qu'il appelait le « fugitif ». Déjà la légende de cet homme redevenu sauvage avait parcouru le fleuve, et des gens venaient au camp des policiers, des Indiens à la chasse, des Noirs des villages en aval. On racontait des choses extraordinaires, qu'il était apparu, nu, le corps teint de couleurs, commandant à des troupes de *cimarrones*, communiquant au moyen d'un poste à écouteurs, tuant tous ceux qu'il rencontrait sur son chemin. On disait même qu'il pouvait commander aux serpents et aux animaux de la forêt. Le sergent Torre écoutait ses hommes lui rapporter cela, et son visage épais n'exprimait rien. Il se contentait de hausser les épaules et de se balancer dans son hamac, goûtant la fraîcheur du soir avant la pluie. « Des histoires de bonne femme », disait-il, et il allumait un autre cigare. Le fugitif était seul, il vivait dans la forêt qu'il connaissait par cœur, il pouvait se déplacer aussi vite qu'un fauve. Mais la faim aurait bientôt raison de lui. Il s'approcherait des villages, ou du camp, pour essayer de voler de la nourriture. Dès qu'il serait repéré, le sergent enverrait sa troupe, avec leurs fusils à répétition, et ce serait une belle partie de chasse.

Les jours suivants, la pluie avait cessé de tomber, et l'eau du fleuve était redescendue, elle avait repris sa couleur lisse. Au camp de Tres Bocas, les hommes du sergent Torre commençaient à s'impatienter. Les histoires de bonne femme que racontaient les gens avaient éveillé leur imagination. On disait que des troupes de *cimarrones* étaient en train de se préparer à l'attaque. Des chasseurs avaient entendu des appels de tambour, au loin, vers les sources du fleuve. Dans les collines, près de la frontière, des voyageurs avaient découvert les corps des contrebandiers massacrés.

Un seul homme ne pouvait pas avoir fait cela, car les contrebandiers étaient bien armés. On disait que les corps avaient été mutilés, un doigt de la main droite avait été coupé. Tout cela donnait à réfléchir. Le sergent Torre continuait à se balancer dans son hamac et à fumer ses cigares, mais une sorte d'inquiétude vague était entrée en lui, avait fait une brèche dans son vaste corps.

Un soir, à la nuit tombante, le camp des gardes fut dérangé par le bruit d'un moteur puissant. Guidée par une torche électrique, une pirogue accosta sur la plage de Tres Bocas. Deux hommes descendirent et marchèrent jusqu'au camp. Les gardes avaient déjà relevé leurs fusils, mais le sergent Torre reconnut la silhouette massive de l'Américain. Morgan était accompagné d'un vieil homme, le Suisse Schelling en personne. Ils s'installèrent sur des pierres, devant le hamac du sergent, et ils allumèrent des cigarettes. Morgan parlait avec un fort accent américain, cherchant ses mots, et Schelling l'aidait. Il dit d'abord quelques phrases sur la chaleur, les pluies, etc. Puis il se plaignit des Indiens qui ne voulaient pas déguerpir pour lui laisser la place. Il avait besoin de beaucoup de terrain pour construire la piste d'atterrissage pour son hélicoptère, et pour installer son matériel. Il devait faire venir une pompe aspirante et refoulante pour laver la boue des torrents, et les Indiens ne voulaient pas s'en aller. Toute son installation risquait d'être compromise. Le sergent Torre l'écoutait en continuant à se balancer dans son hamac, et son visage n'exprimait ni approbation ni reproche. Tout le monde savait ce que dissimulait cette prospection d'or de Morgan. En réalité, l'Américain était le plus grand trafiquant de l'Amérique centrale pour les *huacas*, les sépultures précolombiennes. Il avait fait fortune, à ce qu'on disait, en vendant aux États-Unis les grenouilles d'or du Chiriqui et d'autres babioles qu'on trouvait sur les chantiers des routes. S'il était venu maintenant dans ce coin perdu, ce n'était sûrement pas pour racler la boue des ruisseaux. Dans la nuit, tandis que Morgan parlait et que Schelling traduisait, le point rouge du cigare de Torre s'allumait par intermittence, pour répondre en silence.

« Avez-vous entendu parler de la vallée où il y a une peinture d'un dindon sauvage ? » demanda Morgan. Le sergent Torre réfléchit, et secoua la tête. « Non. Où est-ce ? — C'est un torrent qui part non loin d'ici, expliqua Morgan. Vers le nord, vers les montagnes. — Savez-vous pourquoi on dit qu'il y a ce dindon sauvage ? » demanda Schelling. Le sergent Torre haussa les épaules. Il l'ignorait. Comment pourrait-il connaître toutes les légendes qui courent sur tous les ruisseaux de cette forêt ? « Les Indiens racontent qu'en haut de cette vallée, quand on a passé les gorges, on arrive dans un cirque, et là, sur la montagne, il y a une grande peinture jaune et noire qui représente un dindon sauvage. Ils disent que c'est le diable qui a fait cette peinture. » Le sergent Torre haussa encore les épaules. « Et vous, vous l'avez vu, ce dindon sauvage ? » Schelling ne répondit pas. Il y eut un instant de silence, puis l'Américain reprit :

« L'homme que vous cherchez est là-bas. » Le sergent arrêta le balancement mou du hamac, et pour la première fois il se redressa. « Comment le savez-vous ? — C'est un de mes hommes qui a suivi ses traces. Il a commencé à remonter le torrent, mais le mauvais temps l'a empêché d'aller plus loin. C'est là-bas qu'il se cache, c'est certain. » Morgan se leva lourdement, et le Suisse l'imita. « À votre place, je ne tarderais pas trop à l'attraper. C'est très dangereux de laisser courir un homme comme lui. » Le sergent alluma sa torche électrique et la braqua sur le visage de l'Américain qui plissa les yeux, en colère : « Ne faites pas ça ! » Le sergent quitta son hamac et il accompagna les deux hommes à la pirogue où un Indien les attendait. « Attendez. Je vais vous montrer quelque chose », dit-il. Il ramassa dans la pirogue un fusil et le tendit au sergent. À la lumière de sa lampe, Torrc examina l'arme : c'était un fusil avec deux canons superposés, de calibres différents. « Avec le 22, je fais un essai, et avec le 30, je tue ! » Morgan dit cela en riant. Il ajouta : « Avec ça, je peux avoir votre contrebandier, et même le dindon sauvage ! » Ils montèrent dans la pirogue, et l'Indien lança le moteur. À la proue, Schelling tenait la gaffe d'une main, la torche électrique de l'autre. Le sergent dit seulement, en haussant la voix : « Demain. On ira à la chasse. » La pirogue descendit les marches des rapides et glissa sur le fleuve obscur, semblable à une grande avenue au milieu de la forêt. Lentement, le sergent Torre retourna à son hamac. Il s'allongea, rabattit la

moustiquaire. Sur la plage, dans la forêt, tout était
silencieux. Vers la source des torrents, dans la
montagne, les éclairs dansaient sans faire le
moindre bruit. Avec des gestes machinaux, il sortit
de la poche de sa chemise la boîte, il ouvrit le couvercle, et il prit une pincée de poudre précieuse
dans le creux de l'ongle de son auriculaire, long
comme une cuillère. Puis il referma soigneuse-
ment la boîte, et l'ongle acéré porta la poudre
jusqu'au fond de sa narine. Il respira longuement,
la tête renversée en arrière, attendant que la nuit
s'éclaire.

Depuis que les pluies avaient commencé, Bravito était resté en haut de la vallée du dindon sauvage. Pour lui, le temps avait cessé vraiment de s'écouler. Chaque jour, le soleil apparaissait au-dessus de la forêt et brûlait les pierres du torrent. Puis, quand le soleil atteignait le zénith, les nuages s'amoncelaient au-dessus de la montagne, le ciel s'assombrissait peu à peu, jusqu'à devenir noir comme la nuit. Maintenant, Bravito n'avait plus peur des éclairs. Quand la pluie froide commençait à tomber, il courait s'abriter dans sa grotte, au pied de la falaise, et il écoutait le tonnerre gronder et s'unir au fracas des crues.

Parfois les éclairs frappaient devant lui. De grands arbres s'allumaient dans un déchirement ou s'abattaient poussés par le vent. Le rideau de la pluie descendait et noyait tout. Quand le froid devenait insupportable, Bravito s'enveloppait avec des feuilles sèches, et il restait immobile au fond de la grotte. Depuis longtemps déjà, il ne connaissait plus le feu. Les boîtes de conserve, l'avoine,

tout ce qu'il avait pris dans les sacs des contrebandiers maintenant avait disparu. La seule chose qui
lui restait, c'était ce poste de radio, avec les écouteurs. Quand il ne s'en servait pas, Bravito le
cachait au fond de la grotte, sous des feuilles
sèches. La nuit, il mettait les écouteurs sur ses
oreilles, et il parlait, ou bien il chantait, pour se
souvenir du bruit de la musique.

C'était la faim surtout qui le faisait souffrir. Pour
survivre, Bravito chassait les oiseaux à coups de
pierre, ou bien il pêchait les poissons-chats accro-
chés par leur ventouse aux pierres des torrents, et
il mangeait ses proies crues. Il mangeait aussi les
baies sauvages, les merises, les sapotes, les dattes
récoltées au hasard de la forêt. Parfois, il avait si
faim qu'il mangeait de l'herbe et de la terre. Il restait souvent sur les rochers, en haut des gorges,
avec le collier de doigts autour de son cou, pour
guetter si d'autres hommes venaient. Mais depuis
l'expédition des gardes, quand l'orage les avait
chassés à toute vitesse vers le bas de la vallée, et
que l'Américain Morgan avait perdu son beau fusil
à deux canons, emporté par le flot de boue du torrent, plus personne n'osait s'aventurer ici.

Chaque jour, à la même heure, la fièvre venait. Il
sentait cela en lui, cela s'approchait doucement,
faisait frissonner sa peau et battre son cœur. Le
soleil brûlait si fort qu'il creusait un trou jusqu'au
centre de la terre, et l'instant d'après le ciel devenait d'encre, et le froid recouvrait la vallée.

Caché au fond de l'anfractuosité, Bravito regardait les nuages qui s'entrechoquaient, en jetant

des éclairs et en faisant trembler la terre. Ils faisaient des dessins magiques : des chevaux, des serpents, des arbres de feu, et parfois sur l'eau noire du bassin des flammes dansaient, et c'étaient les esprits des morts. Pour lui, pour lui seul, le torrent avait retenu ses eaux, pour qu'il puisse traverser le rideau de la pluie, pour atteindre l'entrée de l'autre monde.

Maintenant, tout était possible. Secoué de frissons, enfoncé dans l'étroite fêlure de la montagne, il regardait la plaine de pierres et le grand bassin débordant sous la pluie, attendant de voir apparaître la silhouette de Nina, mince et noire comme une ombre, son harpon à la main, émergeant de l'eau. C'était quand la pluie tombait fort, et que les éclairs éblouissaient, qu'elle pouvait venir. Alors peut-être que le grand oiseau noir et jaune était debout sur la montagne, entouré des éclairs et du tonnerre, et qu'il prendrait Bravito et Nina dans son regard, et la montagne s'ouvrirait dans un bruit immense, et il y aurait un nouveau monde, sans jamais de faim ni de mort.

Chaque matin, le soleil renaissait dans le ciel absolument pur. Les feuilles des arbres luisaient de l'eau de la nuit. Bravito allait au bord du torrent apaisé, cherchant des proies. Un matin qu'il guettait sans bouger la cachette d'un poisson, un froissement près de lui le fit tressaillir. Il sentit au même moment l'odeur puissante. Un jaguar noir s'arrêta de boire à côté de lui et le regarda. Le jaguar le fixait de ses yeux transparents. Bravito pouvait voir chaque poil de son pelage briller au

soleil, il voyait aussi le mouvement des flancs,
quand le jaguar respirait, et cela changeait la couleur des ocelles, et la longue queue qui s'agitait
avec impatience. Mais il ne ressentait aucune
crainte. Un long moment le jaguar fixa ses yeux
dans les siens, puis il détourna la tête et il recommença à boire, et Bravito entendait la langue
épaisse qui allait et venait en faisant un bruit paisible. Son cœur battait très fort dans sa poitrine,
mais ce n'était pas la peur qui le faisait battre ainsi.
C'était la beauté, la magique beauté de l'animal.
La peur ne pouvait plus exister de ce côté-ci du
monde, en haut de cette vallée perdue. Le jaguar
noir était descendu de la montagne comme un
dieu pour boire l'eau du torrent. Bravito chercha
des yeux Nina. Il aurait voulu lui montrer cela, lui
dire cela. Elle aurait cessé de s'enfuir, elle serait
revenue. Quand il regarda à nouveau vers le torrent, le jaguar avait disparu. Il était parti tellement
doucement que Bravito n'avait rien entendu. Mais
dans la boue, au bord de l'eau, Bravito vit les
empreintes en forme de fleurs, avec la marque du
coussinet qui sert à tuer.

Depuis cette apparition, Bravito n'était plus le
même. Il avait ôté le collier de doigts, et il ne prenait plus le poste de radio. Il allait seulement
s'asseoir près du torrent, pour attendre le retour
du jaguar. C'était comme cela qu'il attendait autrefois Nina sur la plage. La jeune fille et le jaguar
avaient la même silhouette, la même couleur,
quand Nina sortait de l'eau profonde, la peau étincelante de lumière. Ils avaient le même regard sur-

tout. Bravito avait au fond des yeux, toujours
vivante et forte, cette lueur claire des iris, qui semblait le traverser jusqu'au centre de son corps,
changer son âme. Parfois, le soir, dans la pluie, il
voyait la silhouette noire au bord du torrent. Était-
ce Nina ou le jaguar ? Il ne cherchait plus à comprendre. Le jour, il suivait la piste du jaguar, montant à travers les rochers, se glissant dans la forêt le
long d'un chemin à peine visible. Quand ses yeux
perdaient la piste, il se mettait face contre terre, et
il flairait longuement, jusqu'à ce qu'il retrouve
l'odeur. Puis l'orage arrivait avec violence, et Bravito retournait dans sa cachette auprès du torrent.
Maintenant, la fièvre était passée. Dans la forêt, sur
la piste du jaguar, Bravito avait rencontré un tronc
d'arbre, dont la base avait été rongée par les crocs
puissants. En rongeant à son tour l'écorce amère,
Bravito s'était guéri de sa fièvre. C'était le jaguar
qui lui avait montré l'arbre, et Bravito n'en était
pas étonné. Ici, c'était un autre monde, le monde
d'avant le mal, quand les animaux savaient parler.

Une autre fois, il avait entendu un grand bruit
dans les fourrés. Sortant de l'épaisseur de la forêt,
un troupeau de pécaris était passé juste à côté de
Bravito, sans lui faire de mal. Simplement, ils
l'avaient regardé, et ils s'étaient éloignés, en poussant leurs grognements aigus. Puis ils avaient disparu, et Bravito savait qu'ils étaient entrés sous la
terre, dans le monde secret où ils vivaient.

À présent, Bravito ne tuait plus les oiseaux ni les
cerfs. Chaque fois qu'il avait pris des poissons ou
des crevettes d'eau douce, il en laissait une part au

bord du torrent, sur le rocher plat où le jaguar noir était venu boire. La nuit, quand la pluie tombait, il entendait le jaguar venir. Ce n'était pas vraiment un bruit, c'était plutôt comme le silence, une onde qui passait lentement. Bravito voulait crier, encore une fois : Nina ! Nina ! Mais il n'osait pas, car il savait que tout s'arrêterait. Le matin, il allait jusqu'au torrent, pour voir les traces marquées dans la boue, les quatre doigts bien écartés comme des pétales. La pierre où il avait déposé les offrandes était propre.

Les hommes ne venaient plus. Maintenant, tout le long du fleuve, et jusqu'à Yaviza, courait la légende d'un homme redevenu sauvage, qui vivait dans cette vallée perdue protégé par les orages. On disait que, lorsque les gardes du sergent Torre et l'Américain avaient voulu s'approcher, le ciel était devenu très noir, couleur de nuit, et le torrent avait gonflé en un instant, jetant une grande vague de boue. L'homme sauvage n'avait plus de nom, personne ne se souvenait de son visage. On disait même qu'il descendait parfois en bas des fleuves et qu'il allait dans les villages, et personne ne pouvait le reconnaître parce qu'il mettait les habits de ceux qu'il avait tués, et qu'il cachait le collier de doigts sous sa chemise. Dans les villages, il allait boire dans les bars, et il écoutait ce que disaient les gardes, pour mieux déjouer leurs plans.

Des femmes avaient vu son collier, elles l'avaient reconnu. On disait encore qu'il guettait sur le chemin, quand les femmes vont à la rivière pour déféquer, et qu'il avait enlevé des jeunes filles et les avait emportées dans la forêt. Et, chaque jour, il ajoutait un doigt au collier, si bien qu'il avait plusieurs colliers de doigts de toutes les tailles. Les gens parlaient de cela entre eux, le soir. Dans les villages noirs, on disait que le fugitif avait maintenant beaucoup d'Indiens sauvages avec lui, qu'il commandait à distance grâce à son poste de radio, et qu'ils allaient descendre un jour le long du fleuve, et qu'ils tueraient tous ceux qui avaient voulu lui faire du mal. Ils tueraient les gardes, et aussi l'Américain Morgan, parce qu'il voulait chasser les Indiens de leurs terres pour construire une piste pour son hélicoptère.

Depuis longtemps, les contrebandiers ne venaient plus par la montagne. La légende de l'homme sauvage avait traversé les frontières.

À Tres Bocas, au campement des gardes, le sergent Torre écoutait ce que Morgan lui disait. Le vieux Suisse Schelling était resté avec lui depuis le début de cette affaire, moins par intérêt que par cette sorte de curiosité amusée qui, chez lui, tenait lieu d'attachement à ce pays. « C'est un fou dangereux, disait Morgan. Il est en train de mettre tout le monde sens dessus dessous. — Il a déclaré la guerre au monde à lui tout seul », disait Schelling. Morgan attendait une réaction de la part du sergent Torre, mais son visage massif n'exprimait qu'une indifférence ennuyée. « À moins de lever une armée, ce qui serait ridicule, vous n'en viendrez pas à bout, expliquait Morgan. Il faudrait lui

parler, le raisonner, pour qu'il se rende spon-
tanément. » Il se tourna vers Schelling. « Vous, qui
le connaissez bien ? » Le vieux Suisse rit silencieusement. « Je n'irai pas. Je tiens encore à mes doigts ! »
Puis il dit : « Il faudrait que ce soit un Indien. Ils
savent des choses que nous ne savons pas. Peut-être
qu'il se rendrait si c'était un Indien qui venait lui
parler. » Le sergent Torre se redressa un peu dans
son hamac, et les lanières firent craquer les arbres
qui le soutenaient. « Vous connaissez un Indien qui
irait parler au fugitif ? — Peut-être », dit Schelling.
Il pensait à la silhouette frêle du vieux Teclé, celui
que les Indiens appelaient familièrement « oncle »,
parce qu'ils l'avaient tous consulté à un moment ou
à un autre, pour un conseil ou pour une maladie.
C'était lui qui avait soigné Bravito à son arrivée sur
le fleuve. Quand l'Américain avait exigé le départ
des Indiens pour sa fameuse piste d'hélicoptère,
c'était lui que Schelling était allé voir en premier. À
tous ceux qui se mettaient en colère parce qu'on
allait démolir leur maison, le vieux Teclé avait dit :
« Pourquoi êtes-vous en colère ? Est-ce que la terre,
par hasard, vous appartiendrait ? Est-ce que tout
cela n'a pas été prêté par Dieu ? » Alors la plupart
des Indiens avaient baissé la tête en silence, et ils
avaient accepté d'aller ailleurs.

Quelques heures plus tard, le vieux Schelling et
Morgan avaient débarqué chez Teclé. Il habitait
dans une hutte de l'autre côté du fleuve, un peu à
l'écart des autres. Sans se soucier de la boue, les
deux hommes avaient marché jusqu'à la hutte de
Teclé, et ils étaient montés. Le vieux sorcier était

assis sur un tabouret et il regardait le fleuve, pendant que sa femme, accroupie au centre de la
maison, attisait le feu. Le vieux Teclé leur avait
souhaité la bienvenue. Morgan était impatient, il
n'avait que faire des détours. Tout de suite il a
demandé si le vieil homme accepterait de parler
au fugitif. Il a promis de l'argent. Teclé a secoué la
tête : « Pourquoi m'écouterait-il plus que vous
autres ? On dit qu'il est devenu comme une bête,
qu'il est fou. — Si tu n'y vas pas, dit Schelling, les
gardes iront et ils finiront par le tuer. » Teclé
réfléchit : « Et que pourrais-je lui dire, moi ? »
Schelling offrit une cigarette allumée au vieil
Indien. « Tu lui diras que s'il se rend, il n'aura rien
à craindre. » Teclé secoua à nouveau la tête. « Il ne
craint rien maintenant. C'est vous qui avez peur de
lui. Il ne croira pas ces paroles. Si j'y vais, il me
tuera. » Il se tourna à nouveau vers le fleuve, et
Schelling et Morgan s'en allèrent. Entre les doigts
du vieux Teclé, la cigarette brûlait toute seule.

Dans le campement, à Tres Bocas, le sergent
Torre attendit le retour de Morgan jusqu'au soir.
Quand il vit la nuit tomber, il retourna à son
hamac et s'étendit en soupirant. Personne ne voulait aller parler au fugitif. Dans la pénombre, le
sergent prit la petite boîte métallique, aujourd'hui
presque vide. Au bout de l'ongle démesurément
long de son auriculaire, il prit une pincée de
poudre, qu'il aspira d'un seul coup. Maintenant, il
était calme, et tout devenait évident, simple. C'est
lui qui irait en haut du torrent.

C'était la première nuit sans pluie depuis des mois, et le sergent Torre n'avait pas dormi. Toute la nuit, allongé dans son hamac, la moustiquaire relevée, il avait regardé le ciel noir rempli d'étoiles, et il avait écouté la musique des crapauds. Même, à un moment donné, il avait senti le passage d'un jaguar, lentement, tout près du campement, mais il n'avait pas pu l'apercevoir. Quand le ciel s'était éclairci, il s'était levé et il s'était préparé. Il avait bouclé le ceinturon où était suspendu le revolver, il avait chaussé les lourdes bottes de cuir fauve. Les hommes l'avaient regardé sans rien dire. Tous, ils savaient que le sergent venait d'être destitué, et que, dès l'arrivée du nouveau commandant, il serait mis aux arrêts. Mais quand il est parti, remontant le torrent vers le nord, personne n'a cherché à l'arrêter.

Sous le soleil brûlant, le sergent Torre avait suivi le lit du torrent, maintenant presque à sec. Avec peine, il se hissait sur les rochers qui barraient l'entrée du défilé, et ses vêtements étaient trempés de sueur, et le sang battait dans son cou. De temps en temps, il s'arrêtait pour souffler. Il lui semblait que le bruit de son cœur et de sa respiration emplissait toute l'étroite vallée, jusqu'à la source. Il ne savait pas pourquoi il marchait seul dans cette vallée, vers le fugitif. C'était comme s'il avait rêvé cela, et que son rêve s'accomplissait.

Quand il arriva en haut des rapides, il vit la plaine de pierres blanches étincelante au soleil, et plus loin la grande falaise sombre. Un long moment, il attendit, espérant que le fugitif se montrerait. Mais tout restait silencieux, désert. Il n'y avait pas de nuages dans le ciel, et le soleil commençait déjà à redescendre vers les montagnes.

Lentement, le sergent Torre marcha au milieu de la plaine de rochers, jusqu'au bassin d'eau sombre où le torrent prenait sa source. Le bruit de ses pas faisait un écho étrange sur la falaise, et, en relevant la tête, Torre aperçut des oiseaux qui volaient très haut autour des anfractuosités. Tout à fait au centre du ciel, deux vautours planaient interminablement. Mais, sur la terre, il n'y avait pas un bruit, pas un signe de vie.

Le sergent continua à avancer, les yeux plissés à cause de la lumière. Sa silhouette massive oscillait, se détachait étrangement au milieu de la plaine. Il arriva ainsi au bord du bassin, sur la pierre où Bravito avait rencontré la première fois le jaguar. Là, il s'assit, et il commença à attendre. Le ciel pur, au-dessus de lui, était un gouffre vertigineux d'où sortait la lumière, et c'était cette lumière qui emplissait toute cette vallée qui semblait vivante. Plu-

sieurs fois, le sergent crut apercevoir la silhouette
du fugitif, bondissant de roche en roche. Dans la
lumière venue du ciel il y avait ce regard, qui
pesait sur lui, qui guettait, non pas un regard
d'homme, mais la présence muette et mobile d'un
animal. Pourtant, le sergent n'avait pas peur. Tout
était dans un rêve, comme si cela précédait la réalité. Lentement, les heures passaient, dans le
silence, dans la brûlure du soleil. Les ombres gran-
dissaient sous les pierres, et l'eau du bassin devenait sombre, profonde. Les oiseaux maintenant
passaient plus près, à la recherche d'insectes, et le
sergent entendait avec netteté leurs cris aigus, le
froissement de leurs ailes.

Du haut de la pierre, le sergent examinait le paysage autour de lui. Le crépuscule faisait jaillir la
falaise rouge encore plus haut, et les arbres de la
forêt, autour du plateau, formaient une muraille
impénétrable. Torre savait que le fugitif était là,
tout près de lui. Peut-être était-il caché derrière les
fourrés, ou bien dans le creux d'une pierre, au
bord du torrent. Plusieurs fois, il l'appela, en
criant, mais comme il ne savait pas son nom, il
lança un appel animal : « Haa-ooh ! » qui résonna
en échos sur la falaise. Il imaginait l'homme,
debout sur un rocher, armé de sa machette, son
collier de doigts autour du cou. Mais il n'avait pas
peur de lui. Depuis qu'il avait décidé de venir, le
sergent Torre sentait une force invincible en lui. Il
ne ressentait plus de haine pour cet homme qui
régnait dans le silence de cette vallée, dans cette
solitude. Il voulait simplement lui parler, lui dire

les mots qu'il avait en lui-même, des mots qu'il ne comprenait pas tout à fait.

« Comment t'appelles-tu ? » dit enfin la voix de Torre. Il n'était pas sûr que le fugitif l'entende, mais il fallait qu'il lui parle, qu'il lui adresse ses mots dans le silence de cette vallée, quand la lumière allait disparaître.

« Comment t'appelles-tu ? Je te connais, mais je ne sais pas ton nom. Est-ce que tu te souviens de moi ? Je suis celui qui voulait te tuer, là-bas, dans la plantation d'orangers. Maintenant, je suis venu te voir, je suis venu pour te parler. Est-ce que tu t'en souviens ? Est-ce que tu m'entends ? »

Au-dessus de la montagne et de la forêt, le ciel était pâle et vide, sans un nuage, et la plaine de rochers, la falaise et toute la terre semblaient petites. Il y avait une grande paix à cet instant, et aussi un tremblement, un frisson ou un tremblement, parce que quelque chose devait se produire, et rien ne pouvait bouger. Le sergent Torre sentait le tremblement dans son corps, sans qu'aucune parcelle puisse bouger.

« Est-ce que tu te souviens de moi ? Est-ce que tu m'entends ? J'ai voulu te tuer, je t'ai poursuivi pendant des jours, et maintenant je suis venu te voir ici, pour te parler. »

C'étaient les mots qui faisaient ce tremblement. Depuis si longtemps, Bravito n'avait pas entendu le langage des hommes. Les mots étaient des tourbillons, une eau qui enveloppe et bouscule, se presse contre vos yeux et vos oreilles, force votre bouche, une langue dans une bouche. Très doucement, sans le voir, le sergent Torre continuait à parler, sans comprendre même le sens de ses paroles. Elles venaient d'ailleurs, elles étaient soufflées dans sa bouche, nées du paysage de pierres blanches, des hautes falaises, de la forêt, du torrent qui descendait sans cesse jusqu'en bas de la terre. Jamais auparavant le sergent Torre n'avait parlé comme cela, même dans ses rêves.

« Depuis longtemps je veux te parler, disait sa voix, très bas, comme un murmure. Depuis longtemps, depuis que tu t'es enfui dans la forêt. Je voulais venir jusqu'à toi, mais je n'osais pas. J'avais peur, j'avais peur de toi, fugitif, et aussi de cette vallée du diable, des crues, des orages, de tout ce qu'on raconte, ces histoires de bonne femme, cette peinture du dindon sauvage. Je voulais venir, mais je ne savais pas ce que j'allais te dire. Maintenant, tu vois, je suis venu seul... »

Caché derrière les rochers, Bravito écoutait la voix. Il avait lâché la pierre aiguë avec laquelle il s'apprêtait à tuer le sergent. Sur ses oreilles, les écouteurs étaient placés, mais ils n'étaient plus reliés au poste de radio. Ils pendaient de chaque côté sur ses épaules, mêlés aux cheveux longs. Sur sa poitrine, le collier bougeait selon le rythme de sa respiration. Il s'est approché encore de l'intrus, qui parlait en avançant le long du bassin du torrent. Il était si proche que d'un jet de sa pierre Bravito aurait pu enfoncer son crâne, ou briser ses genoux.

« Maintenant tu pourrais me tuer si tu le voulais, disait encore la voix. Moi aussi, peut-être que je pourrais te tuer avec mon revolver. Peut-être que j'étais venu pour ça, pour te tuer. Il y a beaucoup de gens qui pensent que je suis parti pour te tuer, mais ils se trompent. Ce n'est pas pour ça que je suis venu. Maintenant, je suis là, seul avec toi, et je n'ai pas peur. C'est la première fois de ma vie que ça m'arrive, fugitif, tu m'entends ? Je n'ai plus peur, je suis libre, je suis libre ! »

Caché dans l'ombre, Bravito scrutait le visage du sergent Torre, il regardait ses lèvres bouger dans le visage épais, et avec ses propres lèvres il essayait d'imiter les mouvements de la parole. Il commandait à son armée imaginaire, peut-être, aux pécaris qui sortent de l'autre monde avec leur peau d'animal, aux oiseaux des grottes, aux serpents, même aux abeilles et aux moucherons. Ou bien, peut-être qu'il appelait à lui le jaguar noir, le jaguar de la nuit, celui qui marche sur ses chemins secrets sans bruit comme l'onde du vent.

« Tu dois venir avec moi, fugitif, disait la voix de Torre, presque inaudible. Il faut que tu reviennes. Tout est terminé maintenant, puisque je suis venu jusqu'à toi. Tu ne peux pas faire la guerre à toi tout seul. Tu ne peux plus faire la guerre contre le monde. C'est pour te dire ça que je suis venu, pour te dire de revenir avec moi. Si tu viens avec moi, je te jure qu'il n'y aura plus jamais de guerre ni d'injustice. Plus personne n'aura peur. Tout sera nouveau, tout sera comme ici, comme au paradis terrestre. Personne n'aura faim, les femmes ne tueront plus leurs enfants à la naissance, et les hommes ne chercheront plus à s'entre-tuer. Tu

m'entends, fugitif ? Je sais que tu es là, et que tu
m'écoutes. Tu dois venir avec moi, tu dois redescendre dans la vallée. Plus personne n'aura jamais
peur, il n'y aura plus de souffrance. Je t'aiderai à te
sauver. »

La nuit tombait vite sur la plaine de rochers. Le
sergent Torre marcha instinctivement vers la
falaise, à la recherche d'un abri pour la nuit. Il
finit par s'étendre sur les cailloux, au pied de la
muraille, non loin de l'anfractuosité où avait vécu
Bravito. Là, il alluma une cigarette, et il regarda le
ciel se remplir d'étoiles. Jamais la nuit ne lui avait
semblé aussi belle. Malgré l'obscurité du ciel, les
rochers et la falaise étaient visibles, et l'eau du torrent était pleine d'étincelles. Le sergent continuait
à parler, à voix basse, très lentement, en cherchant
ses mots, parce que c'étaient des mots pareils à des
souvenirs. C'était quelqu'un d'autre qui parlait en
lui, qui se souvenait avec ses mots, avec ses paroles.
Cela venait de l'autre bout du temps, peut-être, de
l'autre bout de ce monde, à travers tant de crimes
et de guerres, jusqu'à cette plage, en haut de cette
vallée, là où le temps ne pouvait plus passer. Caché
dans l'ombre, Bravito écoutait la voix de l'homme,
et il sentait le passage des mots à travers lui. La
colère fit un instant briller ses yeux, et il serra la
pierre aiguë dans son poing. Puis il arracha les
écouteurs. Ses lèvres tremblaient, les muscles de
son cou lui faisaient mal sous l'effort. Sans faire de
bruit, il s'éloigna pour ne plus entendre les
paroles.

Quand le soleil apparut à nouveau sur le cirque de rochers, le sergent Torre se mit en route. De sa démarche pesante, il s'éloignait, il descendait vers le bas de la vallée. Sans avoir besoin de se retourner, il savait que le fugitif marchait derrière lui. Bravito se glissait entre les rochers, il suivait la silhouette du policier, lié à lui par les paroles. Dans l'étroit défilé, raviné par les crues, le torrent qui coulait faisait un bruit de tonnerre. Bravito descendait les marches de pierre, serrant contre lui son poste de radio, le collier de doigts oscillant autour de son cou. C'étaient les paroles de l'inconnu qu'il voulait entendre, la voix douce et familière qui résonnait encore. Maintenant, il se souvenait d'autres paroles, de noms, comme s'ils étaient endormis à l'intérieur de son corps et que les paroles de l'intrus les avaient réveillés. Son cœur battait très fort dans sa poitrine.

Quand il sortit du défilé, le sergent Torre aperçut les gardes, masqués derrière des rochers, fusils pointés. Il s'arrêta et les regarda sans comprendre. Puis il se retourna, et il vit Bravito. Il était debout au milieu du canyon, en pleine lumière. Le soleil agrandissait sa silhouette sombre, brillait sur ses cheveux longs, et sur sa poitrine le collier de doigts oscillait comme une cuirasse magique. Bravito aussi le regardait, et son regard était un fil ténu, qui allait se rompre. Dans la gorge du fugitif, il y avait un nom qui cherchait à traverser, un mot, qui disait deux syllabes, comme ceci : *Nina*. Mais il ne savait pas ce que cela signifiait. Au-dessous de lui, le sergent Torre était arrêté, en équilibre sur un rocher, et son regard égaré était immobile. Les jambes arc-boutées, les bras écartés, Bravito avança jusqu'au rebord de la marche de pierre, et la lumière du matin brilla sur ses cheveux et sur ses épaules. Un instant, il parut résister au coup des balles qui s'enfonçaient dans son corps, puis il tomba en arrière sur le rocher. Avec quelques hommes, le lieutenant qui avait préparé l'embuscade escalada les rochers jusqu'au corps. Du bout de sa machette, il trancha le collier, le ramassa et l'examina avec curiosité. Puis il le passa dans sa ceinture. Un des gardes prit le poste de radio, tourna les boutons. « Complètement foutu ! Il n'y a même pas de piles dedans ! » Il lança vers les pierres du torrent le poste qui se brisa en mille morceaux. La petite troupe redescendit rapidement la vallée étroite, encadrant la silhouette du sergent Torre qui titubait. Déjà les nuages noirs s'amoncelaient au-dessus des montagnes, et on entendait le roulement du tonnerre.

À Tres Bocas, le lieutenant donna l'ordre de défaire le campement en vitesse. La pluie commença à tomber quand tout fut chargé dans la pirogue. Ils descendirent les rapides et s'engagèrent sur la longue avenue du fleuve. Au centre de la pirogue, le sergent Torre était assis, nu-tête, les poignets attachés par des menottes, mais son visage exprimait la même indifférence ennuyée que naguère. Il s'en allait vers son destin, la prison, l'asile peut-être. Plus bas, à la sortie des montagnes, la pirogue passa devant la maison d'Elvira, que les hommes de Morgan avaient entrepris d'abattre. À l'endroit où devait être construite la piste d'atterrissage de l'hélicoptère, l'Américain et le vieux Schelling regardaient vers le fleuve. Le vieux Schelling faillit faire signe, mais il comprit à temps que le sergent Torre avait été arrêté et il se ravisa. De l'autre côté du fleuve, les Indiens avaient commencé à reconstruire leurs maisons autour de la hutte du vieux Teclé. Ils s'arrêtèrent de travailler pour regarder passer la pirogue des gardes, dans un hurlement de moteur. Les hommes poussèrent des cris d'allégresse, ils gesticulaient en riant. Ce soir même, le village serait fini, et il y aurait une fête et une beuverie qui dureraient trois jours et trois nuits. Des enfants tout nus couraient le long de la berge sous la pluie. Personne n'entendait, au bord du fleuve, la chanson aiguë de la femme qui pleurnichait dans son éternelle solitude.

Jacona,
septembre 1985.

DU MÊME AUTEUR

Aux Éditions Gallimard

LE PROCÈS-VERBAL (Folio n° 353).

LA FIÈVRE (L'Imaginaire n° 253).

LE DÉLUGE (L'Imaginaire n° 309)

L'EXTASE MATÉRIELLE (Folio Essais n° 212).

TERRA AMATA (L'Imaginaire n° 391).

LE LIVRE DES FUITES (L'Imaginaire n° 225).

LA GUERRE (L'Imaginaire n° 271).

LES GÉANTS (L'Imaginaire n° 362).

VOYAGES DE L'AUTRE CÔTÉ (L'Imaginaire n° 326).

LES PROPHÉTIES DU CHILAM BALAM.

MONDO ET AUTRES HISTOIRES (Folio n° 1365 et Folio Plus n° 18).

L'INCONNU SUR LA TERRE (L'Imaginaire n° 394).

DÉSERT (Folio n° 1670).

TROIS VILLES SAINTES.

LA RONDE ET AUTRES FAITS DIVERS (Folio n° 2148).

RELATION DE MICHOACAN.

LE CHERCHEUR D'OR (Folio n° 2000).

VOYAGE À RODRIGUES, *journal* (Folio n° 2949).

LE RÊVE MEXICAIN OU LA PENSÉE INTERROMPUE (Folio Essais n° 178).

PRINTEMPS ET AUTRES SAISONS (Folio n° 2264).

ONITSHA (Folio n° 2472).

ÉTOILE ERRANTE (Folio n° 2592).

PAWANA.

LA QUARANTAINE (Folio n° 2974).

LE POISSON D'OR (Folio n° 3192).

LA FÊTE CHANTÉE.

HASARD *suivi d'*ANGOLI MALA (Folio n° 3460).

CŒUR BRÛLE ET AUTRES ROMANCES.

COLLECTION FOLIO

Composition Floch.
Impression Bussière Camedan Imprimeries
à Saint-Amand (Cher), le 12 décembre 2000.
Dépôt légal : décembre 2000.
Numéro d'imprimeur : 005664/1.
ISBN 2-07-041629-1./Imprimé en France.